GENIESSE DEN TAG.

COLLECTION
ROLF HEYNE

CARPE DIEM®
FINEST FINGERFOOD

GENIESSE DEN TAG.

SINNLICH KOCHEN MIT FRANZ FUIKO.

COLLECTION ROLF HEYNE

FACETTENREICH UND ELEGANT.

INHALT

GENUSS-SINN

ODER WIE JEDER TAG BESONDERS WIRD.

Ginge es nach mir, wären es mehr als die durchschnittlichen 100 Minuten am Tag, die wir uns für Essen und Trinken nehmen. Denn diese Minuten für Genuss sind Auszeiten, die uns nicht nur körperlich stärken, sondern auch den Geist anregen und bereichern, die wir mit Menschen verbringen, die uns wichtig sind. Oder kurz: Sie geben dem Tag Sinn. Carpe Diem »Genieße den Tag«, das ist der Antrieb für mich und unser Restaurant Carpe Diem Finest Fingerfood in der Salzburger Getreidegasse.

Schon der Weg zum Genuss, das Kochen, ist ein sinnliches Erlebnis voller Leidenschaft, des Erlebens, der Kreativität, der Faszination. Wenn aus einzelnen Zutaten in der Kombination etwas Neues entsteht und die Sinne berührt. Sehen, riechen, schmecken, hören, und ja, auch fühlen, das begeistert mich und findet sich in unseren Rezepten wieder. Freuen Sie sich auf besondere Vorspeisen, feinstes Fingerfood, Klassiker aus der Region, Fisch- und Meeresfrüchtekompositionen, Vegetarisches, köstliche Süßspeisen und entspannende Cocktails: Vieles findet sich immer wieder auf unseren Speisekarten, lässt sich aber auch zu Hause leicht umsetzen. Improvisieren Sie, interpretieren Sie! Wenn Sie eine Zutat nicht bekommen oder mögen, lassen Sie sich von Garten, Markt oder Kühlschrank inspirieren.

Ich wünsche Ihnen viel Freude und bewussten Genuss mit allen Sinnen! Carpe Diem!

Ihr

CARPE DIEM
CARPE DIEM
FÜRST

KEIN RUHETAG

JEDEN TAG DEN TAG GENIESSEN.

Die Getreidegasse in Salzburg. In der Hausnummer 9 wurde Mozart geboren, jeder Tourist flaniert durch die mittelalterlich geprägte Straße und bewundert die malerischen Häuser und den Prunk einer alten Handelsstadt. In der Hausnummer 50 ist das Carpe Diem Finest Fingerfood, eines der außergewöhnlichsten Restaurants Salzburgs – und mit einem Michelin-Stern und zwei Gault-Millau-Hauben auch eines der besten.

Was Mozart für die Ohren ist, nämlich extreme Vielseitigkeit und anspruchsvolle Leichtigkeit, ist das Carpe Diem Finest Fingerfood für den Gaumen. Inmitten des Altstadttrubels verstehen wir uns als kulinarische Oase für alle Sinne, die offen für alle ist: außen eine moderne Terrasse, im Erdgeschoss ein gemütliches Café und eine stylische Bar, im Obergeschoss das Gourmetrestaurant und zwei stilvolle Lounges. Bei uns ist man willkommen auf einen Kaffee, zum Frühstück oder Brunch, etwas für zwischendurch, einen Drink an der Bar oder zum 7-gängigen Candle-Light-Dinner. Carpe Diem, den Tag auskosten, das geht bei uns zu jeder Uhrzeit und jeden Tag. Mit unserem besonderen Genusskonzept und der Lage haben wir uns in den vergangenen Jahren zu einem beliebten Treffpunkt für die Salzburger und die in- und ausländischen Gäste entwickelt.

Die Bar:
warme Töne, kalte Drinks,
anregender Treffpunkt.

Die Cones:
Große Kochkunst, die zu
kleinen Meisterwerken
fingerfoodisiert wird.

Das Frühstück:
Auf vielen Ebenen
ein genussvoller
Start in den Tag.

Finest Fingerfood

Wenn ein Restaurant Finest Fingerfood im Namen trägt, dann ist das kein Zufall. Wir haben Fingerfood ein bisschen neu erfunden. Mit den Cones, das sind Waffeltüten vielerlei Rezeptur, die es nur bei uns gibt und die man perfekt mit den Händen essen kann. Der Clou ist jedoch die Füllung, wir nehmen unter anderem klassische Gerichte wie Beef Tatar mit Kartoffelpüree, Reh mit Rotkraut oder Lammmedaillons mit Ratatouille, die durch das Servieren im geschmacklich abgestimmten Cone fingerfoodisiert werden. Hier ein Cone, da ein Cone, sie laden zum Teilen ein, zum Variieren und Kombinieren – die außergewöhnliche Form der Darreichung wird zum köstlichen Teil einer vollendeten Komposition.

Das Design:
einladende Detailverliebtheit
auf dem Teller, im Cone, im
Glas und im Mobiliar.

Gourmetrestaurant im ersten Stock

Über die geschwungene Treppe gelangt man in das Gourmetrestaurant mit rund 100 Plätzen. Hier werden unter Anleitung von Küchenchef Franz Fuiko nationale und internationale kulinarische Köstlichkeiten serviert, das Team hat sich einen Michelin-Stern und zwei Gault-Millau-Hauben erkocht. Auch hier sind natürlich die berühmten Cones im Programm, das Hauptaugenmerk liegt aber auf à la carte und den mehrgängigen Menüs, klassisch serviert auf Tellern. Die Küche ist spannender denn je, und Roland Neulinger ist als Garant für besten Service und Sommelier fast schon eine Institution für sich. Die Weinkarte ist umfassend, als alkoholfreie Begleitung zum Essen empfehlen wir natürlich gern Carpe Diem Kombucha in den drei Sorten Classic, Quitte und Cranberry.

Das Gourmetrestaurant: die kulinarische Oase für alle Sinne, eine Etage über dem Trubel der Getreidegasse.

VORFREUDE

APPETIT AUF MEHR.

Sitzen alle gespannt am Tisch? Oder steht man gemeinsam in der Küche? Der Appetit ist groß, genauso wie die Vorfreude. Wie beginnt das Menü? Ist es ein Menü? Der erste Blick, der erste Duft, der erste Bissen, der sinnliche Einstieg in ein genussvolles Mahl, die besondere Kleinigkeit für zwischendurch oder als Hauptspeise interpretiert – die Vorspeise spielt mit Erwartungen, sie ist die Verführung, sie gönnt sich viele Freiheiten. Nutzen Sie sie! Fest oder flüssig, kalt oder warm, süß oder herzhaft, als Geschmacksexplosion mit einem Bissen oder als verblüffende Variationen: Mit den folgenden Vorspeisen – darunter natürlich auch unsere außergewöhnlichen Cones – können Sie ganz wunderbar frei umgehen. Trauen Sie sich und erleben Sie, wie Sie sich auf mehr freuen!

LANGOSTINO | ERBSEN-MINZE-CREME

ZUTATEN
FÜR 4 PERSONEN

Für die Erbsen-Minze-Creme
4 Schalotten, fein gewürfelt
300 g frische Erbsen
8 Blätter Minze, fein geschnitten
70 g flüssige Sahne
Salz
frisch gemahlener weißer Pfeffer
frisch geriebene Muskatnuss
100 g Erbsen, gegart und gepalt
10 g Butter
Kristallzucker

Für die Langostinos
2 EL Butter
12 Langostinos, ausgelöst und entdarmt
Meersalz
1 TL brauner Zucker

Anrichten
Affila-Kresse
4 Currycones

ZUBEREITUNG

Erbsen-Minze-Creme
Die Schalotten mit den Erbsen, der Minze und der Sahne weich kochen. Anschließend den Topfinhalt in einen Standmixer umfüllen und ein cremiges Püree mixen. Das Püree durch ein Sieb streichen und mit Salz, Pfeffer und Muskatnuss abschmecken. Dann die ganzen Erbsen und die Butter unterrühren und nochmals mit Zucker abschmecken. Das fertige Püree in einen Spritzbeutel abfüllen.

Langostinos
Die Butter in einer Pfanne erhitzen und die Langostinos darin glasig braten. Die Langostinos mit Salz würzen, leicht mit braunem Zucker bestreuen und kurz gratinieren.

Anrichten
Die Erbsen-Minze-Creme in die Cones spritzen. Je 3 Langostinos auf einen Spieß schieben und diesen in das Püree stecken. Mit der Affila-Kresse garnieren. (Cone im Bild ganz links)

CARPE DIEM CHICKEN WINGS | MAISCREME

ZUTATEN
FÜR 4 PERSONEN

Für die Chicken Wings
8 Hühnerflügel
100 g Ahornsirup
75 g Sonnenblumenöl
60 g gehackter Knoblauch
50 g frischer Rosmarin, die Nadeln gezupft und gehackt
20 g Salz
12 g fruchtiges Currypulver (Madrocas)
10 g Paprikapulver (Rubino)
6 g Cayennepfeffer
5 g Kümmelpulver
2,5 g gemahlene Koriandersamen
1,2 g frisch gemahlener weißer Pfeffer
3 EL Butter

Für die Maiscreme
50 g Butter
50 g Schalotten, geschält und fein gehackt
500 g Zuckermaiskörner (Konserve)
125 ml Vollmilch
125 ml flüssige Sahne
Salz

Anrichten
4 Minimaiskolben
4 Waffelcones
etwas Selleriegrün

ZUBEREITUNG

Chicken Wings
Die Hühnerflügel mit einem spitzen, scharfen Messer vorsichtig entbeinen und beiseitelegen.
Den Ahornsirup und das Sonnenblumenöl mit dem Knoblauch und den gehackten Rosmarinnadeln in eine Schüssel geben und verrühren. Das Salz, das Currypulver, das Paprikapulver, den Cayenne, das Kümmelpulver, die Koriandersamen und den Pfeffer hinzufügen und alles zu einer glatten Marinade verrühren.
Die entbeinten Hühnerflügel in eine große Schüssel geben und mit der Marinade bedecken. Die Schüssel in den Kühlschrank stellen und die Hühnerflügel mehrere Stunden oder am besten über Nacht marinieren.
Die Butter in einer Pfanne erhitzen. Die Hühnerflügel aus der Marinade nehmen und abtropfen lassen, dann von allen Seiten braten, bis sie durchgegart und goldbraun sind.

Maiscreme
Die Hälfte der Butter in einem Topf erhitzen und die Zwiebeln darin glasig andünsten. Die Maiskörner zufügen und mit der Milch und der Sahne aufgießen. Das Ganze ca. 10 Minuten köcheln lassen. Anschließend in einen Standmixer umfüllen und mit der restlichen Butter pürieren. Mit Salz abschmecken und in einen Spritzbeutel abfüllen.

Anrichten
Die Cones mit der Maiscreme füllen. Je 2 Hühnerflügel auf 1 Spieß stecken und diesen in die Creme stecken. Jeweils 1 Minimaiskolben und 1 Sellerieblatt in die Creme stecken. (Cone im Bild in der Mitte)

HAMBURGER | KETCHUP

ZUTATEN
FÜR 4 PERSONEN

Für die Hamburger
500 g Rindfleisch aus der Hüfte (Blume)
50 g Kalbsnierenfett
½ EL neutrales Pflanzenöl
25 g Zwiebelwürfel
1 Ei
½ TL frischer, nicht gehackter Majoran
grob geschroteter schwarzer Pfeffer
Rauchsalz
Salz
2 EL Butter

Anrichten
Cheddarkäse
Kirschtomaten
4 Rosmarincones
Eisbergsalat mit Salatdressing (siehe Grundrezept Seite 314)
Ketchup (siehe Grundrezept Seite 319)

ZUBEREITUNG

Hamburger
Das Fleisch mit dem Kalbsnierenfett in der Küchenmaschine zu Hackfleisch verarbeiten.
Das Öl in einer Pfanne erhitzen und die Zwiebelwürfel darin anschwitzen. Die Zwiebelwürfel in den Fleischteig mischen.
Das Ei verquirlen. Den Majoran, den Pfeffer, das Rauchsalz und das Salz hinzufügen. Das Eiergemisch behutsam in den Fleischteig rühren.
Aus dem Fleischteig mit angefeuchteten Händen Mini-Burger formen. Die Butter in einer Pfanne erhitzen, die Burger einlegen und braten.

Anrichten
Auf die Spieße je 1 kreisrunde Scheibe Cheddarkäse, 1 Mini-Burger, 1 Scheibe Tomate und zum Schluss noch 1 Mini-Burger stecken. Die Cones mit dem Salat füllen und die Spieße daraufstecken. Etwas Ketchup in einer separaten Schale dazureichen.
(Cone im Bild ganz rechts)

LACHSTATAR | CONE | LIMETTE

ZUTATEN FÜR 6 CONES

Für das Lachstatar
300 g küchenfertiges Lachsfilet (ohne Haut und Gräten)
300 g Räucherlachs
3 Frühlingszwiebeln
1 Knoblauchzehe
1 unbehandelte Limette
1 TL flüssiger Honig
2 EL Olivenöl
Salz
frisch gemahlener weißer Pfeffer
Piment d'Espelette
150 g Crème fraîche

Anrichten
6 Cones
6 TL Lachskaviar
20 g Kresse
Friséesalat

ZUBEREITUNG

Lachstatar
Den frischen Lachs und den Räucherlachs in ganz feine Würfel schneiden, in eine Schüssel geben und vorsichtig vermengen. Die Schüssel mit Frischhaltefolie bedecken und das Lachstatar kalt stellen.
Die Frühlingszwiebeln putzen und waschen, die Wurzelansätze abschneiden und die Frühlingszwiebeln in feine Ringe schneiden. Den Knoblauch schälen und in feine Würfel schneiden. Die Limette heiß abwaschen und trocknen. Die Schale fein abreiben und den Saft auspressen.
Die Hälfte des Limettensafts mit dem Honig, dem Limettenabrieb und dem Olivenöl verrühren. Den Knoblauch und die Frühlingszwiebeln hinzufügen. Die Marinade mit Salz und Pfeffer sowie Piment d'Espelette abschmecken, über das Lachstatar geben und vorsichtig vermengen.
Die Crème fraîche mit dem restlichen Limettensaft glatt rühren, dann mit Salz und Pfeffer sowie Piment d'Espelette abschmecken.

Anrichten
Etwas Lachstatar in die Cones füllen und die Limetten-Crème-fraîche darübergeben. Darauf wieder etwas Lachstatar geben. Auf jeden Cone 1 TL Lachskaviar geben und die Cones mit der Kresse und dem Friséesalat garnieren.

BEEF TATAR | ERDÄPFEL

ZUTATEN
FÜR 4 PERSONEN

Für das Beef Tatar
500 g Rinderfilet (oder Rinderhüfte bzw. -blume)
6 Schalotten
4 frische Eigelb (von freilaufenden Biohühnern; Vorsicht: Rohverzehr)
1 EL Dijonsenf
30 g Olivenöl extra vergine
Salz
frisch gemahlener weißer Pfeffer
Cayenne
1 Zweig frischer Majoran, Blättchen abgezupft und fein gehackt
50 g Essiggurken
25 g eingelegte Sardellenfilets
20 g Kapern
10 g feine Schnittlauchröllchen

Für die Kartoffelsuppe
250 g mehligkochende Kartoffeln (z. B. Karlena)
2 Schalotten
2 Frühlingszwiebeln
2 EL Butter
750 ml Gemüsefond (siehe Grundrezept Seite 299)
Salz
frisch gemahlener weißer Pfeffer
65 ml flüssige Sahne
1 getrocknetes Lorbeerblatt
frisch geriebene Muskatnuss

Für das Kartoffelpüree
3 mehligkochende Kartoffeln (ca. 200 g)
Salz
50 ml flüssige Sahne
50 g Butter
frisch geriebene Muskatnuss

Für das Rösti
1 mehligkochende Kartoffel (z. B. Karlena)
1 EL Butterschmalz
Salz
frisch gemahlener weißer Pfeffer

Anrichten
4 EL verschiedene Kräuter
8 essbare Blüten
4 EL Kaviar

Alternativ kann das Beef Tatar auch mit einem Kugelportionierer auf Cones angerichtet und mit Kresse garniert werden.

ZUBEREITUNG

Beef Tatar
Das Rindfleisch parieren, in sehr feine Würfel schneiden und diese in eine Schüssel geben. Die Schüssel bedecken und das Fleisch kalt stellen.
Die Schalotten schälen und in Brunoise (sehr feine Würfel) schneiden. Die Schalottenbrunoise 10 Sekunden in kochendem Wasser blanchieren, anschließend kurz in Eiswasser abschrecken, abtropfen lassen und beiseitestellen.
Die Eigelbe mit dem Dijonsenf und dem Olivenöl in eine Schüssel geben und mit einem Schneebesen zu einer cremigen Emulsion verrühren. Die Senfemulsion mit Salz, Pfeffer, Cayenne und Majoran abschmecken.
Die Essiggurken, die abgetropften Sardellenfilets und die abgetropften Kapern ebenfalls in Brunoise schneiden. Alles zusammen mit den Schalottenwürfeln vorsichtig unter die Senfemulsion ziehen.
Kurz vor dem Anrichten die Rinderfiletwürfel in die Senfemulsion geben und alles gut vermengen.

Kartoffelsuppe
Die Kartoffeln schälen und in kleine Würfel schneiden.
Die Schalotten schälen und ebenfalls in feine Würfel schneiden.
Die Frühlingszwiebeln putzen, die Wurzelansätze abschneiden und die Frühlingszwiebeln in feine Scheiben schneiden.
Die Butter in einem Topf erhitzen. Die Schalotten, die Frühlingszwiebeln und die Kartoffeln darin anschwitzen. Dann mit dem Gemüsefond auffüllen und mit Salz und Pfeffer würzen.
Die Sahne und das Lorbeerblatt hinzufügen und die Kartoffeln ca. 30 Minuten weich garen.
Die Suppe mit dem Stabmixer pürieren, durch ein Sieb streichen und mit Salz, Pfeffer und Muskat abschmecken. Vor dem Anrichten nochmals aufschäumen.

Kartoffelpüree
Die Kartoffeln schälen und in reichlich Salzwasser weich kochen, dann abgießen.
Die Sahne mit der Butter in einen kleinen Topf geben, mit Muskat würzen und erhitzen.
Die heißen Kartoffeln durch eine Kartoffelpresse in die heiße Muskatsahne drücken und mit einem Holzkochlöffel unterrühren. Das Püree bis zum Anrichten warm halten.

Rösti
Die Kartoffel schälen und roh auf einer Röstireibe fein raffeln.
Das Butterschmalz in einer Pfanne erhitzen. Die geriebenen Kartoffeln hineingeben, mit Salz und Pfeffer würzen und bei mittlerer Temperatur goldbraun braten. Das Rösti dann wenden und auf der zweiten Seite ebenfalls goldbraun braten.
Das fertige Rösti auf einen Teller gleiten lassen und bis zum Anrichten warm halten.

Anrichten
Die Rösti sorgfältig in 4 Rechtecke schneiden und diese auf die Teller setzen. Das Beef Tatar darauf anrichten und mit Kräutern, essbaren Blüten und 2 kleinen Püreenocken garnieren. 4 Tupfen Püree danebensetzen und mit Kaviar garnieren. Die Suppe in separaten Schalen reichen.

BRUNNENKRESSESUPPE | KAROTTENKUCHEN

MARONISUPPE

RINDERCONSOMMÉ | RAVIOLI | PIOPPINI

MARONISUPPE

ZUTATEN
FÜR 4 PERSONEN

Für das Maronipulver
100 g Maroni (Esskastanien), geschält und gegart

Für die Maronisuppe
20 g Butter
50 g Zwiebel, in kleinen Würfeln
20 g Knollensellerie, in kleinen Würfeln
20 g Lauch, in kleinen Würfeln
200 g Maroni (Esskastanien), geschält und gewürfelt
50 g Kristallzucker
50 ml trockener Rotwein
1 l Gemüsefond (siehe Grundrezept Seite 299)
200 ml flüssige Sahne

Für das Maronipüree
50 g Kristallzucker
100 g Maroni (Esskastanien), geschält
50 ml trockener Rotwein
100 ml Gemüsefond (siehe Grundrezept Seite 299)
50 ml flüssige Sahne
Salz
frisch gemahlener weißer Pfeffer
frisch gemahlene Muskatnuss

Anrichten
4 Scheiben Hirschschinken

ZUBEREITUNG

Maronipulver
Die Maroni in der Küchenmaschine zu feinem Pulver mahlen. Das Maronipulver auf ein mit einer Silikonbackmatte bedecktes Backblech geben und im auf 50 °C vorgeheizten Backofen (Umluft) 1 Stunde trocknen. Das getrocknete Maronipulver erneut fein mahlen.

Maronisuppe
Die Butter in einem großen Topf erhitzen, die Zwiebeln und das Wurzelgemüse anschwitzen. Die Maroni zugeben und ebenfalls anschwitzen. Den Zucker zugeben und leicht karamellisieren lassen. Dann mit dem Rotwein ablöschen und mit dem Fond und der Sahne aufgießen. Die Suppe kochen, bis die Maroni weich sind. Dann die Suppe in einen Standmixer umfüllen und pürieren. Die Suppe durch ein Sieb streichen und mit Salz, Pfeffer und Muskatnuss würzen. Vor dem Servieren die Maronisuppe aufschäumen.

Maronipüree
Den Zucker in einem Topf karamellisieren. Die Maroni hinzufügen und mit dem Rotwein ablöschen. Den Karamellfond mit dem Gemüsefond und der Sahne auffüllen und die Maroni darin 20 Minuten weich garen. Den Topfinhalt anschließend mit dem Stabmixer pürieren und durch ein Sieb streichen. Das Püree mit Salz, Pfeffer und Muskatnuss abschmecken.

Anrichten
1 EL Maronipüree in eine Suppentasse geben und die aufgeschäumte Maronisuppe darübergießen. Etwas Maronipulver darüberstreuen. Den Hirschschinken auf einen Spieß stecken und über die Suppentasse legen. (Im Bild links)

BRUNNENKRESSESUPPE | KAROTTENKUCHEN

ZUTATEN FÜR 4 PERSONEN

Für die Suppe
135 g Butter
200 g Schalotten, geschält und fein gewürfelt
90 g Lauch (nur das Weiße), geputzt und fein gewürfelt
300 g Knollensellerie, geputzt und fein gewürfelt
50 ml trockener Weißwein
2 l Geflügelfond (siehe Grundrezept Seite 298)
250 ml flüssige Sahne
Salz
frisch gemahlener weißer Pfeffer
Cayennepfeffer
100 g Brunnenkresse
1 TL Backpulver

Für den Karottenkuchen
125 g Vollei
30 g Kristallzucker
140 g Weizenmehl, Type 405
15 g Backpulver
160 g Karotten, fein gerieben
abgeriebene Schale von 1 unbehandelten Zitrone
85 g neutrales Pflanzenöl
100 g Walnusskerne, gehackt
Salz
frisch gemahlener weißer Pfeffer
etwas mildes Currypulver
etwas Kümmelpulver
1 EL glatte Petersilie, fein gehackt

Für das Karottengel
375 ml frisch gepresster Karottensaft
25 ml weißer Portwein
3 g Gellan (pflanzliches Geliermittel)
1 Prise Yopol

ZUBEREITUNG

Suppe
100 g Butter in einem Topf zerlassen. Die Schalotten-, Lauch- und Selleriebrunoise darin glasig dünsten, dann mit dem Weißwein ablöschen. Den Wein vollständig einkochen lassen, dann mit dem Geflügelfond auffüllen und die Gemüsebrunoise weich kochen. Anschließend die Sahne in die Gemüsesuppe rühren. Die Suppe mit Salz, Pfeffer und Cayenne abschmecken, mit dem Stabmixer pürieren und durch ein Sieb passieren. Die Suppe kalt stellen.
Die Brunnenkresse verlesen und mit etwas Backpulver 10 Sekunden in kochendem Salzwasser blanchieren. Die blanchierte Brunnenkresse in Eiswasser abschrecken, anschließend gut ausdrücken. Die Brunnenkresse mit etwas Salz und der restlichen Butter (35 g) in einen Pacojet-Becher geben, durchrühren und einfrieren. (Alternativ die Brunnenkresse mit der Butter in einem Standmixer pürieren und einfrieren. Vor dem Einrühren in die Sauce die gefrorene Brunnenkressepaste im Standmixer nochmals mixen.) Die gefrorene Brunnenkressepaste pacossieren und mit dem Stabmixer in die kalte Suppe einarbeiten und die Suppe gut aufschäumen.

Karottenkuchen
Das Vollei mit dem Zucker in eine Schüssel geben und mit dem Handrührgerät schaumig schlagen. Das Mehl mit dem Backpulver versieben und in die schaumige Ei-Zucker-Mischung rühren. Anschließend die geriebene Karotte, die abgeriebene Zitronenschale, das Öl und die gehackten Walnüsse unter den Karottenteig heben. Den Teig mit Salz, Pfeffer, Currypulver und Kümmel würzen, dann die gehackte Petersilie unterziehen. Den Teig auf ein mit Backpapier bedecktes Backblech streichen und im auf 180 °C vorgeheizten Backofen (Ober- / Unterhitze) 30–40 Minuten goldbraun backen.

Karottengel
Den Karottensaft mit dem Portwein in einen Topf geben, das Gellan unterrühren und die Flüssigkeit aufkochen. Das Gemisch zu Gelee erstarren lassen, dann mit dem Stabmixer durchmixen.
Vom fertig gebackenen Kuchen kleine runde Taler ausstechen, das gemixte Gel daraufstreichen und etwas Yopol daraufstreuen. Die Taler erkalten lassen.

Anrichten
Die aufgeschäumte Suppe in Suppenschalen gießen. Je 1 Karottenkuchentaler auf einen Spieß stecken und über die Schale legen. (Im Bild in der Mitte)

RINDERCONSOMMÉ | RAVIOLI | PIOPPINI

ZUTATEN
FÜR 4 PERSONEN

Für die Rinderconsommé
500 g Rinderhackfleisch
100 g Karotten
50 g Lauch
50 g Sellerie
50 g Zwiebel
2,5 l Rindersuppe (siehe Grundrezept Seite 300)
½ Bund glatte Petersilie
½ Bund Liebstöckel
1 frisches Lorbeerblatt
½ TL weiße Pfefferkörner
Salz
3 Wacholderbeeren
2 Muskatblüten
5 Eiweiß

Für die Ravioli
250 g Ricotta
65 g Nussbutter
½ Bund Minze, fein geschnitten
Salz
frisch gemahlener weißer Pfeffer
frisch geriebene Muskatnuss
200 g Nudelteig (siehe Grundrezept Seite 316)

Für die Pioppini
1 EL Olivenöl
50 g küchenfertige Pioppini (Samthaubenpilze)
Salz
frisch gemahlener weißer Pfeffer

ZUBEREITUNG

Rinderconsommé
Das Gemüse und die Zwiebeln in grobe Stücke schneiden. Die Rindersuppe mit allen weiteren Zutaten in einem ausreichend großen Topf kalt aufsetzen. Die Suppe unter Rühren langsam zum Kochen bringen und dann auf kleiner Flamme 2 Stunden ziehen lassen. Anschließend die Consommé durch ein mit einem Passiertuch ausgelegtes Sieb gießen (nicht passieren!).

Ravioli
Aus dem Ricotta, der Nussbutter, der Minze und den Gewürzen eine cremige Füllung herstellen.
Den Nudelteig zu dünnen Platten ausrollen. Eine Nudelplatte auf die bemehlte Arbeitsfläche legen. Mit einem runden Ausstecher (ca. 3 cm Durchmesser) Teigkreise ausstechen. Auf die Hälfte dieser Kreise je einen Teelöffel Füllung setzen. Anschließend einen weiteren Teigkreis darauflegen und die Ränder leicht festdrücken. Die Ravioli in reichlich sprudelnd kochendem Salzwasser kochen, bis sie an der Oberfläche schwimmen. Die Ravioli aus dem Wasser heben und gut abtropfen lassen.

Pioppini
Das Olivenöl in einer Pfanne erhitzen und die Pioppini darin 1 Minute anbraten, dann mit Salz und Pfeffer würzen.

Anrichten
Die Consommé in Suppentassen füllen. Je 1 Raviolo und einige Pioppini als Einlage in die Consommé geben. (Im Bild rechts)

SPARGELSUPPE | LACHS

ZUTATEN FÜR 4 PERSONEN

Für das Spargeleis
100 ml Spargelfond (siehe Grundrezept Seite 301)
20 g Kristallzucker
20 g Glukose (Traubenzucker)
3 Eigelb
100 ml flüssige Sahne

Für den Spargelchip
4 Stangen weißer Spargel
50 ml Wasser
50 g Kristallzucker

Für das Lachstatar
150 g frisches Lachsfilet (Sushiqualität, ohne Haut und Gräten)
1 Salatgurke
Salz
frisch gemahlener weißer Pfeffer
frisch gepresster Limettensaft
10 ml Olivenöl
2 EL Schnittlauchröllchen
2 Zweige Dill, fein gehackt

Für die Spargeltarte
1) Mürbeteig
100 g weiche Butter
25 g Kristallzucker
8 g Salz
3 Eigelb
150 g Weizenmehl, Type 405
200 g getrocknete Erbsenkerne

2) Belag
500 g Spargel
1 l Spargelfond
240 g Spargelpüree
100 ml Sahne
Salz
frisch gemahlener weißer Pfeffer
6 Eigelb
3 Blatt weiße Gelatine
10 g brauner Zucker

Für die Spargelsuppe
100 g Butter
200 g Schalottenwürfel
10 Spargelstangen
100 ml trockener Weißwein
2 l Spargelfond (siehe Grundrezept Seite 301)
250 ml flüssige Sahne
Salz
frisch gemahlener weißer Pfeffer
Kristallzucker
Cayennepfeffer
etwas frisch gepresster Zitronensaft

Für den marinierten Spargel
1 Stange weißer Spargel
1 Stange grüner Spargel
50 ml Limettenvinaigrette (siehe Grundrezept Seite 315)
Salz

ZUBEREITUNG

Spargeleis
Den Spargelfond mit dem Zucker und der Glukose aufkochen und dann abkühlen lassen. Die Eigelbe mit der Sahne schaumig rühren. Dann die Ei-Sahne unter den Spargelfond rühren und zusammen über einem Wasserbad zur Rose abziehen. Die Creme kalt stellen und vor dem Servieren entsprechend der Angaben des Geräteherstellers in einer Eismaschine gefrieren.

Spargelchip
Die Spargelstangen schälen und um die holzigen Enden kürzen, dann in feine Scheiben schneiden. Die Streifen im auf 50 °C vorgeheizten Backofen (Umluft) 2 Stunden trocknen.
Das Wasser mit dem Zucker in einen Topf geben und aufkochen. Den Zucker unter Rühren langsam auflösen. Die Spargelchips darin glasieren.

Lachstatar
Den Lachs sehr klein schneiden. Die Gurke schälen, halbieren und das Kerngehäuse entfernen. Dann die Gurke sehr klein würfeln. Die Lachs- und Gurkenwürfel vermischen.
Aus den restlichen Zutaten eine Marinade herstellen und die Lachs- und Gurkenwürfel damit marinieren.

Spargeltarte
1) Mürbeteig
Die weiche Butter mit dem Zucker und dem Salz in eine Schüssel geben und mit dem Handrührgerät schaumig schlagen.
Die Eigelbe einzeln hinzufügen und hineinrühren (jedes Eigelb ca. 30 Sekunden).
Das Mehl versieben und rasch in den Teig rühren.
Den Teig auf einer bemehlten Arbeitsfläche ausrollen, dann in eine mit Backpapier ausgelegte Tarteform legen und mit Backpapier bedecken. Die getrockneten Erbsenkerne auf das Backpapier streuen und den Tarteboden im auf 180 °C vorgeheizten Backofen (Ober-/Unterhitze) 20 Minuten blind backen. Den gebackenen Tarteboden aus dem Ofen nehmen und abkühlen lassen. Das Backpapier und die Erbsenkerne entfernen.

2) Belag

Den Spargel putzen, schälen und im Spargelfond garen. Anschließend den Spargel in einem Standmixer pürieren und dann durch ein Sieb streichen. 240 g des Spargelpürees mit der Sahne unter Rühren aufkochen und mit Salz und Pfeffer würzen.
Die Spargelcreme etwas abkühlen lassen und dann die Eigelbe einrühren. Anschließend die Creme über einem Wasserbad zur Rose abziehen. Die eingeweichte und ausgedrückte Gelatine in die Creme rühren.
Die Masse auf die blindgebackene Tarte gießen und bei 100 °C 35 Minuten in den vorgeheizten Backofen (Ober-/Unterhitze) geben. Vor dem Servieren mit einem Anrichtering runde Formen ausstechen. Etwas braunen Zucker auf die Oberfläche streuen und mit einem Küchenbunsenbrenner karamellisieren.

Spargelsuppe

Die Butter in einem Topf zerlassen. Die Schalottenwürfel darin glasig schwitzen. Dann die um die Köpfe gekürzten Spargelstangen hinzufügen und mit dem Weißwein ablöschen. Die Flüssigkeit vollständig reduzieren, dann mit dem Spargelfond aufgießen. Die Spargelstangen darin weich kochen.
Anschließend die Sahne hinzufügen und die Suppe mit Salz, Pfeffer, Zucker, Cayenne und Zitronensaft abschmecken. Die Suppe mit dem Stabmixer pürieren und durch ein Sieb streichen.

Marinierter Spargel

Den Spargel schälen. Mit einem Sparschäler Spargelblätter herstellen und diese mit der Limettenvinaigrette marinieren.

Anrichten

Den Lachstatar mit einem Anrichtering in die Mitte tiefer Teller setzen. Einige Streifen marinierten Spargel darüberlegen und die aufgeschäumte Suppe darübergießen. Die Spargeltarte mit 1 Nocke Spargeleis und 1 Spargelchip auf einem separaten Teller servieren.

TASCHENKREBS | ESTRAGON

ZUTATEN
FÜR 4 PERSONEN

Für den Taschenkrebs
etwas Champagneressig
8 lebende Taschenkrebse (à 80–100 g)

Für die Krustentiersauce
1 Rezept Krustentiersauce (siehe Grundrezept »HUMMERSAUCE« Seite 309)

Für die Taschenkrebsbällchen
100 g gegartes Taschenkrebsfleisch (siehe Teilrezept »Taschenkrebs«)
20 g Karottenbrunoise
20 g Knollenselleriebrunoise
20 g Mie de Pain (Brösel aus krustenfreiem Weißbrot)
20 g Lauchbrunoise
30 g Krustentierveloutè (Samtsauce)
100 g Panko (japanisches Paniermehl aus der Brotkrume)
1 Ei
neutrales Pflanzenöl zum Frittieren

Für den Estragonsalat
Salz
frisch gemahlener weißer Pfeffer
Kristallzucker
frisch gepresster Limettensaft
10 ml Olivenöl
50 g frischer Estragon
50 g Friséesalat

Für die Estragonmasse
200 g frischer Estragon
5 g Backpulver
Salz
50 g Butter

Für das Estragonpüree
200 g Kartofelpüree (siehe Grundrezept Seite 318)
150 g Estragonmasse (siehe Teilrezept »Estragonmasse«)

Anrichten
4 Krebsschalen
grobes Meersalz
essbare Blüten

ZUBEREITUNG

Taschenkrebs
In einem großen Topf 4 l Wasser mit etwas Champagneressig zum Kochen bringen. Die lebenden Taschenkrebse mit dem Kopf voraus in das kochende Wasser tauchen und mit einem Schaumlöffel unter die Wasseroberfläche drücken. Die Taschenkrebse so 8 Minuten kochen, dann die Scheren und Beine vom Panzer drehend abbrechen. Dann die Schwanzplatte an der Unterseite anheben und mit einer drehenden Bewegung entfernen. Ein Messer zwischen Schale und Unterseite schieben. Die Schale dabei festhalten! Vom Rand rundherum mit einem scharfen Messer lösen und mit einem Löffel entfernen. Die Schale auswaschen. Die Scheren am Rücken aufknacken und das Fleisch entfernen, ebenso mit den Beinen verfahren.

Krustentierauce
Die Krustentiersauce vor dem Servieren gut aufschäumen.

Taschenkrebsbällchen
Das Krebsfleisch sehr klein schneiden. Alle Zutaten bis auf Panko, Ei und Öl zu einer festen Masse vermengen.
Kleine Kugeln daraus formen. Die Kugeln mit dem verquirlten Ei und Panko panieren und in heißem Fett goldgelb ausbacken.

Estragonsalat
Das Salz, den Pfeffer, den Zucker, den Limettensaft und das Öl zu einer Marinade verrühren und unter den Estragon und Frisée mischen.

Estragonmasse
Den Estragon verlesen und mit etwas Backpulver 10 Sekunden in kochendem Salzwasser blanchieren. Den blanchierten Estragon in Eiswasser abschrecken, anschließend gut ausdrücken. Die Estragonmasse mit etwas Salz und der Butter in einen Pacojet-Becher geben, durchrühren und einfrieren.

Estragonpüree
Die gefrorene Estragonmasse pacossieren und mit dem Stabmixer in das Kartoffelpüree einarbeiten.

Anrichten
Die Krebsschale auf ein Salzbett legen. Etwas Estragonpüree in die Schale geben und die Taschenkrebsbällchen und den Estragonsalat darauf anrichten. Die Krustentiersauce darüberlöffeln und mit einigen Blüten garnieren.

FLUSSKREBSE | MELONE | SCHAFSKÄSE

ZUTATEN FÜR 4 PERSONEN

Für die Flusskrebse
Salz
12 lebende Flusskrebse (à 80 g)
50 g Butter
etwas gemahlene Koriandersamen

Für den Schafskäsesalat
120 g Schafskäse (Feta)
50 g grüne Oliven (am besten Kalamata), entsteint
1 EL Olivenöl extra vergine
etwas frisch gepresster Zitronensaft
Salz
frisch gemahlener weißer Pfeffer

Für die Melone und die Melonensauce
1 Cantaloupe-Melone
etwas frisch gepresster Zitronensaft
100 ml Sekt

Anrichten
4 Scheiben Jamón de Trevélez
1 Bund Rucola

ZUBEREITUNG

Flusskrebse
Reichlich Salzwasser in einem großen Topf zum Kochen bringen.
Die lebenden Flusskrebse mit dem Kopf voraus in das kochende Wasser tauchen, mit einem Holzkochlöffel unter Wasser drücken und 2 Minuten kochen.
Die gekochten Flusskrebse aus dem Wasser nehmen, das Fleisch aus den Schwänzen brechen und warm halten.
Die Butter kurz vor dem Anrichten in einer Pfanne zerlassen und das Flusskrebsfleisch darin erwärmen und mit gemahlenem Koriander bestäuben.

Schafskäsesalat
Den Feta in kleine Würfel (1 cm Kantenlänge) schneiden und in eine Schüssel geben.
Die Oliven in feine Würfel (Brunoise) schneiden und zu dem Feta geben.
Das Olivenöl, etwas Zitronensaft, Salz und Pfeffer hinzufügen und vorsichtig vermengen.

Melone und die Melonensauce
Die Melone schälen, halbieren und mit einem Esslöffel entkernen. Jede Melonenhälfte erneut halbieren. Von jedem Melonenviertel 1 Scheibe (1 cm) abschneiden. Aus dem Rest mit einem Parisienneausstecher sehr kleine Kugeln (ca. 30) ausstechen.
Die Melonenscheiben und -kugeln beiseitestellen.
Die restlichen Melonenabschnitte im Entsafter entsaften. Den Melonensaft mit etwas Zitronensaft abschmecken und vorsichtig mit dem Sekt vermengen.

Anrichten
Die Melonenscheiben auf die Teller geben. Daneben locker zusammengerollt je 1 Scheibe Jamón de Trevélez legen. Den Schafskäsesalat als kleine Haufen anrichten. Je 3 in Butter glasierte Flusskrebsschwänze auf den Tellern anrichten. Einige Melonenkugeln auf die Teller verteilen und die Melonensauce darüberlöffeln. Alles mit Rucola garnieren und servieren.

HEILBUTT | GURKE | LIMETTE

ZUTATEN
FÜR 4 PERSONEN

Für den Heilbutt
50 ml Olivenöl extra vergine
15 ml Wodka
10 ml trockener Weißwein
10 g Salz
2,5 g Pökelsalz
1½ EL brauner Zucker
100 g abgezupfte glatte Petersilie
100 g abgezupfter Dill
500 g küchenfertige Filets vom Heilbutt

Für das Sauerrahmstroh
500 g Sauerrahm
125 ml Vollmilch
Salz
1 unbehandelte Limette
5 g Gellan (pflanzliches Geliermittel)
3 Blatt weiße Gelatine

Für das Gurkenrelish
25 ml Ahornsirup
40 ml weißer Portwein
30 ml Fond der Essiggurken (s. u.)
½ EL mittelscharfer Senf
Salz
frisch gemahlener weißer Pfeffer
½ frisches Lorbeerblatt
3 g Xanthan (pflanzliches Gelier- und Verdickungsmittel)
1 Salatgurke
5 kleine eingelegte Essiggurken

Für das Limettengel
250 ml frisch gepresster Limettensaft
35 ml weißer Portwein, auf 50 ml reduziert
2 g Gellan (pflanzliches Geliermittel)

Für den Sauergurkenschaum
125 ml Fond der Essiggurken (siehe Teilrezept »Gurkenrelish«)
125 ml Apfelsaft
10 ml weißer Portwein
1 g Wasabipaste
0,75 g Lecite (pflanzlicher Emulgator aus Sojalecithin)

Anrichten
gemörserte rosa Pfefferbeeren
etwas Friséesalat
Red Mustard Cress

ZUBEREITUNG

Heilbutt
Aus dem Olivenöl, dem Wodka, dem Weißwein, dem Salz, dem Pökelsalz und dem Zucker eine Beize rühren. Die Heilbuttfilets in eine flache Auflaufform legen und mit der Petersilie und dem Dill bedecken. Die Beize darüber verteilen. Die Auflaufform mit Frischhaltefolie straff verschließen und die Form in den Kühlschrank stellen. Die Heilbuttfilets darin 5–6 Stunden ziehen lassen. Den Heilbutt aus der Beize nehmen, gut abtropfen lassen und die Reste abstreifen. Den Heilbutt in feine Streifen schneiden.

Sauerrahmstroh
Den Sauerrahm mit der Milch, etwas Salz und der fein geriebenen Limettenschale in einem kleinen Topf aufkochen. Das Gellan hineinrühren und alles 3 Minuten kochen lassen. Den Topf vom Herd nehmen und den Inhalt etwas abkühlen lassen. Die Gelatine 5 Minuten in kaltem Wasser einweichen, dann ausdrücken und unter Rühren in der heißen Sauerrahmcreme auflösen. Die Sauerrahmcreme in eine rechteckige Form füllen und im Kühlschrank 2 Stunden erstarren lassen. Die Sauerrrahmcreme aus der Form stürzen. Kurz vor dem Anrichten mit einer Microplane-Reibe in eine Schale reiben.

Gurkenrelish
Den Ahornsirup in einen kleinen Topf geben und unter Rühren karamellisieren, dann mit dem Portwein und dem Sauergurkensaft ablöschen. Den Senf hineinrühren und den Fond mit Salz, Pfeffer und Lorbeerblatt abschmecken. Das Xanthan in den Fond rühren und den Fond damit binden. Die Gurke schälen, der Länge nach vierteln, entkernen und in feine Würfel schneiden. Die Essiggurken fein würfeln. Die Salat- und Essiggurkenwürfel in den Fond geben. Das Gurkenrelish bis zum Anrichten kalt stellen.

Limettengel
Den Limettensaft mit dem Portwein in einen kleinen Topf geben und aufkochen. Das Gellan in die heiße Flüssigkeit rühren und 3 Minuten kochen lassen. Das Gemisch in den Thermomix geben und mixen, bis ein Gel entstanden ist. Das Gel in eine kleine Spritzflasche umfüllen und kühl stellen.

Sauergurkenschaum
Den Sauergurkensaft mit dem Apfelsaft, dem Portwein und dem Wasabi in einen Topf geben. Das Lecite hinzufügen und die Flüssigkeit mit dem Stabmixer aufschäumen. Kurz vor dem Anrichten den Schaum mit einem Esslöffel von der Oberfläche abtragen.

Anrichten

Die Heilbuttscheiben überlappend auf dem Teller auslegen. Das Gurkenrelish und Sauerrahmstroh daneben- und dazwischensetzen. Das Limettengel punktförmig aufspritzen. Abschließend etwas Sauergurkenschaum, die rosa Pfefferbeeren, den Friséesalat und die Kresse anrichten.

SAIBLING | APFEL | SELLERIE

ZUTATEN
FÜR 4 PERSONEN

Für den gebeizten Saibling
500 g küchenfertige Saiblingsfilets (ohne Haut und Gräten)
100 g Dill
35 g Petersilie
frisch gemahlene Koriandersamen
frisch gemahlener weißer Pfeffer
10 ml Champagneressig
50 g Olivenöl
5 g Pökelsalz
25 g Salz
5 g Kristallzucker
5 g getrocknete Wacholderbeeren
2 ml Wodka

Für das Apfel-Zimt-Konfekt
150 g Frischkäse (Doppelrahmstufe)
100 g halbsteif geschlagene Sahne
5 g Wasabipaste
3 g gemahlener Zimt
Salz
5 Blatt weiße Gelatine

Für das Gelee
100 g weißer Portwein
250 ml Apfelsaft
3 Blatt weiße Gelatine

Für das Sellerie-Zimt-Püree
250 g Knollensellerie
50 g Gemüsefond (siehe Grundrezept Seite 299)
50 g flüssige Sahne
½ Zimtstange
20 g Butter
Salz
frisch gemahlener weißer Pfeffer

Für das Apfel-Senf-Chutney
2 Äpfel (Granny Smith)
frisch gepresster Limettensaft
15 g Ahornsirup
100 g weißer Portwein
100 g Apfelsaft
15 g grober Dijonsenf
Salz
3 g Xanthan (pflanzliches Gelier- und Verdickungsmittel)

Für die Apfel-Wasabi-Luft
500 g weißer Portwein
500 g Apfelsaft
3 g Wasabipaste
3 g Lecite (pflanzlicher Emulgator aus Sojalecithin)

Anrichten
4 EL Saiblingskaviar
Affila-Kresse
8 Cracker

ZUBEREITUNG

Gebeizter Saibling

Alle Zutaten gut vermischen und das Saiblingsfilet im Ganzen damit marinieren. Das Filet im Kühlschrank 5 Stunden beizen. Anschließend das Saiblingsfilet von den Gewürzen und den Kräutern befreien und in sehr feine Scheiben schneiden.

Apfel-Zimt-Konfekt

100 g Frischkäse in eine Schüssel geben und glatt rühren, dann die geschlagene Sahne unterheben. Die Wasabipaste hinzufügen und verrühren.

Den restlichen Frischkäse mit dem Zimt und etwas Salz in einen Topf geben und erwärmen.

Die Gelatine 5 Minuten in kaltem Wasser einweichen, dann ausdrücken und unter Rühren in dem heißen Frischkäse auflösen. Dieses Gemisch mit dem Wasabifrischkäse vermengen. Die Frischkäsecreme ca. 2 cm hoch in eine rechteckige Form füllen und glatt streichen. Die Form mit Frischhaltefolie bedecken und in den Kühlschrank stellen.

Gelee

Den Portwein mit dem Apfelsaft in einen Topf geben, erhitzen und auf die Hälfte reduzieren.

Die Gelatine 5 Minuten in kaltem Wasser einweichen, dann ausdrücken und unter Rühren in der heißen Apfel-Portwein-Reduktion auflösen. Die Flüssigkeit abkühlen lassen.

Die Apfel-Portwein-Reduktion auf die Frischkäsemasse gießen und im Kühlschrank erstarren lassen. Nach dem Erstarren in Würfel (1,5 cm Kantenlänge) schneiden.

Sellerie-Zimt-Püree

Den Sellerie schälen und in grobe Würfel schneiden. Diese mit dem Gemüsefond, der Sahne, dem Zimt und der Butter in einen Topf geben. Die Flüssigkeit aufkochen und den Sellerie darin weich köcheln. Die Zimtstange entfernen, den Topfinhalt in einen Standmixer umfüllen und ein cremiges Püree mixen. Das Püree mit Salz und Pfeffer abschmecken und anschließend durch ein Sieb streichen.

Apfel-Senf-Chutney

Die Äpfel schälen, entkernen und in kleine Würfel schneiden. Die Apfelwürfel in eine kleine Schüssel geben und mit etwas Limettensaft beträufeln.

Den Ahornsirup in einen Topf geben und karamellisieren. Den Karamellfond mit dem Portwein ablöschen, dann mit dem Apfelsaft aufgießen. Die Flüssigkeit leicht köchelnd auf die Hälfte reduzieren. Anschließend den Senf hineinrühren und den Fond mit Salz abschmecken.

Das Xanthan über den Fond streuen und kräftig hineinrühren. Zum Schluss die abgetropften Apfelwürfel in den Fond geben und vorsichtig vermengen.

Apfel-Wasabi-Luft

Den Portwein mit dem Apfelsaft in einen Topf geben, erhitzen und auf die Hälfte reduzieren. Die Wasabipaste und das Lecite unterrühren.

Kurz vor dem Anrichten die Apfel-Wasabi-Luft erneut mit dem Stabmixer aufmixen.

Anrichten

Das Sellerie-Zimt-Püree mittig auf den Tellern ausstreichen und jeweils etwas Apfel-Senf-Chutney darauf verteilen. Je 3 Apfel-Zimt-Konfektwürfel und dazwischen leicht aufgerollte Scheiben des Saiblings mit etwas Saiblingskaviar anrichten. Abschließend die Wasabiluft aufspritzen und alles mit der Kresse und den Crackern garnieren.

LANGOSTINOS | TANDOORI-JOGHURT | BIRNE

ZUTATEN
FÜR 4 PERSONEN

Für die karamellisierte Birne
2 reife Birnen (z. B. Conference)
1 EL Kristallzucker
50 ml weißer Portwein
150 ml frisch gepresster Birnensaft

Birnenchip
1 feste Birne (z. B. Williams Christ)
1 Eiweiß
½ TL Zimt
Salz
1 Spritzer Zitronensaft

Für den Tandoori-Joghurt
100 g Naturjoghurt (3,5 % Fettgehalt)
10 g rote Tandoori-Paste (erhältlich im Asialaden)
etwas frisch gepresster Limettensaft
etwas fein geriebener Limettenabrieb

Für das Karamellpulver
100 g Kristallzucker

Für die Langostinos
2 EL Butter
12 küchenfertige Langostinos (Kaisergranate), geschält und entdarmt
Meersalz

Anrichten
Vogelbeeren
Basilikumblättchen
etwas Yopol (Joghurtpulver von Texturas Albert & Ferran Adrià)

ZUBEREITUNG

Karamellisierte Birne
Die Birnen schälen, die Kerngehäuse herausschneiden und die Birnen in Spalten schneiden.
Den Zucker in einem kleinen Topf karamellisieren, dann mit dem Portwein ablöschen, zuletzt mit dem Birnensaft auffüllen. Die Birnenspalten in den Karamellfond legen und 5 Minuten darin dünsten.

Birnenchip
Die ungeschälte Birne fein reiben. Die geriebene Birne mit dem Eiweiß, dem Zimt, dem Salz und dem Zitronensaft gut verrühren. Die Masse dünn in der gewünschten Form auf Silikonmatten ausstreichen und im auf 50 °C vorgeheizten Backofen (Umluft) 3 Stunden trocknen.

Tandoori-Joghurt
Den Joghurt in einer kleinen Schale mit der Tandoori-Paste glatt rühren und mit etwas Limettensaft und -abrieb abschmecken.

Karamellpulver
Den Zucker in einem kleinen Topf karamellisieren. Den Karamell auf ein mit einer Silikonbackmatte bedecktes Blech streichen und abkühlen lassen. Den abgekühlten Karamell anschließend in Stücke brechen und in der Küchenmaschine zu feinem Pulver verarbeiten.

Langostinos
Die Butter in einer Pfanne erhitzen und die Langostinos darin anbraten, dann salzen. Die Langostinos kurz vor dem Anrichten mit dem Karamellpulver bestreuen und unter dem vorgeheizten Backofengrill 2 Minuten karamellisieren.

Anrichten
Den Tandoori-Joghurt kreisrund auf den Tellern ausstreichen. Die Langostinos, die karamellisierten Birnen und den Birnenchip darauf anrichten. Die Vogelbeeren und Basilikumblättchen dazwischenstecken. Zum Schluss das Yopol und das Karamellpulver darüberstreuen.

BLUNTAUSABILING | FENCHEL | HOLLER

ZUTATEN
FÜR 4 PERSONEN

Für die Sashimi-Marinade
125 g Tamarindenmark (erhältlich im Asialaden)
40 g Palmzucker
25 ml Umeshu (japanischer Pflaumenwein)
12 ml süße Sojasauce
12 ml frisch gepresster Limettensaft
5 ml fermentierte Fischsauce
5 ml Austernsauce
1 Stengel Zitronengras, angeklopft
½ frische rote Chilischote, entkernt und fein gehackt

Für den Saibling
4 küchenfertige Saiblingsfilets (à 80 g)
Meersalz

Für die Fenchelsamen
25 g brauner Zucker
25 ml Wasser
50 g Fenchelsamen

Für den marinierten Fenchel
1 Knolle Fenchel
etwas Olivenöl extra vergine
frisch gepresster Zitronensaft
Salz

Für den Holler
250 g frische Holunderbeeren, geputzt und verlesen
100 g Kristallzucker
1 TL frisch gepresster Zitronensaft
1 Vanilleschote
1 g Agar-Agar (pflanzliches Geliermittel)

Für die Brotchips
4 Scheiben Schwarzbrot
10 ml Olivenöl

Anrichten
4 Nocken Senfeis (siehe Grundrezept Seite 320)
Friséesalat
Kerbelblättchen

ZUBEREITUNG

Sashimi-Marinade
Alle Zutaten in einen Topf geben. Die Flüssigkeit aufkochen und unter Rühren köcheln lassen, bis sich das Tamarindenmark und der Palmzucker aufgelöst haben. Die Marinade bis zum Weiterverarbeiten kalt stellen.

Saibling
Die Saiblingsfilets von allen Gräten befreien und in feine Scheiben schneiden. Diese in eine flache Auflaufform auslegen und mit Meersalz bestreuen. Die Scheiben mit der Marinade bestreichen und die Form 60 Minuten in den Kühlschrank stellen.

Fenchelsamen
Den Zucker mit dem Wasser aufkochen. Die Fenchelsamen darin leicht karamellisieren. Die karamellisierten Fenchelsamen auf einem mit einer Silikonbackmatte bedecktem Backblech verteilen und im auf 50 °C vorgeheizten Backofen (Umluft) 2 Minuten trocknen lassen.

Marinierter Fenchel
Den Fenchel mit einem Gemüsehobel in feine Scheiben schneiden und in eine Schüssel geben. Die Fenchelscheiben mit Olivenöl und Zitronensaft beträufeln und mit Salz bestreuen.

Holler
Die Holunderbeeren mit dem Zucker, dem Zitronensaft und dem ausgekratzten Vanillemark in einen Topf geben und aufkochen. Das Agar-Agar darüberstreuen und einrühren. Die Holunderbeeren kalt stellen.

Brotchips
Die Schwarzbrotscheiben mit dem Olivenöl beträufeln, auf ein mit Backpapier bedecktes Backblech legen und im auf 180 °C vorgeheizten Backofen (Ober-/Unterhitze) 10 Minuten backen.

Anrichten
Die Saiblingsfilets aus der Marinade nehmen, die Marinade leicht abstreifen. Die Scheiben leicht aufgerollt in der Mitte von 4 Tellern anrichten. Den marinierten Fenchel auf den Saibling geben. Je 1 Nocke Senfeis dazusetzen. Mit Holunderbeeren und Fenchelsamen garnieren. Mit Friséesalat und Kerbel sowie je 1 Brotchip vollenden.

LANGOSTINOCARPACCIO | FEIGEN | LIMETTE

ZUTATEN FÜR 4 PERSONEN

Für das Langostinocarpaccio
12 küchenfertige Langostinos (Kaisergranate), geschält und entdarmt

Für die Feigen
100 ml Cassismark (z. B. Boiron)
100 ml Cassislikör
100 ml Aceto balsamico
4 frische Feigen

Für das Milchgelee
100 ml Vollmilch
1 Vanilleschote
3 g Agar-Agar (pflanzliches Geliermittel)

Anrichten
100 ml Limettenvinaigrette (siehe Grundrezept Seite 315)
Meersalz
40 g Kaviar
Blue-Ocean-Blüten (z. B. Koppert Cress)
Majii Leaves (z. B. Koppert Cress)
Salicornia Cress (z. B. Koppert Cress)

ZUBEREITUNG

Langostinocarpaccio
Die Langostinos einzeln in Frischhaltefolie wickeln und die überstehenden Enden wie bei einem Bonbon zudrehen. Die Langostinos 30 Minuten anfrieren lassen. Die Langostinos anschließend aus der Folie nehmen und auf der Aufschnittmaschine in hauchfeine Scheiben schneiden.

Feigen
Das Cassismark mit dem Cassislikör und dem Aceto balsamico in einen kleinen Topf geben und auf 100 ml reduzieren. Die Reduktion abkühlen lassen.
Die Feigen achteln und in die Reduktion legen. Die Feigen 60 Minuten in der Marinade ziehen lassen.

Milchgelee
Die Milch mit dem ausgekratzten Vanillemark zum Kochen bringen. Das Agar-Agar hineinstreuen und unter Rühren auflösen. Die Flüssigkeit sehr dünn auf ein Blech streichen und 30 Minuten im Kühlschrank erstarren lassen. Kurz vor dem Anrichten aus dem Milchgelee mit einem runden Ausstecher Kreise von 15 cm Durchmesser ausstechen.

Anrichten
Auf die Teller je 1 Kreis Milchgelee legen. Die Langostinoscheiben dachziegelartig darauflegen und mit der Limettenvinaigrette beträufeln, dann leicht salzen. Die marinierten, abgetropften Feigen auf das Carpaccio setzen und mit je 1 Nocke Kaviar abschließen. Mit Blue-Ocean-Blüten, Majii Leaves und Salicornia Cress garnieren.

JAKOBSMUSCHEL | GRAPEFRUIT | KORIANDER

ZUTATEN
FÜR 4 PERSONEN

Für den Korianderrisotto
2 Schalotten, fein gewürfelt
2 Knoblauchzehen, fein gehackt
50 g Butter
50 ml Olivenöl
250 g Risottoreis (z. B. Arborio)
150 ml trockener Weißwein
700 ml heißer Gemüsefond (siehe Grundrezept Seite 299)
Salz
frisch gemahlener weißer Pfeffer
50 g kalte Butterwürfel
50 g Parmesan, fein gerieben
6 Zweige Koriandergrün

Für den Grapefruitschaum
1 EL Butter
2 Schalotten
½ Knolle Fenchel
50 ml weißer Portwein
400 ml frisch gepresster Grapefruitsaft
400 ml Geflügelfond (siehe Grundrezept Seite 298)
1 TL Kardamomsamen
1 Vanilleschote
Kristallzucker
Salz
1 Bund Koriandergrün

Für die Jakobsmuschel
Olivenöl
8 küchenfertig ausgelöste Jakobsmuscheln
Salz
1 EL Butter

Anrichten
50 g Parmesan, grob gehobelt
8 rosa Grapefruitfilets
Koriandergrün
Friséesalat

ZUBEREITUNG

Korianderrisotto
Den Risotto wie im Rezept »RISOTTO | GREMOLATA« (Seite 82) beschrieben zubereiten.
Das Koriandergrün waschen, trocken schleudern und fein schneiden, dann unter den Risotto ziehen.

Grapefruitschaum
Die Butter in einem Topf erhitzen, die klein geschnittenen Schalotten anschwitzen, dann den klein geschnittenen Fenchel zugeben und ebenfalls anschwitzen. Mit dem Portwein ablöschen, dann den Saft und den Fond aufgießen. Die Gewürze und das Koriandergrün zugeben und auf die Hälfte reduzieren. Die Sauce durch ein mit einem Passiertuch ausgekleidetes Sieb gießen (nicht passieren). Vor dem Servieren die Sauce gut aufschäumen.

Jakobsmuschel
Das Olivenöl in einer Pfanne erhitzen. Die Muscheln salzen und in die Pfanne legen. Die Butter zufügen, die Muscheln wenden und glasig braten.

Anrichten
Den Risotto auf die Teller verteilen und mit den Parmesanspänen bestreuen. Je 2 Grapefruitfilets und Jakobsmuscheln danebenlegen. Etwas Koriandergrün und Friséesalat auf den Risotto legen. Zum Schluss den Grapefruitschaum darauflöffeln.

HUMMER | ROTE BETE | RADIESCHEN

ZUTATEN FÜR 4 PERSONEN

Für den Hummer
etwas Champagneressig
4 lebende bretonische Hummer (à ca. 500–600 g)

Für das Rote-Bete-Püree
600 g Rote Bete
1 l frisch gepresster Rote-Bete-Saft
etwas gemahlene Kümmelsamen
Salz
frisch gepresster Zitronensaft

Für die Radieschen
1 Bund Radieschen
Salz
Champagneressig
Olivenöl extra vergine

Für das Rote-Bete-Nest
2 Rote Beten
Olivenöl extra vergine
Salz
Rotweinessig

Anrichten
100 g Rote-Bete-Pulver
100 ml aufgeschäumte Hummersauce (siehe Grundrezept Seite 309)

ZUBEREITUNG

Hummer
Die Hummer wie im Rezept »HUMMER | ORANGEN | TOPINAMBUR« (Seite 93) beschrieben vorbereiten.

Rote-Bete-Püree
Die Roten Beten schälen, in Würfel schneiden und in einen Topf geben. Den Rote-Bete-Saft und etwas Kümmelpulver hinzufügen und die Flüssigkeit aufkochen. Die Rote-Bete-Würfel ca. 45 Minuten weich garen. Den Topfinhalt anschließend im Standmixer pürieren und durch ein Sieb streichen. Das Rote-Bete-Püree mit Salz und etwas Zitronensaft abschmecken.

Radieschen
Die Radieschen putzen, von den Blattansätzen befreien und mit einem Gemüsehobel oder einem scharfen Messer in ganz feine Scheiben schneiden. Die Radieschenscheiben kurz vor dem Anrichten mit Salz bestreuen und mit dem Champagneressig und dem Olivenöl marinieren.

Rote-Bete-Nest
Die Roten Beten schälen und in lange feine Julienne schneiden. Das Olivenöl in einer Pfanne erwärmen und die Rote-Bete-Julienne darin ziehen lassen. Zum Schluss mit Salz bestreuen und mit etwas Essig marinieren.

Anrichten
1 EL Rote-Bete-Püree auf den Tellern verteilen. Die Rote-Bete-Julienne darauf zu einem Nest aufrollen. 1 Hummer darauflegen. 1 Ring Rote-Bete-Püree darum ziehen. Die Radieschenscheiben anlegen, etwas Rote-Bete-Pulver auf die Teller streuen und einige Tupfer Hummersauce darauflöffeln.

LACHSFORELLE |
SPARGEL | KRÄUTER

ZUTATEN FÜR 4 PERSONEN

Für die Forelle
4 küchenfertige ganze Lachsforellen
Salz
frisch gemahlener weißer Pfeffer
Koriandersamen
fein geriebene unbehandelte Zitronenschale
etwas Kristallzucker
Zitronen-Oliven-Öl

Für den Spargel
1 l Apfelsaft
1 l flüssige Sahne
1 l Vollmilch
Salz
Kristallzucker
Himbeeressig
8 Stangen weißer Spargel
1 Stange Lauch

Für den Spargelschaum
100 ml Spargelsud (siehe Teilrezept »Spargel«)
0,5–0,8 g Sojalecithin (z. B. Sosa)

Anrichten
4 TL Saiblingskaviar
einige essbare Blüten
2 Stengel Koriandergrün
Sprossen

ZUBEREITUNG

Forelle
Die Lachsforellen filetieren und die Gräten entfernen. Die Lachsforellenfilets in feine Scheiben schneiden. 4 Anrichteringe (Durchmesser 11,5 cm) mit den Lachsforellenfilets auslegen. Die ausgekleideten Stellringe zwischen je 2 Lagen Frischhaltefolie wickeln. Kurz vor dem Anrichten mit Salz, Pfeffer, Koriander, Zitronenabrieb, Zucker und Zitronen-Oliven-Öl würzen.

Spargel
Den Apfelsaft mit der Sahne und der Milch in einen Topf geben und aufkochen. Mit Salz, Zucker und Himbeeressig abschmecken.
Die Spargelstangen schälen und die holzigen Enden abschneiden.
Die Spargelstangen in eine Auflaufform legen und mit der kochenden Flüssigkeit übergießen. Die Auflaufform fest mit Alufolie verschließen und den Spargel im auf 100 °C vorgeheizten Backofen (Ober-/Unterhitze) 2–3 Stunden bissfest garen. Die Form anschließend aus dem Ofen nehmen und den Spargel im Sud abkühlen lassen. Den Sud für den Spargelschaum aufbewahren.
Die abgekühlten Spargelstangen halbieren, so dass man Spitzen und Enden erhält.
Die Lauchstange putzen und die grünen Blätter trennen. Die grünen Lauchblätter 5 Sekunden in kochendem Salzwasser blanchieren, dann in Eiswasser abschrecken und abtropfen lassen. Die grünen Lauchblätter in 1 mm breite Bänder schneiden.
Sodann je 2 Spargelspitzen und -enden vorsichtig mit 1 blanchierten Lauchblatt umwickeln.

Spargelschaum
Den Spargelsud durch ein belgisches Sieb (»Flotte Lotte«) passieren und in einen Mixbecher geben. Das Sojalecithin hinzufügen und die Flüssigkeit mit dem Stabmixer schaumig aufmixen.

Anrichten
Die Lachsforellenfilets aus den Anrichteringen lösen und auf den Tellern auslegen. Je 1 Spargelpäckchen daraufstellen und auf diesem den Saiblingskaviar anrichten. Den Spargelschaum, die Blüten, die Sprossen und die Korianderspitzen rundherum verteilen.

AUSTERN | GURKE | INGWER

ZUTATEN
FÜR 4 PERSONEN

Für das Gurkengelee
½ Blatt weiße Gelatine
125 g Gurkensaft
1,5 g Agar-Agar (pflanzliches Geliermittel)
Salz
Kristallzucker
frisch gemahlener schwarzer Pfeffer

Für das Muschelgelee
125 ml Austernwasser (s. u.)
1,5 g Agar-Agar (pflanzliches Geliermittel)
½ Blatt weiße Gelatine
Salz
Kristallzucker
frisch gemahlener weißer Pfeffer

Für den eingelegten Ingwer
75 g Kristallzucker
100 g Wasser
50 g frischer Ingwer

Für das Apfel-Gurken-Ragout
½ Apfel (Granny Smith)
100 g Gurke
Salz
frisch gemahlener schwarzer Pfeffer
1 Spritzer Ingwersaft

Für das Apfel-Gurke-Ingwer-Stroh
½ Apfel (Granny Smith)
300 g Gurke
10 ml Ingwersaft

Für die gebackenen Austern
4 Austern
1 Ei
150 g Panko (japanisches Paniermehl)
150 g Butterschmalz
Salz

Für die rohen Austern
4 rohe Austern

Für die Gurkenschnecken
1 Salatgurke
Salz
Kristallzucker
1 EL Olivenöl
etwas frisch gepresster Zitronensaft

Für das Austernbrot
50 g Mayonnaise
15 g Pomery-Senf
1 Scheibe Toastbrot

Anrichten
grobes Meersalz
4 Austernschalen
12 Basilikumblättchen
Milchschaum

ZUBEREITUNG

Gurkengelee
Die Gelatine in kaltem Wasser einweichen, ausdrücken und über einem Wasserbad auflösen. Langsam den Gurkensaft unter die flüssige Gelatine mischen. Das Agar-Agar untermischen und mit Salz, Zucker und Pfeffer abschmecken.

Muschelgelee
Das Austernwasser mit dem Agar-Agar vermischen. Dann die eingeweichte und ausgedrückte Gelatine über einem Wasserbad auflösen und ebenfalls unter das Austernwasser rühren. Das Gelee mit Salz, Zucker und Pfeffer abschmecken und als dünne Schicht in ein rechteckiges Gefäß gießen. Das Gelee kühlen. Vor dem Servieren das Gelee in ca. 1 cm breite und ca. 6 cm lange Streifen schneiden und diese zu kleinen Rollen formen.

Eingelegter Ingwer
Den Zucker unter Rühren in einem Topf bei mittlerer Hitze in dem Wasser auflösen. Den Ingwer schälen und in feine Scheiben schneiden. Die Scheiben in das Zuckerwasser legen, kurz aufkochen und anschließend durchziehen lassen.

Apfel-Gurken-Ragout
Den Apfel schälen und das Kerngehäuse entfernen. Den Apfel fein würfeln. Die Gurke entkernen und ebenfalls fein würfeln. Die Würfel in einer Schale mischen und mit Salz, Pfeffer und Ingwersaft abschmecken.

Apfel-Gurke-Ingwer-Stroh
Den Apfel und die Gurke entkernen und das Fleisch in feine Streifen schneiden. Diese mit dem Ingwersaft marinieren.

Gebackene Austern
Die Austern öffnen und dabei das Austernwasser auffangen und für das Muschelgelee verwenden. Die Austern dann über einem Sieb gut abtropfen lassen. Anschließend erst durch das verquirlte Ei ziehen. Dann im Pankomehl wenden. Überschüssiges Mehl leicht abklopfen und die panierte Auster im heißen Butterschmalz goldbraun ausbacken. Mit etwas Salz abschmecken.

Rohe Austern
Die Austern öffnen und dabei das Austernwasser auffangen und für das Muschelgelee verwenden.

Gurkenschnecken
Die Gurke schälen und mit der Aufschnittmaschine 14 feine Streifen abschneiden. Die Streifen auf gleiche Länge schneiden. Die Streifen in einer Schale mit Salz vermischen und beiseitestellen. Die Gurkenstreifen etwas abspülen und gut abtropfen lassen. Anschließend in einer Schale mit Salz, Zucker, dem Olivenöl und dem Zitronensaft marinieren. Zum Anrichten jeden Streifen spiralförmig aufdrehen.

Austernbrot
Die Mayonnaise und den Senf gut miteinander verrühren. Das Toastbrot leicht anrösten und in dünne Streifen schneiden. Vor dem Anrichten behutsam kleine Tupfen der Senfmayonnaise auf die Brotstreifen spritzen.

Anrichten
Das Meersalz als kleinen Haufen auf die Teller setzen und je 1 Austernschale darauflegen. Den Boden der Schale mit dem Apfel-Gurken-Ragout bedecken und 1 gebackene Auster darauf anrichten. Abschließend noch etwas Apfel-Gurken-Stroh darauflegen. In die Mitte 1 rund ausgestochene Scheibe des Gurkengelees legen und die rohe Auster darauf anrichten. 1 Toastbrotstreifen auf den Teller legen und mit den Basilikumblättchen garnieren. Je 2 Gurken- und Muschelgeleeröllchen dazwischensetzen. Zum Schluss noch eingelegte Ingwerscheiben und einige Tupfer Milchschaum dazwischensetzen.

Mein Tipp:
Anstatt der Auster kann man auch
Jakobsmuschel, Langostino oder verschiedene
frische Fische verwenden.

JAKOBSMUSCHEL | GURKE | ZITRONE | KICHERERBSE

ZUTATEN FÜR 4 PERSONEN

Für die Gurkenperlen
100 ml Tonic Water
20 ml Gin
3 g Salz
3 g Kristallzucker
1 Salatgurke

Für das Limetten-Ingwer-Gel
100 ml Wasser
Saft von ½ Limette
20 g Kristallzucker
1 ½ Blatt weiße Gelatine
4 g frischer Ingwer, geschält und in Julienne geschnitten
1–2 g Agar-Agar (pflanzliches Geliermittel)

Für die Gurkenroulade
1 Salatgurke
20 g Sauerrahm
20 g Topfen (Quark, 20 % Fettgehalt)
2 g Apfelessig
1 g Salz
1 g Kristallzucker
5 Halme Schnittlauch

Für das Hummus
300 g Kichererbsen, über Nacht eingeweicht
1 Knoblauchzehe
Saft von 1 Zitrone
15 g Sauerrahm
50 ml Vollmilch

Für die Zitronensauce
500 ml Gemüsefond (siehe Grundrezept Seite 299)
50 g eingelegte marokkanische Salzzitronen
250 g Butter
20 g Kristallzucker
Salz

Für die Jakobsmuscheln
2 EL Olivenöl
8 küchenfertig ausgelöste Jakobsmuscheln
Meersalz
frisch gemahlener weißer Pfeffer

Anrichten
Gurkenjulienne

ZUBEREITUNG

Gurkenperlen
Das Tonic Water mit dem Gin, dem Salz und dem Zucker in eine Schüssel geben und vermengen.
Die Gurke schälen und mit einem Parisienneausstecher kleine Perlen aus dem Fruchtfleisch stechen. (Dabei nicht bis zu den Kernen stechen.)
Die Schüssel in den Kühlschrank stellen und die Gurkenperlen darin gut durchziehen lassen.

Limetten-Ingwer-Gel
Das Wasser, den Limettensaft und den Zucker erwärmen, bis der Zucker aufgelöst ist. Die eingeweichte und ausgedrückte Gelatine darin auflösen. Die Ingwerstreifen und das Agar-Agar untermischen und alles gut mixen. In eine Spritzflasche umfüllen.

Gurkenroulade
Die Salatgurke mit einem Sparschäler oder einer Aufschnittmaschine in hauchfeine Blätter schneiden. Die restlichen Zutaten gut miteinander verrühren. Auf der Arbeitsplatte einen rechteckigen Streifen Frischhaltefolie auslegen und 2 Gurkenblätter überlappend darauflegen. Eine sehr dünne Schicht Füllung daraufstreichen und mit Hilfe der Folie die Gurkenblätter sehr fest aufrollen. Auf diese Weise insgesamt 8 Rouladen herstellen.

Hummus
Die Kichererbsen mit den restlichen Zutaten in einen Topf geben und weich kochen. Dann in einen Standmixer umfüllen und ein cremiges Püree mixen. Das Püree durch ein Sieb streichen und abschmecken.

Zitronensauce
Den Gemüsefond mit den Salzzitronen in einen Topf geben und aufkochen, dann mit dem Stabmixer mixen.
Die Butter und den Zucker in den Zitronenfond rühren und auflösen, dann erneut mixen. Die Zitronensauce mit Salz abschmecken. Vor dem Servieren gut aufschäumen.

Jakobsmuscheln
Das Olivenöl in einer Pfanne erhitzen und die Jakobsmuscheln darin glasig braten. Mit Salz und Pfeffer würzen.

Anrichten
Das Hummus mittig auf Tellern ausstreichen, dabei eine Mulde formen. Diese mit dem Zitronenschaum füllen. Je 2 Jakobsmuscheln anrichten. 2 Gurkenrouladen und einige Gurkenperlen auf den Tellern verteilen. Dann einige Tupfer Limetten-Ingwer-Gelee aufspritzen und mit Gurkenjulienne garnieren.

GÄNSELEBER | SCHWARZWURZEL | CRANBERRY

ZUTATEN
FÜR 4 PERSONEN

Für die roh marinierte Gänseleber
650 g frische Gänseleber
2 EL reduzierter roter Portwein
2 EL reduzierter Madeira
2 EL roter Portwein
2 EL Cognac
2 EL Süßwein
8 g Salz
3 g Pökelsalz
1 Msp. Lebkuchengewürz
1 Msp. gemahlener Kardamom
frisch gemahlener schwarzer Pfeffer
etwas feiner Orangenabrieb
etwas frisch geriebene Muskatnuss

Für das Cranberrysorbet
75 ml weißer Portwein
75 g Kristallzucker
250 g Cranberrymark (aus dem Feinkosthandel)
1 Blatt weiße Gelatine

Für das Gänselebereis
250 g weißer Portwein
100 g Süßwein
3 Eigelb
160 g marinierte Gänseleber (siehe Teilrezept »Roh marinierte Gänseleber«), passiert

Für die Gänseleberpraline
Baumkuchen (siehe »WEINTRAUBEN | STRUDEL | BAUMKUCHEN | EIS« S. 231)

Gänselebermousse
150 g marinierte Gänseleber (siehe Teilrezept »Roh marinierte Gänseleber«), passiert
2 ½ Blatt weiße Gelatine
10 ml weißer Portwein
150 g halbsteif geschlagene Sahne

Für das Madeira-Portwein-Gelee
30 g Ahornsirup
500 ml weißer Portwein
500 ml Madeira
4 Blatt weiße Gelatine

Schokomantel
300 g Kakaobutter
300 g Zartbitterkuvertüre (60 % Kakaogehalt)

Für die Schwarzwurzel-Crème-brûlée
240 g Schwarzwurzelcreme (siehe »ENTE | SCHWARZWURZELCREME | CRANBERRY« Seite 157)
100 ml flüssige Sahne
½ Vanilleschote
Salz
frisch gemahlener schwarzer Pfeffer
6 Eigelb
3 Blatt weiße Gelatine
10 g brauner Zucker

Für die in Quinoa gewälzten Gänseleberpralinen
300 g marinierte Gänseleber (siehe Teilrezept »Roh marinierte Gänseleber«), passiert
60 g Quinoa
300 ml Sonnenblumenöl

Für die gebratene Gänseleber
100 g frische Gänseleber
50 g Weizenmehl, Type 405
etwas Butterschmalz
Salz

Anrichten
Muscovadostreusel (siehe »HIRSCHRÜCKEN | EISZAPFEN | MUSCOVADO-STREUSEL« Seite 172)
Cranberrycracker (siehe Tipp Rezept »HIRSCHRÜCKEN | EISZAPFEN | MUSCOVADOSTREUSEL« Seite 172)
Madeira-Portwein-Gelee (siehe Teilrezept »Gänseleberpraline«)

ZUBEREITUNG

Roh marinierte Gänseleber

Die Gänseleber putzen und von allen Häutchen und Blutgefäßen befreien. Die geputzte Gänseleber durch ein Haarsieb in eine Schüssel streichen. Die restlichen Zutaten hinzufügen und alles gut vermengen. Die Gänselebercreme mit Frischhaltefolie bedecken und 24 Stunden im Kühlschrank ziehen lassen.

Cranberrysorbet

Den Portwein mit dem Zucker in einen kleinen Topf geben und unter Rühren aufkochen, bis sich der Zucker aufgelöst hat. Dann das Cranberrymark hineinrühren.
Die Gelatine 5 Minuten in kaltem Wasser einweichen, dann ausdrücken und unter Rühren in der warmen Cranberrymischung auflösen.
Die Cranberrymischung in einen Pacojet-Becher füllen und im Tiefkühlfach gefrieren lassen. Das Cranberrysorbet vor dem Anrichten portionsweise pacossieren. (Alternativ die Cranberrymischung in einem verschließbaren Gefäß einfrieren, dabei in den ersten Stunden mehrmals umrühren. Einige Zeit vor dem Servieren das Sorbet aus dem Gefrierfach nehmen und dann portionieren.)

Gänseleberеis

Den Portwein in einen kleinen Topf geben und auf 100 ml reduzieren. Dann den Süßwein hinzufügen und flambieren.
Die Eigelbe in die Alkoholreduktion rühren, den Topf auf ein heißes Wasserbad stellen und das Gemisch unter Rühren zur Rose abziehen. Anschließend die Gänseleber hineinrühren.
Die Gänselebercreme in einen Pacojet-Becher füllen und im Tiefkühlfach gefrieren lassen. Die Gänselebercreme vor dem Anrichten portionsweise pacossieren.
(Alternativ die Gänselebermischung in einem verschließbaren Gefäß einfrieren, dabei in den ersten Stunden mehrmals umrühren. Einige Zeit vor dem Servieren das Gänseleberеis aus dem Gefrierfach nehmen und dann portionieren.)

Gänseleberpraline

Eine Terrinenform mit Frischhaltefolie auslegen und mit einer Schicht Baumkuchen auskleiden. Die so gefüllte Form in den Kühlschrank stellen.

Pralinenfüllung: Gänselebermousse

Die marinierte Gänseleber auf Zimmertemperatur erwärmen.
Die Gelatine 5 Minuten in kaltem Wasser einweichen.
Den Portwein in einem kleinen Topf erhitzen. Die Gelatine ausdrücken und in dem heißen Portwein auflösen. Die zimmerwarme Gänseleber in das heiße Portweingemisch geben und unter Rühren vermengen. Anschließend die halbsteif geschlagene Sahne unterziehen.
Die Hälfte der Gänselebermousse auf die Baumkuchenschicht in der vorbereiteten Terrinenform streichen. Die Form in den Kühlschrank stellen und die Mousse erkalten lassen. Die restliche Gänselebermousse ebenfalls kalt stellen.

Madeira-Portwein-Gelee

Den Ahornsirup in einen Topf geben und unter Rühren karamellisieren, dann mit dem Portwein und dem Madeira ablöschen.
Die Flüssigkeit auf ⅓ reduzieren.
Die Gelatine 5 Minuten in kaltem Wasser einweichen, dann ausdrücken und unter Rühren in der heißen Portwein-Madeira-Reduktion auflösen. Das Gemisch erkalten lassen und kurz vor dem Gelieren auf die Gänselebermousseschicht in der vorbereiteten Terrinenform streichen. Die Form erneut in den Kühlschrank stellen und die Terrine erkalten lassen.
Auf die erstarrte Geleeschicht die restliche Gänselebermousse streichen. Die Form in den Kühlschrank stellen und die Mousse erkalten lassen.
Die erkaltete Gänseleberterrine aus der Form stürzen und in kleine Würfel (Pralinen) schneiden. Diese Pralinen bis zum Anrichten kalt stellen.

Schokomantel

Die Kakaobutter und die Kuvertüre in kleine Stücke hacken, in einen Topf geben und unter Rühren vorsichtig schmelzen. Die flüssige Schokolade in eine Airbrush-Pistole füllen. Die Pralinen aus 1,5 m Entfernung mit der flüssigen Schokolade besprühen.

Schwarzwurzel-Crème-brûlée

Die Schwarzwurzelcreme mit der Sahne, dem ausgekratzten Vanillemark sowie etwas Salz und Pfeffer in einen kleinen Topf geben und unter Rühren aufkochen.
Die Eigelbe in die Schwarzwurzelcreme rühren, den Topf auf ein heißes Wasserbad stellen und die Schwarzwurzelcreme unter Rühren zur Rose abziehen.
Die Gelatine 5 Minuten in kaltem Wasser einweichen, dann ausdrücken und unter Rühren behutsam in der warmen Schwarzwurzelcreme auflösen.
Die Schwarzwurzelcreme in 4 ofenfeste Förmchen füllen. Die Förmchen in ein tiefes Backblech (Fettpfanne) stellen und dieses mit so viel heißem Wasser füllen, dass die Förmchen zu ⅔ im Wasser stehen. Das Blech in den auf 86 °C vorgeheizten Backofen stellen und die Cremes darin 35 Minuten garen. Die fertigen Cremes aus dem Ofen nehmen und abkühlen lassen.
Die Oberflächen der abgekühlten Cremes mit dem braunen Zucker bestreuen und diesen mit einem kleinen Gasbrenner vorsichtig karamellisieren.

In Quinoa gewälzte Gänseleberpralinen

Die roh marinierte Gänseleber auf eine Silikonmatte für Gelee (Halbsphären) streichen und diese einfrieren.
Die Quinoa in 120 g Wasser bissfest garen, dann durch ein feines Sieb gießen und gut abtropfen lassen, bis die Quinoa fast trocken ist. Das Sonnenblumenöl in einem Topf erhitzen und die Quinoa darin knusprig frittieren. Die frittierte Quinoa auf ein mit Backpapier bedecktes Backblech streichen.
Die gefrorenen Gänseleberhalbkugeln aus den Formen lösen. Die glatten Flächen mit einem kleinen Gasbrenner erwärmen und jeweils 2 Halbkugeln zu Kugeln zusammensetzen. Die Gänseleberkugeln in der frittierten Quinoa wälzen.

Gebratene Gänseleber

Die Gänseleber putzen und von allen Häutchen und Blutgefäßen befreien. Die geputzte Gänseleber in schmale Scheiben (1,5 × 5 × 0,5 cm) schneiden und diese leicht mehlieren. Das Butterschmalz in einer Pfanne erhitzen und die Gänseleberwürfel darin von allen Seiten anbraten. Die gebratenen Gänseleberwürfel aus der Pfanne nehmen und leicht salzen.

Anrichten

1 Streifen Gänseleber auf jeden Teller legen. Daneben 1 Schwarzwurzel-Crème-brûlée und 1 Gänseleberpraline im Schokomantel legen. Die Gänseleberpraline im Quinoamantel auf ein Häufchen Muscovadostreusel setzen. Auf den Gänseleberstreifen je 1 Nocke Cranberrysorbet mit 1 Cranberrycracker und Gänselebereis anrichten. Zum Schluss noch einige Tropfen Madeira-Portwein-Gelee aufträufeln.

GÄNSELEBER | MISPEL | SÜSSKARTOFFEL

ZUTATEN
FÜR 4 PERSONEN

Für die Mispeln
200 g Mispeln
40 g brauner Zucker
10 g kaltes Wasser
125 ml weißer Portwein
50 ml frisch gepresster Orangensaft
50 ml frisch gepresster Mandarinensaft
50 ml frisch gepresster Ananassaft
20 ml frisch gepresster Zitronensaft

Für die flüssige Mispelsphäre
1 Blatt weiße Gelatine
70 g frisch gepresster Mispelsaft

Für den Überzug der Mispelsphäre
80 g frisch gepresster Mispelsaft
6 g Gelificant vegetal (von Texturas Sosa)

Für die Gänseleberpraline
100 g frische Gänseleber
10 g Süßwein
etwas Trüffelöl
Salz
frisch gemahlener weißer Pfeffer

Für den Überzug der Gänseleberpraline
80 g frisch gepresster Mispelsaft
6 g Gelificant vegetal (von Texturas Sosa)

Für die Süßkartoffelcreme
100 g ungeschälte Süßkartoffeln, halbiert
Salz
frisch gemahlener schwarzer Pfeffer
1 fein gehackte Knoblauchzehe
1 Zweig Thymian
1 Zweig Rosmarin
1 EL kalte Butter

Für die Gänseleber
etwas Olivenöl zum Braten
4 Scheiben frische küchenfertige Gänseleber (à 80 g)
Salz
frisch gemahlener weißer Pfeffer

Anrichten
4 Cru-de-Cacao-Cracker (siehe Grundrezept Seite 325)
2 EL Entenjus (siehe Grundrezept Seite 305)

ZUBEREITUNG

Mispeln
Die Mispeln vierteln, entkernen und putzen. Die geputzten Mispeln beiseitestellen.
Den braunen Zucker mit dem Wasser in einen kleinen Topf geben und unter Rühren karamellisieren. Den Karamell mit dem Portwein ablöschen, anschließend mit den frisch gepressten Säften aufgießen.
Die Mispeln in den Karamellfond geben und 10 Minuten darin weich dünsten.

Flüssige Mispelsphäre
Die Gelatine 5 Minuten in kaltem Wasser einweichen. Den Mispelsaft in einem kleinen Topf erhitzen. Die eingeweichte, ausgedrückte Gelatine unter Rühren in dem heißen Mispelsaft auflösen. Den Mispelsaft auf eine Silikonmatte für Gelee (Halbsphären) streichen und im Tiefkühlfach gefrieren lassen.

Überzug der Mispelsphäre
Den Mispelsaft erhitzen und das Gelificant einrühren.
Die gefrorenen Mispelsafthalbkugeln aus den Formen lösen und mit Hilfe einer Spiralgabel in den Überzug tauchen und kurz trocknen lassen. Diesen Vorgang noch zweimal wiederholen.
Die überzogenen Kugeln auf einem Gitter bei Raumtemperatur trocknen lassen.

Gänseleberpraline
Die Gänseleber mit dem Süßwein, dem Trüffelöl sowie etwas Salz und Pfeffer in einen hohen Rührbecher geben und mit dem Stabmixer durchmixen. Die Gänselebercreme auf eine Silikonmatte für Gelee (Halbsphären) streichen und im Tiefkühlfach gefrieren lassen.

Überzug der Gänseleberpraline
Den Mispelsaft erhitzen, anschließend das Gelificant einrühren.
Die gefrorenen Gänseleberhalbkugeln aus den Formen lösen und mit Hilfe einer Spiralgabel in den Überzug tauchen und kurz trocknen lassen. Diesen Vorgang noch einmal wiederholen. Die überzogenen Kugeln auf einem Gitter bei Raumtemperatur trocknen lassen.

Süßkartoffelcreme
Die halbierten Süßkartoffeln auf einem mit Backpapier bedeckten Backblech verteilen. Die Süßkartoffeln mit Salz und Pfeffer sowie dem Knoblauch, dem Thymian und dem Rosmarin bestreuen. Die Süßkartoffeln im auf 160 °C vorgeheizten Backofen (Ober-/Unterhitze) 60 Minuten weich garen.
Die gegarten Süßkartoffeln aus dem Ofen nehmen und kurz abkühlen lassen, dann mit einem Teelöffel das Innere aus den Schalen lösen und in eine Schüssel geben. Die Butter hinzufügen und alles mit dem Stabmixer zu einer glatten Creme verarbeiten. Die Süßkartoffelcreme mit Salz und Pfeffer abschmecken.

Gänseleber
Das Olivenöl in einer Pfanne erhitzen. Die Gänseleberscheiben darin von allen Seiten 2–3 Minuten anbraten, dann mit Salz und Pfeffer würzen.

Anrichten
1 EL Süßkartoffelcreme auf den Tellern leicht ausstreichen. Die gebratene Gänseleber danebenlegen. Vor die Leber die Gänseleberpraline, dahinter die Mispelsphäre setzen. Einen Cru-de-Cacao-Cracker an die Leber lehnen. Je 1 Mispelviertel auf die Leber und auf die Süßkartoffelcreme legen. Kleine Tropfen Entenjus und Mispelfond aufträufeln.

Mein Tipp:
Süßkartoffeln eignen sich
auch als Einlage in Suppen,
für Risotto oder Gnocchi, aber auch
für Desserts (z.B. Crème brulée).

KITZ | MELONE | PAPRIKA

ZUTATEN
FÜR 4 PERSONEN

Für den Bärlauchchip
150 g Bärlauch
2 mehligkochende Kartoffeln
Salz
1 Knoblauchzehe

Für das Melonengel
750 ml Melonenmark (z. B. Boiron)
100 ml weißer Portwein, auf 50 ml reduziert
6 g Gellan (pflanzliches Geliermittel)

Für die marinierte Paprika
3 Limetten
20 ml Gemüsefond (siehe Grundrezept Seite 299)
10 ml Sake
10 ml Oyster-Sauce
½ Knoblauchzehe
10 g Fleur de Sel
15 g brauner Zucker
100 ml Olivenöl extra vergine
2 rote Paprikaschoten

Für das Topinamburpüree
500 g Topinambur
50 g Schalotten
2 EL neutrales Pflanzenöl
50 ml trockener Weißwein
50 ml flüssige Sahne
50 g kalte Butterwürfel

Für das Kitz
500 g küchenfertiger Kitzrücken (am Stück)
Salz
frisch gemahlener weißer Pfeffer
100 g Weizenmehl, Type 405
100 g Semmelbrösel
1 Ei
neutrales Pflanzenöl zum Frittieren
50 g Butter
1 Zweig Rosmarin

Anrichten
1 Cantaloupe-Melone
2 EL frischer Bärlauch, fein geschnitten
etwas Chilipulver
Selleriegrün
essbare Blüten

ZUBEREITUNG

Bärlauchchip
Den Bärlauch in heißem Salzwasser blanchieren und in Eiswasser abkühlen. Dann den gut abgetropften Bärlauch im Standmixer pürieren und durch ein Sieb streichen. Die ungeschälten Kartoffeln in reichlich Salzwasser weich kochen, dann abgießen und etwas abkühlen lassen. Die Kartoffeln schälen, mit dem Knoblauch und 50 g Bärlauchpaste im Thermomix zu einer gebundenen Mischung verarbeiten. Mit Salz abschmecken. Den Teig auf ein mit Backpapier bedecktes Backblech streichen und im auf 180 °C vorgeheizten Backofen (Umluft) 5 Minuten knusprig backen, abkühlen lassen und in Chips brechen.

Melonengel
Das Melonenmark mit dem reduzierten Portwein und dem Gellan in einen Topf geben und aufkochen, dann 3 Minuten köcheln lassen. Das Gemisch im Thermomix mixen, bis ein Gel entstanden ist. In eine Spritzflasche abfüllen.

Marinierte Paprika
Den Saft der Limetten auspressen und mit dem Gemüsefond, dem Sake, der Oyster-Sauce, dem fein gehackten Knoblauch, dem Fleur de Sel und dem braunen Zucker in einen Mixbecher geben. Mit dem Stabmixer durchmixen, dann das Olivenöl hineinfließen lassen und alles zu einer Emulsion mixen.
Die Paprikas halbieren, von Kernen und Scheidewänden befreien und fein würfeln. In eine Schüssel geben und kurz vor dem Anrichten in der Emulsion marinieren.

Topinamburpüree
Die Topinambur schälen und in kleine Würfel schneiden. Die Schalotten schälen und ebenfalls in feine Würfel schneiden. Das Pflanzenöl in einem Topf erhitzen und die Schalottenwürfel darin glasig schwitzen. Die Topinamburwürfel hinzufügen und kurz anbraten. Anschließend mit dem Weißwein ablöschen und mit der Sahne auffüllen. Alles köcheln lassen, bis die Flüssigkeit fast vollständig eingekocht ist. Den Topfinhalt dann in einem Standmixer pürieren und mit den kalten Butterwürfeln montieren.

Kitz
Das Fleisch halbieren. Eine Hälfte in 4 gleich große Würfel schneiden und mit Salz und Pfeffer bestreuen. Das Mehl und die Semmelbrösel auf 2 Teller streuen. Das Ei verquirlen und in einen tiefen Teller geben. Die Fleischwürfel mehlieren, durch das Ei ziehen und in den Semmelbröseln panieren. Das Pflanzenöl in der Fritteuse auf 160 °C erhitzen. Die panierten Würfel darin goldbraun ausbacken.
Die Butter in einer Pfanne erhitzen. Das zweite Fleischstück und den Rosmarin hineingeben und kurz anbraten.

Anrichten

Die Melone schälen, halbieren und entkernen. Die Melone auf der Aufschnittmaschine in ganz feine Scheiben schneiden. Diese in 2 Reihen von je 3 hintereinandergelegten kleinen Trichtern auf den Tellern anrichten. In die Trichter kleine Portionen der marinierten Paprika füllen und etwas Bärlauch und Chilipulver darüberstreuen. Das Topinamburpüree in der Mitte der Teller ausstreichen und eine Tranche gebratenes Kitz darauflegen. 1 Würfel gebackenes Kitz und 1 Bärlauchchip daneben anrichten. Das Melonengel als kleine Tupfen entlang des Topinamburpürees spritzen. Zum Schluss mit dem Selleriegrün und der essbaren Blüte garnieren.

KALBSBRIES | MANGO | TAMARILLO

ZUTATEN
FÜR 4 PERSONEN

Für das Mangochutney
80 g Kristallzucker
20 g Reisessig
50 g trockener Weißwein
50 g frisch gepresster Limettensaft
200 g Wasser
10 g frischer Ingwer
1 frische rote Chilischote
150 g Mangofruchtfleisch, fein gewürfelt

Für die Tamarillocreme
150 g Kristallzucker
250 ml roter Portwein
250 ml trockener Rotwein
3 Tamarillos (Baumtomaten)
Salz
frisch gemahlener weißer Pfeffer

Für das Limettendressing
Abrieb von 1 unbehandelten Limette
50 g Gemüsefond
50 g Olivenöl
Salz
frisch gemahlener weißer Pfeffer
Kristallzucker

Für das gebackene Kalbsbries
100 g küchenfertiges Kalbsbries
Salz
frisch gemahlener weißer Pfeffer
1 Ei
150 g Semmelbrösel
500 ml neutrales Pflanzenöl

Für die Kalbsbriesmousse
1) Pochiertes Kalbsbries
500 ml Gemüsefond (siehe Grundrezept Seite 299)
1 Karotte, klein geschnitten
¼ Knollensellerie, klein geschnitten
4 Kirschtomaten, geviertelt
3 Schalotten, klein geschnitten
1 TL Koriandersamen
1 TL Fenchelsamen
1 TL Senfkörner
1 TL Pimentkörner
1 frisches Lorbeerblatt
2 Zweige Thymian
500 g Kalbsbries
2) Kalbsbriesmousse
2 EL Butter
3 Schalotten, klein gewürfelt
1 Karotte, geschält und in Würfel geschnitten
¼ Knollensellerie, geschält und in Würfel geschnitten
80 ml Madeira
100 ml roter Portwein
80 ml trockener Rotwein
500 ml Kalbsjus (siehe Grundrezept Seite 303)
½ TL Koriandersamen
2 frische Wacholderbeeren
3 Pimentkörner
½ TL weiße Pfefferkörner
etwas fein geriebene unbehandelte Zitronenschale
Salz
3 Kirschtomaten
400 g pochiertes Kalbsbries
1 Blatt weiße Gelatine
70 g Sahne

Für das Madeiragelee
100 ml reduzierter Madeira
2 Blatt weiße Gelatine

Anrichten
4 Cru-de-Cacao-Cracker (siehe Grundrezept Seite 325)
100 g gemischte Kräuter (z. B. Minze, Zitronenmelisse, Dill, glatte Petersilie)

ZUBEREITUNG

Mangochutney
Den Zucker in einem Topf karamellisieren und mit dem Essig ablöschen. Dann den Wein, den Limettensaft, das Wasser, den Ingwer und die Chili zugeben und alles gut einköcheln lassen. Den Sud abkühlen lassen und über die Mangowürfel geben. Das Mangochutney über Nacht gut durchziehen lassen.

Tamarillocreme
Den Zucker in einem Topf karamellisieren und mit dem Portwein ablöschen. Den Rotwein, die Tamarillos, Salz und Pfeffer zufügen und weich kochen. Die Tamarillos in einen Standmixer umfüllen und pürieren. Die Creme durch ein Sieb streichen und nochmals abschmecken.

Limettendressing
Alle Zutaten gut miteinander verrühren.

Gebackenes Kalbsbries
Das Bries in 4 Portionen teilen und mit Salz und Pfeffer würzen. Das Ei verquirlen. Die Kalbsbriesstücke erst in das Ei tauchen, herausnehmen, etwas abtropfen lassen und anschließend in den Semmelbröseln wenden. Die panierten Kalbsbriesstücke im heißen Öl frittieren und auf Küchenpapier etwas abtropfen lassen.

Pochiertes Kalbsbries
Den Fond zusammen mit dem Gemüse, allen Kräutern und Gewürzen aufkochen und ca. 15 Minuten köcheln lassen. Dann das Kalbsbries in den Fond geben und ca. 5 Minuten pochieren.

Kalbsbriesmousse
Die Butter erhitzen und die Schalotten und das Gemüse anschwitzen. Dann mit dem Madeira ablöschen und reduzieren. Mit dem Portwein und dem Wein genauso verfahren. Anschließend mit der Jus auffüllen und die Gewürze und Kräuter zugeben. Danach die Tomaten und das Bries in den Topf geben und alles gut einkochen und reduzieren. Das Ganze in einen Standmixer umfüllen und pürieren. Die Creme durch ein Sieb streichen.
Davon 220 g abnehmen. Die eingeweichte und ausgedrückte Gelatine unter die warme Creme rühren. Die Creme abkühlen lassen und die steif geschlagene Sahne unterziehen. Die Mousse in Anrichteringe abfüllen und gut kühlen.

Madeiragelee
Den Madeira in einen Topf geben und reduzieren. Die eingeweichte und ausgedrückte Gelatine unterrühren. Das Madeiragelee abkühlen und über die gelierte Mousse gießen. Bis zum Anrichten kühl stellen.

Anrichten
Die Tamarillocreme auf den Tellern ausstreichen und ein gebackenes Kalbsbries dazulegen. Die mit dem Limettendressing marinierten Kräuter darauf anrichten.
Die Kalbsbriesmousse vorsichtig aus der Form lösen und mit 1 Crude-Cacao-Cracker garniert auf die Teller stellen. Dazwischen das Mangochutney verteilen.

Mein Tipp:
Wenn man kein Bries mag,
nimmt man Geflügelfleisch
(z.B. Taube, Wachtel)

CURRY-KALBS-TATAR | FOCACCIA | FEIGEN-CHUTNEY

ZUTATEN
FÜR 4 PERSONEN

Für die Focaccia

500 g Weizenmehl, Type 405
2 TL Kristallzucker
1 EL Salz
getrockneter Thymian
getrocknete Kräuter der Provence
27 g frische Hefe
250 ml lauwarmes Wasser
65 ml Olivenöl
½ Knoblauchzehe
1 Zweig Rosmarin

Für die Currymarinade

15 g rote Currypaste (aus dem Asialaden)
40 ml Pflaumenwein
40 ml asiatische Pflaumensauce (aus dem Asialaden)
100 ml Kalbsjus (siehe Grundrezept Seite 303)

Für das Tatar

500 g Kalbsrücken

Für das Chutney

50 g brauner Zucker
100 ml weißer Portwein
100 ml Pflaumensaft
3 EL mittelscharfer Senf
1 EL flüssiger Honig
30 ml frisch entsafteter Gurkensaft
Salz
etwas gemahlener Kardamom
100 g frische Feigen
100 g Trockenpflaumen

Anrichten

4 Wachteleier, zu Spiegeleiern gebraten
etwas Sakurakresse
etwas Erbsenkresse

ZUBEREITUNG

Focaccia

Das Mehl, den Zucker, das Salz und die Gewürze in einer Rührschüssel mischen. Die Hefe mit dem lauwarmen Wasser verrühren, bis sie aufgelöst ist. Die Hefemischung mit den Knethaken des Handrührgeräts unter das Mehl arbeiten. Das Öl zugeben und alles zu einem glatten Teig verkneten. Den Teig auf der bemehlten Arbeitsfläche mit den Händen kräftig durchkneten, zu einer Kugel formen und in einer Schüssel mit Folie abgedeckt 30 Minuten an einem warmen Ort gehen lassen. Den Teig zu einem Laib formen und auf ein mit Backpapier belegtes Backblech legen. Die Focaccia im auf 180 °C vorgeheizten Backofen (Ober- / Unterhitze) ca. 35 Minuten backen.
Das fertig gebackene Brot aus dem Ofen nehmen und etwas abkühlen lassen, dann in Scheiben (ca. 7 mm Dicke) schneiden. Aus diesen Scheiben Rechtecke von ca. 3 × 7 cm schneiden.
Die Focacciascheiben in einer Grillpfanne von beiden Seiten knusprig toasten. Die getoasteten Brotscheiben mit der Schnittfläche der Knoblauchzehe einreiben und mit etwas gehacktem Rosmarin bestreuen.

Currymarinade

Die rote Currypaste in einen kleinen Topf geben und unter Rühren erhitzen, dann mit dem Pflaumenwein ablöschen. Die Pflaumensauce hinzufügen und verrühren, anschließend mit der Kalbsjus aufgießen und alles unter Rühren zu einer dickflüssigen Marinade einkochen. Den Topf vom Herd nehmen und die Marinade abkühlen lassen.

Tatar

Das Kalbfleisch parieren und in sehr feine Würfel schneiden.
Die Kalbfleischwürfel in eine Schüssel geben, die Marinade dazugeben und alles vermengen. Die Schüssel bedecken und 1 Stunde in den Kühlschrank stellen.

Feigen-Pflaumen-Chutney

Den braunen Zucker in einen Topf geben und unter Rühren karamellisieren. Den Karamell mit dem warmen Portwein ablöschen, dann mit dem Pflaumensaft aufgießen. Anschließend den Senf, den Honig und den Gurkensaft hineinrühren. Den Karamellfond mit Salz und Kardamom abschmecken.
Die Feigen schälen und in sehr kleine Würfel schneiden. Die Trockenpflaumen ebenfalls in sehr kleine Würfel schneiden.
Die Feigen- und Trockenpflaumenwürfel in den Karamellfond geben und darin weich köcheln, bis ein dickflüssiges Chutney entstanden ist.

Anrichten

Mit Hilfe eines Anrichterings (Durchmesser ca. 4 cm) das Kalbstatar auf den Tellern anrichten. Daneben 1 Scheibe Focaccia legen. Auf dem Brot mit Hilfe eines Anrichterings (Durchmesser 3 cm) ebenfalls Kalbstatar platzieren und darauf das Wachtelspiegelei legen. Daneben 1 Nocke des Feigen-Pflaumen-Chutneys anrichten. Mit etwas Sakura- und Erbsenkresse garnieren.

KEINE REGELN

HAUPTSACHE, ES ERGIBT GESCHMACK(SSINN).

Die Hauptspeise, sie macht sich zur Hauptsache, Nebensächliches ist ihr fremd. Sie ist der Höhepunkt des Menüs oder manchmal auch der Solist mit dem großen Auftritt. Mit dem vertrauten Geschmack von Heimat und Kindheit, wie beim Bauernhendl und dem Wurzelfleisch. Oder mit Kontrasten von herzhaft und süß, mit Aromen die Neugier wecken, wie das Kitz, das auf Melone trifft, oder der Zander, der mit Linsen und Quitte gemeinsame Sache macht. Gehen Sie mit uns auf eine Entdeckungsreise von vegetarisch über Fisch und Meeresfrüchte zu Fleisch und Geflügel, mit Klassikern und Ungeschmecktem, eben undogmatischer Genuss. Beilagen ändern, Komponenten kombinieren, anders anrichten? Sie sind der (Küchen-)Chef. Die einzige Regel: Auf dem Teller muss es einen Sinn ergeben und die Sinne kitzeln. Auch bei der Getränkebegleitung hinterfragen wir bei uns im Restaurant die Konventionen: Rot oder Weiß? Oder einen der drei facettenreichen Carpe Diem Kombucha? Beim Fermentieren reift eine Vielfalt von mehr als zwanzig Aromen heran, komplexe Geschmacksnuancen entstehen, genau das, was wir auch am Wein so schätzen, nur ohne Alkohol, als harmonischer Speisenbegleiter eine Wucht. Was schmeckt, hat recht!

BIO-EI | SELLERIE | TRÜFFEL

ZUTATEN FÜR 4 PERSONEN

Für die Nudelplatten
200 g Semola di grano duro (fein gemahlener Hartweizengrieß)
9 Eigelb (Größe M)
Salz
1 EL Olivenöl
frisch geriebene Muskatnuss

Für das konfierte Ei
200 g Butterschmalz
4 Eigelb (von freilaufenden Biohühnern)

Für die Selleriecreme
2 EL Butter
100 g Schalotten, fein gewürfelt
600 g Knollensellerie, geschält und gewürfelt
50 ml trockener Weißwein
100 ml flüssige Sahne
80 ml Gemüsefond (siehe Grundrezept Seite 299)
frisch gepresster Limettensaft
Salz
frisch gemahlener weißer Pfeffer

Für den Trüffelschaum
2 EL Butter
100 g Schalotten, fein gewürfelt
50 g Knollensellerie, geschält und gewürfelt
100 ml trockener Weißwein
100 g flüssige Sahne
200 ml Gemüsefond (siehe Grundrezept Seite 299)
100 ml Trüffeljus
frisch gepresster Zitronensaft
Salz
Cayennepfeffer

Für die Pioppini
10 g Butter
100 g Pioppini (Samthaubenpilze), geputzt
Salz
frisch gemahlener weißer Pfeffer

Anrichten
8 g weiße Trüffel, gehobelt
Staudensellerieblättchen
Sellerieecken

ZUBEREITUNG

Nudelplatten
Die Zutaten für den Teig gut miteinander verkneten. Aus dem Teig eine Kugel formen, in Frischhaltefolie wickeln und mindestens 1 Stunde ruhen lassen. Anschließend den Teig portionieren und mit Hilfe einer Nudelmaschine rechteckige Teigplatten herstellen. Aus diesen Nudelplatten mit einem runden Ausstecher Kreise (Durchmesser 10 cm) ausstechen. Die Nudelkreise in kochendem Salzwasser al dente garen und gut abtropfen lassen.

Für das konfierte Ei
Das Butterschmalz in einem ofenfesten Gefäß auf 70 °C erwärmen. Die Eigelbe hineingleiten lassen und bei 70 °C im vorgeheizten Backofen (Ober-/Unterhitze) ca. 25 Minuten ziehen lassen. (Backofenthermometer verwenden!)

Selleriecreme
Die Butter erhitzen. Die Schalottenwürfel darin leicht anschwitzen. Die Selleriewürfel dazugeben. Mit dem Wein ablöschen. Die Sahne und den Gemüsefond dazugießen und den Sellerie weich kochen. Den Sellerie pürieren, durch ein Sieb streichen, mit dem Limettensaft, Salz und Pfeffer abschmecken.

Trüffelschaum
Die Butter erhitzen und die Schalottenwürfel darin leicht anschwitzen. Die Selleriewürfel dazugeben. Mit dem Wein ablöschen. Anschließend die Sahne, den Gemüsefond und die Trüffeljus dazugießen. Den Sellerie weich kochen. Den Sellerie dann pürieren und durch ein Sieb streichen. Abschließend mit dem Zitronensaft, Salz und Pfeffer abschmecken. Vor dem Anrichten den Trüffelschaum gut aufschäumen.

Pioppini
Die Butter in einer Pfanne erhitzen. Die Pioppini darin anbraten und mit Salz und Pfeffer würzen.

Anrichten
Auf 4 vorgewärmte tiefe Teller je 1 Nudelplatte legen. Auf diese mit einem Anrichtering (Durchmesser ca. 6 cm) die Selleriecreme anrichten. Darauf zentral das konfierte Ei setzen. Eine zweite Nudelplatte darauflegen und zur Hälfte umschlagen. Die Pioppini auf dem Teller verteilen. Etwas Trüffelschaum darüberlöffeln und die Trüffelhobel verteilen. Abschließend mit den Sellerieblättchen und -ecken garnieren.

RISOTTO | GREMOLATA

ZUTATEN
FÜR 4 PERSONEN

Für den Risotto
3 EL Olivenöl
20 g Schalotten, fein gewürfelt
400 g Risottoreis (z. B. Arborio oder Carnaroli)
60 g trockener Weißwein
1,5 l Gemüsefond (siehe Grundrezept Seite 299)
2 frische Lorbeerblätter
2 Zweige Thymian
2 Zweige Rosmarin
Salz
frisch gemahlener weißer Pfeffer
100 g kalte Butterwürfel
50 g fein geriebener Parmesan

Für die Gremolata
1 Bund glatte Petersilie
100 ml Olivenöl extra vergine
1 Knoblauchzehe, fein gehackt
Zesten und Saft von 2 unbehandelten Limetten
Salz
frisch gemahlener weißer Pfeffer

Anrichten
50 g grob gehobelter Parmesan
einige Blättchen rotes Basilikum
einige Zweiglein Kerbel

ZUBEREITUNG

Risotto
Das Olivenöl erhitzen und die Schalotten anschwitzen. Den Reis zugeben und ebenfalls anschwitzen. Mit dem Weißwein ablöschen und vollständig reduzieren. Anschließend den Risotto unter Rühren garen, dabei portionsweise immer so viel vom heißen Gemüsefond zufügen, dass der Risotto geschmeidig bleibt. Nach ca. 10 Minuten die Lorbeerblätter, den Thymian und den Rosmarin zufügen. Nach weiteren 5–10 Minuten mit Salz und Pfeffer abschmecken. Abschließend die Butter und den fein geriebenen Parmesan unterrühren, damit der Risotto eine cremige Konsistenz bekommt.

Gremolata
Die Petersilie waschen und trocken schütteln. Anschließend die Blättchen abzupfen und zusammen mit den restlichen Zutaten in einen hohen Rührbecher geben. Alles zu einer cremigen Paste mixen.

Anrichten
Den Risotto mit gehobeltem Parmesan und der Gremolata in tiefen Tellern anrichten und mit den Kräuterblättchen garnieren.

GEMÜSE | ZIEGENKÄSERAVIOLI | BRUNNENKRESSE

ZUTATEN FÜR 4 PERSONEN

Für die Marinade
50 g Kristallzucker
300 ml Gemüsefond (siehe Grundrezept Seite 299)
50 g Chardonnayessig
20 ml trockener Weißwein
20 ml weißer Portwein
2 Zweige Rosmarin, die Nadeln abgezupft und klein gehackt
2 Zweige Thymian, die Blättchen abgezupft und klein gehackt
Salz
frisch gemahlener weißer Pfeffer

Für die Ziegenkäseravioli
500 g Nudelteig (siehe Grundrezept Seite 316)
200 g Ziegenfrischkäse
1 Ei
1 Bund Schnittlauch
Salz
frisch gemahlener weißer Pfeffer

Für das Gemüse
8 Minikarotten
8 Minimaiskolben
8 Eiszapfen (historische Gemüsesorte, weiße Radieschen)
1 weißer Rettich
8 Radieschen
8 Perlzwiebeln
4 Frühlingszwiebeln
8 Stangen weißer Spargel

Für die Brunnenkressecreme
500 g Brunnenkresse, blanchiert
100 g Butter
50 ml flüssige Sahne
Salz
Kristallzucker
frisch gemahlener weißer Pfeffer

Für das Rosa-Pfeffer-Pulver
50 g rosa Pfefferbeeren

Anrichten
5 Zweige Petersilie
5 Zweige Kerbel
1 EL Affilakresse
5 Halme Schnittlauch
1 EL Selleriegrün
1 EL rote Shisokresse

ZUBEREITUNG

Marinade
Alle Zutaten gut miteinander vermischen.

Gemüse
Die Minikarotten und die Maiskolben, die Eiszapfen, den in Streifen geschnittenen Rettich, die geschälten Radieschen, die Frühlingszwiebeln und die Spargelstangen getrennt voneinander blanchieren. Anschließend das Gemüse mit der Marinade übergießen und etwas durchziehen lassen.

Ziegenkäseravioli
Den Nudelteig zu dünnen Platten ausrollen. Eine Nudelplatte auf die bemehlte Arbeitsfläche legen. Mit einem runden Ausstecher (ca. 3 cm Durchmesser) Teigkreise ausstechen.
Den Ziegenkäse, das Ei, den kleingeschnittenen Schnittlauch und die Gewürze zu einer cremigen Masse verrühren.
Auf die Hälfte der Teigkreise je einen Teelöffel Füllung setzen. Anschließend einen weiteren Teigkreis darauflegen und die Ränder leicht festdrücken. Die Ravioli in reichlich sprudelnd kochendem Salzwasser kochen, bis sie an der Oberfläche schwimmen. Die Ravioli aus dem Wasser heben und gründlich abtropfen lassen.

Brunnenkressecreme
Die Brunnenkresse zusammen mit der weichen Butter, der Sahne und den Gewürzen in einem Standmixer zu einer Creme pürieren. Die Creme durch ein Sieb streichen und abschmecken.

Rosa-Pfeffer-Pulver
Die rosa Pfefferbeeren in einem Standmixer zu Pulver mixen.

Anrichten
In der Mitte der Teller die Brunnenkressecreme ausstreichen, die verschiedenen Gemüsesorten und die Ravioli dekorativ darauf anrichten. Die Petersilie, den Kerbel, die Kressen, das Selleriegrün und den Schnittlauch dazwischenstecken. Zum Schluss das Rosa-Pfeffer-Pulver darüberstreuen.

SPARGEL PRIMAVERA

ZUTATEN
FÜR 4 PERSONEN

12 Stangen grüner Spargel
8 Stangen weißer Spargel
1 l Spargelfond (siehe Grundrezept Seite 301)
80 g Olivenöl (»Numero Uno« von Veronelli)
100 g Parmesan
grobes Meersalz
8 Kerbelblättchen

ZUBEREITUNG

Den Spargel putzen und schälen. Die Spargelstangen im Spargelfond garen, anschließend herausheben und abtropfen lassen. Die Spargelstangen auf die vorgewärmten Teller legen und mit dem Olivenöl beträufeln. Dann den Parmesan fein darüberhobeln und mit Salz würzen. Zum Schluss einige Kerbelblättchen verteilen.

LACHS | ROMANESCO | POPCORN

ZUTATEN FÜR 4 PERSONEN

Für das Romanescopüree
600 g Romanesco
200 ml Gemüsefond (siehe Grundrezept Seite 299)
80 g Schalotten, geschält und gewürfelt
200 ml flüssige Sahne
100 g Butter
Salz
frisch gemahlener weißer Pfeffer
frisch geriebene Muskatnuss

Für den Lachs
600 g küchenfertiges Lachsfilet
250 ml Olivenöl
Meersalz

Anrichten
50 g Popcorn (siehe »SCHWARZFEDERHUHN | MAIS | SALBEI« Seite 162)
50 g Berberitzenbeeren
50 g Nussbutterschaum (siehe Grundrezept Seite 311)

ZUBEREITUNG

Romanescopüree
Den Romanesco putzen und in die einzelnen Röschen teilen. 12 kleine, schöne Röschen für das Anrichten beiseitelegen. Den Gemüsefond aufkochen. Die restlichen Romanescoröschen mit den Schalotten hineingeben. Die Sahne hinzufügen und den Romanesco darin weich kochen. Den weichen Romanesco mit dem Stabmixer zu Püree verarbeiten. Dabei die Butter einarbeiten. Das Püree durch ein Sieb streichen und mit Salz, Pfeffer und Muskat abschmecken.

Lachs
Das Lachsfilet in 4 Portionen teilen. Das Olivenöl in einem Topf auf 70 °C erhitzen. Die Lachsfilets darin 5 Minuten konfieren, so dass sie schön glasig und saftig sind. Die konfierten Lachsfilets auf Küchenkrepp abtropfen lassen und mit Meersalz bestreuen.

Anrichten
Das Popcorn in der Küchenmaschine zu feinem Pulver mahlen. Jeweils 1 EL Romanescopüree auf den Tellern ausstreichen. Je 1 Tranche des konfierten Lachses auf die Teller legen und mit reichlich Popcornpulver bestreuen. 3 Romanescoröschen auf dem Teller verteilen. Die Berberitzenbeeren auf und neben das Püree setzen. Den Nussbutterschaum in mehreren Tupfen auf die Teller spritzen.

ST. PIERRE | RADIESCHEN | KOHLRABI

ZUTATEN FÜR 4 PERSONEN

Für das Kohlrabipüree
100 g Butter
100 g Schalotten, fein gewürfelt
600 g Kohlrabi, gewürfelt
200 g flüssige Sahne
Salz
frisch gemahlener weißer Pfeffer

Für die Radieschen
150 g Radieschen
Chardonnayessig
Salz

Für den Radieschenchip
100 g Radieschen
10 g Eiweiß

Für den Kohlrabischaum
2 EL Butter
2 Schalotten
1 Kohlrabi
1 EL Weißweinessig
65 ml trockener Weißwein
250 ml Gemüsefond (siehe Grundrezept Seite 299)
250 ml flüssige Sahne
125 g Butter
Salz
frisch gemahlener weißer Pfeffer

Für den St. Pierre
4 küchenfertige Filets vom St. Pierre (à 150 g)
Meersalz
2 EL Semolina di grano duro
3 EL Olivenöl
2 Zweige Rosmarin
2 Zweige Thymian
2 Knoblauchzehen

Anrichten
Basilikumspitzen

ZUBEREITUNG

Kohlrabipüree
Die Butter in einem Topf erhitzen und die Schalotten darin anschwitzen. Den Kohlrabi dazugeben und mit der Sahne aufgießen. Den Kohlrabi weich kochen. Den Topfinhalt in einen Standmixer umfüllen und ein cremiges Püree mixen. Das Püree durch ein Sieb passieren und mit Salz und Pfeffer würzen.

Radieschen
Die Radieschen putzen und die Stielansätze und Wurzeln abschneiden. Die Radieschen in feine Scheiben hobeln und in eine Schüssel geben. Den Chardonnayessig und etwas Salz darübergeben und die Radieschen 30 Minuten ziehen lassen.

Radieschenchip
Die Radieschen entsaften. Den Saft mit dem Eiweiß verrühren und auf eine Silikonmatte ausstreichen. Im auf 50 °C vorgeheizten Backofen (Umluft) trocknen. Vor dem Servieren in Stücke brechen.

Kohlrabischaum
Die Butter in einem Topf erhitzen und die Schalotten darin anschwitzen. Den klein gewürfelten Kohlrabi dazugeben und mit dem Essig ablöschen. Den Wein, den Fond und die Sahne aufgießen. Den Kohlrabi weich kochen. Den Topfinhalt in einen Standmixer umfüllen und mit der Butter mixen. Die Sauce durch ein Sieb passieren und mit Salz und Pfeffer würzen.
Vor dem Servieren gut aufschäumen.

St. Pierre
Die Fischfilets salzen und auf einer Seite mit Hartweizengrieß bedecken. Das Öl in einer Pfanne erhitzen und die Filets mit der bestäubten Seite nach unten in die Pfanne legen. Die Kräuter und den Knoblauch ebenfalls in die Pfanne geben. Die Fischfilets wenden und glasig ziehen lassen.

Anrichten
Das Kohlrabipüree auf den Tellern ausstreichen. Die Fischfilets, einige Stücke Radieschenchip und einige Radieschenscheiben darauf anrichten. Einige Tupfer Kohlrabischaum dazwischenlöffeln. Abschließend mit einigen Basilikumspitzen vollenden.

HUMMER | ORANGEN | TOPINAMBUR

ZUTATEN
FÜR 4 PERSONEN

Für den Hummer
1 Schuss Champagneressig
2 lebende Hummer
(à ca. 500 g)
4 EL Butter
2 Knoblauchzehen
2 Zweige Rosmarin
2 Zweige Thymian
2 Zweige Estragon
Salz

Für das Topinamburpüree
50 g Butter
1 Schalotte, geschält und gewürfelt
200 g Topinambur, geschält und gewürfelt
125 ml Geflügelfond (siehe Grundrezept Seite 298)
250 g flüssige Sahne
Salz
frisch gemahlener weißer Pfeffer
Cayennepfeffer

Für die gebratene Topinambur
4 Topinambur
1 EL Butter

Für den Topinamburchip
1 Topinambur
neutrales Pflanzenöl
Salz

Für den Orangen-Mandel-Schaum
1 EL Butter
1 Schalotte
½ Knolle Fenchel
Saft von 3 Orangen
250 ml weißer Portwein
250 ml flüssige Sahne
50 g Mandelpaste
250 ml Gemüsefond (siehe Grundrezept Seite 299)
50 ml Amaretto
Salz
1 Kardamomkapsel

Für die Orangenfilets
1 EL Kristallzucker
50 ml Orangensaft
Mark von ½ Vanilleschote
1 Kardamomkapsel
8 Orangenfilets

ZUBEREITUNG

Hummer

Reichlich Wasser mit dem Essig in einem großen Topf zum Kochen bringen. Die lebenden Hummer mit dem Kopf voraus in das kochende Wasser tauchen und mit einem Schaumlöffel unter die Wasseroberfläche drücken. Die Hummer so 3–5 Minuten kochen, dann herausnehmen und in Eiswasser abschrecken, damit das Fleisch schön glasig bleibt. Die Hummer der Länge nach aufschneiden und die Darmfäden entfernen. Die Hummerscheren und -schwänze auslösen und beiseitestellen.

Kurz vor dem Anrichten die Butter mit dem Knoblauch und den Kräuterzweigen in einer Pfanne erhitzen. Das Hummerfleisch darin erwärmen und aromatisieren, zum Schluss salzen.

Topinamburpüree

Die Butter in einem Topf erhitzen. Die Schalottenwürfel darin glasig schwitzen. Die Topinamburwürfel hinzufügen und anbraten, dann mit dem Geflügelfond auffüllen. Wenn die Topinambur weich sind, in einen Standmixer umfüllen, mit der Sahne auffüllen und alles pürieren. Das Püree durch ein Sieb streichen und mit Salz, Pfeffer und Cayennepfeffer abschmecken.

Gebratene Topinambur

Die Topinambur schälen und in ganz feine Spalten schneiden. Die Butter in einer Pfanne erhitzen und die Topinamburspalten darin goldgelb braten.

Topinamburchip

Die Topinambur schälen und in feine Scheiben schneiden. Das Pflanzenöl in einer Fritteuse auf 180 °C erhitzen. Die Topinamburscheiben darin portionsweise goldbraun und knusprig frittieren. Die Topinamburchips auf Küchenkrepp abtropfen lassen, dann mit Salz bestreuen.

Orangen-Mandel-Schaum

Die Butter erhitzen und die klein gewürfelte Schalotte darin anschwitzen. Den klein geschnittenen Fenchel dazugeben und ebenfalls leicht anschwitzen. Mit dem Orangensaft ablöschen und reduzieren. Mit dem Portwein, der Sahne, der Mandelpaste und dem Fond auffüllen und köcheln lassen, bis der Fenchel sehr weich ist. In einen Standmixer umfüllen und pürieren. Durch ein Passiertuch streichen und mit dem Amaretto und Salz und etwas gemörsertem Kardamom abschmecken. Vor dem Servieren gut aufschäumen.

Orangenfilets

Den Zucker langsam im Orangensaft auflösen. Das Vanillemark unterrühren und den gemöserten Kardamom zufügen. Die Orangenfilets in eine flache Schüssel legen, mit dem Sud übergießen und gut durchziehen lassen.

Anrichten

Das Topinamburpüree auf den Tellern verteilen. Das Hummerfleisch, die gebratenen Topinambur, die Topinamburchips und die Orangenfilets darauf anrichten. Zum Schluss den Orangen-Mandel-Schaum darüberlöffeln.

Mein Tipp:

Am besten kauft man Hummer während der Hauptfangzeiten (Frühling oder Frühherbst). Statt Hummer kann man auch Flusskrebse verwenden.

KABELJAU | NORDSEEKRABBEN | SPECK | BLUMENKOHL

ZUTATEN
FÜR 4 PERSONEN

Für den Pochiersud
1 l Gemüsefond (siehe Grundrezept Seite 299)
50 g Estragonessig
30 g Olivenöl
30 g Butter
1 Zweig Thymian
Salz
frisch gemahlener weißer Pfeffer

Für den Speckschaum
100 g geräucherter Speck
30 g Schalotten
20 g Karotten
20 g Knollensellerie
50 ml Noilly Prat
200 ml Gemüsefond (siehe Grundrezept Seite 299)
100 ml Vollmilch
100 ml flüssige Sahne
50 ml trockener Weißwein
Salz
frisch gemahlener weißer Pfeffer
1 Zweig Thymian
1 Zweig Rosmarin
1 frisches Lorbeerblatt
1 Knoblauchzehe

Für das Blumenkohlpüree
2 EL Butter
50 g Schalotten
300 g Blumenkohl, in Röschen zerteilt
30 g trockener Weißwein
100 ml flüssige Sahne
50 g Butter
Salz
frisch gemahlener weißer Pfeffer

Für den Kabeljau
600 g Kabeljau, küchenfertig filetiert
Salz
frisch gemahlener weißer Pfeffer
frisch gemahlener Koriander

Anrichten
klein gewürfelte, getrocknete Tomaten
100 g Nordseekrabben
Pumpernickel-Croûtons
frisch gehackte Petersilie
Radieschenscheiben
blanchierte Blumenkohlröschen

ZUBEREITUNG

Pochiersud
Den Gemüsefond zusammen mit dem Essig, dem Olivenöl, der Butter, dem Thymian in einen ausreichend großen Topf füllen, mit Salz und Pfeffer abschmecken und aufkochen. Den Sud 15 Minuten leicht köcheln lassen.

Speckschaum
In einem Topf den klein gewürfelten Speck auslassen und die klein gewürfelten Schalotten darin anschwitzen. Das Gemüse ebenfalls klein würfeln und zu den Schalotten geben. Dann mit dem Noilly Prat ablöschen und den Fond, die Milch, die Sahne und den Wein aufgießen. Mit Salz und Pfeffer würzen und den Thymian, den Rosmarin, das Lorbeerblatt und den geschälten Knoblauch zufügen. Alles zusammen leicht köcheln lassen und die Flüssigkeit gut reduzieren. Anschließend durch ein mit einem Passiertuch ausgelegtes Sieb gießen und nochmals abschmecken. Vor dem Servieren die Sauce gut aufschäumen.

Blumenkohlpüree
Die Butter erhitzen und die klein gewürfelten Schalotten darin anschwitzen. Den Blumenkohl dazugeben, mit dem Wein ablöschen und mit der Sahne aufgießen. Den Blumenkohl weich kochen und dann in einen Standmixer umfüllen. Zusammen mit der Butter ein cremiges Püree mixen. Das Püree durch ein Sieb streichen und mit Salz und Pfeffer abschmecken.

Kabeljau
Die Kabeljaufilets kurz vor dem Anrichten 3–5 Minuten im ca. 80 °C heißen Pochiersud ziehen lassen, dann vorsichtig aus dem Sud nehmen, abtropfen lassen und mit Salz, Pfeffer und Koriander würzen.

Anrichten
Das Blumenkohlpüree auf den Tellern ausstreichen und je 1 Portion Kabeljau daraufsetzen. Auf dem Fisch die Tomatenwürfel, die Krabben, die Croûtons und die Petersilie anrichten. Daneben eine Reihe aus abwechselnd hintereinandergeschichteten Radieschenscheiben und Blumenkohlröschen legen. Dazwischen den Speckschaum löffeln.

WOLFSBARSCH | OKTOPUS | TOMATE

ZUTATEN
FÜR 4 PERSONEN

Für den Oktopus
1 l Gemüsefond (siehe Grundrezept Seite 299)
500 ml trockener Weißwein
2 Schalotten, geschält und gewürfelt
2 Stangen Staudensellerie, geputzt und gewürfelt
1 Karotte, geschält und gewürfelt
1 gelbe Rübe, geschält und gewürfelt
1 Stange Lauch, geputzt und gewürfelt
1 TL Koriandersamen
1 frisches Lorbeerblatt
1 küchenfertig vorbereiteter Oktopus (ca. 600 g)
2 EL Butter
frisch gemahlener weißer Pfeffer
Salz

Für den Oktopusschaum
300 ml Oktopusfond (siehe Teilrezept »Oktopus«)
100 ml flüssige Sahne
Salz
frisch gemahlener weißer Pfeffer
frisch gepresster Zitronensaft
50 g kalte Butterwürfel

Für die Tomatencreme
2 EL Butter
3 Schalotten, fein gewürfelt
200 g mehligkochende Kartoffeln, klein gewürfelt
200 g Kirschtomaten
2 Stangen Staudensellerie, klein gewürfelt
2 EL Tomatenmark
125 ml trockener Weißwein
2 Knoblauchzehen
2 Zweige Thymian
400 g Strauchtomaten
Salz
Kristallzucker

Für das Tomaten-Frühlingszwiebel-Chutney
300 g Tomaten, gehäutet
2 EL Butter
100 g Frühlingszwiebeln, in feine Scheiben geschnitten
2 EL Tomatenessig
2 EL Bärlauchjulienne
1 EL Olivenöl
Salz
Kristallzucker

Für das Bärlauchöl
200 ml Olivenöl
20 Bärlauchblätter

Für die Schmortomaten
4 EL Olivenöl
12 Kirschtomaten
2 Zweige Thymian
Salz
frisch gemahlener weißer Pfeffer

Für den Wolfsbarsch
500 g küchenfertiges Filet vom Wolfsbarsch
2 EL Olivenöl
20 g Butter
2 Zweige Thymian
Meersalz

Anrichten
Bärlauchjulienne
Bärlauchchip (siehe »KITZ | MELONE | PAPRIKA« Seite 70)

ZUBEREITUNG

Oktopus
Den Gemüsefond mit dem Weißwein und allen Gemüsewürfeln und Gewürzen in einen Topf geben und aufkochen. Den Oktopus hineingeben und etwa 1 Stunde weich kochen. Den Oktopus dann im Sud lauwarm abkühlen lassen. Den Kochfond dann durch ein Sieb gießen. Den Oktopus zerteilen und vor dem Servieren in der Butter leicht anbraten. Mit Salz und Pfeffer würzen.

Oktopusschaum
Den Oktopusfond mit der Sahne aufkochen. Mit Salz, Pfeffer und Zitronensaft abschmecken und mit den kalten Butterwürfeln montieren. Vor dem Servieren die Sauce gut aufschäumen.

Tomatencreme
Die Butter in einem Topf erhitzen und die Schalottenwürfel darin glasig anbraten. Die Kartoffeln, die Kirschtomaten und den Staudensellerie zugeben und ebenfalls anschwitzen. Das Tomatenmark hinzufügen und dann mit dem Wein aufgießen. Den geschälten Knoblauch und den Thymian in den Topf geben und alles zusammen weich kochen. Kurz vor Ende der Garzeit die Strauchtomaten in den Topf geben. Anschließend den Thymianzweig entfernen, den Topfinhalt in einen Standmixer umfüllen und eine Creme mixen. Die Creme durch ein Sieb passieren und mit Salz und Zucker abschmecken.

Tomaten-Frühlingszwiebel-Chutney
Die Tomaten halbieren und das Kerngehäuse entfernen. Das Fruchtfleisch in kleine Würfel schneiden. Die Butter in einer Pfanne erhitzen und die Tomatenwürfel darin anschwitzen. Die Tomatenwürfel dann bei mittlerer Hitze etwas einkochen lassen. Davon 150 g abnehmen und erhitzen. Die restlichen Zutaten zugeben und etwas einkochen lassen. Mit Salz und Pfeffer abschmecken.

Bärlauchöl
Das Olivenöl mit den Bärlauchblättern in einen Rührbecher geben und mit dem Stabmixer pürieren. Das Gemisch durch ein feines Sieb gießen und das abtropfende Öl auffangen.

Schmortomaten
In einem Topf das Olivenöl erhitzen und die ganzen Tomaten und den Thymian zugeben. Die Tomaten mit Salz und Pfeffer würzen. Die Tomaten auf kleiner Flamme schmoren lassen.

Wolfsbarsch
Das Wolfsbarschfilet in 4 Portionen zerteilen. Das Olivenöl in einer Pfanne erhitzen. Die Filets mit der Hautseite nach unten in die Pfanne legen. Die Butter und den Thymian in die Pfanne geben. Das Fischfilet umdrehen und den Fisch glasig braten.

Anrichten
Die Tomatencreme auf den Tellern ausstreichen. Jeweils 1 Tranche Fischfilet, einige Teile Oktopus und einige Schmortomaten darauf anrichten. Das Tomatenchutney, die Bärlauchjulienne und den Bärlauchchip auf dem Fischfilet platzieren. Abschließend einige Tupfer Bärlauchöl aufträufeln und mit etwas Oktopusschaum vollenden.

Mein Tipp:
Anstatt Bärlauch kann man auch Brunnenkresse, Petersilie, Schnittlauch oder Rucola verwenden.

SALZBURGER ALLERLEI | MORCHELN | ROMANESCO

ZUTATEN FÜR 4 PERSONEN

Für das Allerlei
20 Flusskrebse
Salz
6 EL Butter
4 Stangen weißer Spargel
4 Stangen grüner Spargel
1 l Spargelfond (siehe Grundrezept Seite 301)
12 frische Morcheln, geputzt
8 Babykarotten, geputzt und längs halbiert
2 Kohlrabi, in Stäbe geschnitten
1 Kopf Blumenkohl, in Röschen zerteilt
120 g Erbsenkerne

Für die Romanescocreme
80 g Butter
80 g Schalotten, gewürfelt
300 g Romanesco
100 ml Noilly Prat
Salz
frisch gemahlene Muskatnuss

Für den Krustentierschaum
1 Rezept Krustentiersauce (dazu das Grundrezept »HUMMERSAUCE« Seite 309, statt mit Hummerkarkassen mit Flusskrebskarkassen zubereiten)

Anrichten
feine Schnittlauchröllchen
Salzburger Kaviar

ZUBEREITUNG

Allerlei
Die frischen Flusskrebse mit einer Schaumkelle in sprudelnd kochendes Salzwasser drücken und 5–6 Minuten garen. Dann herausnehmen und in Eiswasser abschrecken. Das Fleisch auslösen. Vor dem Servieren das Flusskrebsfleisch in 2 EL Butter erwärmen.
Den Spargel im Spargelfond garen. Die Morcheln in einer Pfanne in 2 EL Butter braten. Die Karotten und den Kohlrabi getrennt voneinander mit je 1 EL Butter bissfest dünsten. Die Blumenkohlröschen und die Erbsenkerne in kochendem Salzwasser getrennt voneinander blanchieren.

Romanescocreme
Die Butter in einem Topf erhitzen und die Schalotten darin anschwitzen. Den Romanesco in den Topf geben, ebenfalls anschwitzen und mit dem Noilly Prat ablöschen. Den Romanesco weich kochen, den Topfinhalt in einen Standmixer umfüllen und zu einer Creme pürieren. Die Creme durch ein Sieb passieren und mit Salz und Muskatnuss abschmecken.

Krustentierschaum
Die Krustentiersauce, wie im Grundrezept beschrieben, zubereiten. Die Sauce vor dem Servieren aufschäumen.

Anrichten
Die Romanescocreme rund auf tiefen Tellern ausstreichen und die Flusskrebse und die verschiedenen Gemüsesorten als dekoratives Allerlei darauf anrichten. Dazwischen die Schnittlauchröllchen und den Kaviar verteilen. Zum Schluss den Krustentierschaum darüberträufeln.

DORADE | COUSCOUS | FRÜHLINGSZWIEBELN

ZUTATEN
FÜR 4 PERSONEN

Für die Limettenspalten
1 l weißer Portwein
2½ Blatt weiße Gelatine
2 g Agar-Agar (pflanzliches Geliermittel)
8 Limettenfilets

Für die frittierten Kapern
300 ml Sonnenblumenöl
100 g Kapern, in Salzlake eingelegt

Für die Macadamianüsse
150 g ungesalzene Macadamianusskerne, gehackt

Für das Couscous
300 ml Wasser
2 Korianderkörner
1 Zweig Thymian
1 Zweig Rosmarin
1 Scheibe Ingwer
1 Stengel Zitronengras
1 getrocknete Chili
Salz
1 Prise Kristallzucker
½ TL schwarze Pfefferkörner
100 g Couscousgrieß

Für die Dorade
2 EL Olivenöl
4 küchenfertige Doradenfilets (à 150 g)
20 g Butter
2 Zweige Thymian
Meersalz

Für das Frühlingszwiebelpüree
500 g Frühlingszwiebeln, geputzt und blanchiert
100 g Butter
Salz
frisch gemahlener schwarzer Pfeffer
5 ml frisch gepresster Zitronensaft

Anrichten
8 frittierte Salbeiblätter

ZUBEREITUNG

Limettenspalten
Den Portwein in einem Topf auf 150 ml reduzieren. Den Topf vom Herd ziehen und die eingeweichte und ausgedrückte Gelatine und das Agar-Agar unterrühren. Die Limettenfilets darin glasieren. Anschließend herausnehmen, etwas abtropfen und auf einem Gitter trocknen lassen.

Frittierte Kapern
Das Sonnenblumenöl in einer Fritteuse auf 170 °C erhitzen. Die gut abgetropften Kapern darin 10–15 Minuten knusprig frittieren, dann mit einem Schaumlöffel herausheben und auf Küchenpapier abtropfen lassen.

Macadamianüsse
Die gehackten Macadamianüsse auf einem mit einer Silikonbackmatte bedeckten Backblech verteilen und im auf 180 °C vorgeheizten Backofen (Ober- / Unterhitze) 10 Minuten goldgelb rösten.

Couscous
Das Wasser mit den Gewürzen und Kräutern aufkochen und ziehen lassen, anschließend durch ein mit einem Passiertuch ausgelegtes Sieb gießen. 200 ml davon aufkochen und über das Couscous gießen. Das Couscous abgedeckt 5 Minuten quellen lassen, dabei gelegentlich mit einer Gabel auflockern.

Dorade
Das Öl in einer Pfanne erhitzen. Die Doradenfilets mit der Hautseite nach unten in die Pfanne legen und anbraten. Anschließend die Temperatur reduzieren, die Butter und die Kräuter in die Pfanne geben und die Filets umdrehen. Die innen noch glasigen Filets aus der Pfanne nehmen.

Frühlingszwiebelpüree
Die blanchierten Frühlingszwiebeln mit der Butter in einem Standmixer fein pürieren. Dann durch ein Sieb streichen. Das Püree mit Salz, Pfeffer und Zitronensaft abschmecken.

Anrichten
Einen spitz zulaufenden Strich Frühlingszwiebelpüree in die Mitte vorgewärmter Teller streichen. Je 1 Doradenfilet auf den Tellern anrichten. 2 Nocken Couscous auf den Tellern platzieren und jeweils 1 Limettenspalte daraufsetzen. Die Macadamianüsse, die frittieren Kapern und die frittierten Salbeiblätter auf die Filets streuen.

SEETEUFEL | SELLERIE | CHICORÉE | ORANGEN

ZUTATEN
FÜR 4 PERSONEN

Für den Chicorée
250 ml weißer Portwein
125 ml Noilly Prat
125 ml frisch gepresster Orangensaft
125 ml Vollmilch
25 g Orangenöl
25 g Ahornsirup
frisch geriebener Kardamom
Salz
8 Minichicorées

Für den Orangenschaum
Orangensud (siehe Teilrezept »Chicorée«)
1 Messerspitze Xanthan (pflanzliches Gelier- und Verdickungsmittel)

Für das Selleriepüree
2 EL Butter
100 g Schalotten
600 g Knollensellerie, geschält und gewürfelt
1 Limette
50 ml trockener Weißwein
80 ml Gemüsefond (siehe Grundrezept Seite 299)
100 ml flüssige Sahne
Salz
frisch gemahlener weißer Pfeffer

Für die Pedro-Ximénez-Jus
500 ml Sherryessig (Pedro Ximénez)
500 ml Sherry (Pedro Ximénez)
1 l Kalbsjus (siehe Grundrezept Seite 303)

Für den Seeteufel
500 g küchenfertiger Seeteufel (am Stück)
Salz
frisch gemahlener weißer Pfeffer
2 EL Olivenöl
1 Zweig Rosmarin
1 Zweig Thymian
1 EL Butter
20 g Moutarde de Meaux (Pommery-Senf)

Anrichten
Affilakresse
Orangenzesten

ZUBEREITUNG

Chicorée
Den Portwein und den Noilly Prat in einen Topf geben, erhitzen und reduzieren. Dann mit dem Orangensaft und der Milch aufgießen. Die Flüssigkeit etwas einkochen lassen. Den Sud in einen Standmixer umfüllen und durchmixen. Das Orangenöl und den Ahornsirup zufügen und mit Kardamom und Salz abschmecken.
Den Chicorée mit der Hälfte des Suds übergießen und durchziehen lassen.

Orangenschaum
Die Hälfte des Orangensuds mit dem Xanthan vermischen. Vor dem Servieren die Sauce gut aufschäumen.

Selleriepüree
Die Butter in einem Topf erhitzen und die Schalotten darin anschwitzen. Die Selleriewürfel zugeben, kurz mitbraten und dann den Limettensaft zufügen. Mit dem Wein ablöschen und diesen reduzieren. Anschließend mit dem Fond und der Sahne aufgießen. Den Sellerie weich kochen, den Topfinhalt in einen Standmixer umfüllen und ein cremiges Püree mixen. Das Selleriepüree durch ein Sieb passieren und mit Salz und Pfeffer abschmecken.

Pedro-Ximénez-Jus
Den Sherryessig und den Sherry in einen Topf geben und auf 200 ml reduzieren. Die Reduktion mit der Kalbjus aufgießen und einköcheln.

Seeteufel
Den Seeteufel portionieren und mit Salz und Pfeffer würzen. Das Olivenöl in einer Pfanne erhitzen, die Kräuter und die Fischfilets einlegen. Die Butter dazugeben und die Filets mit Senf bestreichen. Die Filets behutsam wenden und glasig braten.

Anrichten
In tiefen Tellern das Selleriepüree ausstreichen. Die Seeteufelfilets darauf und den Chicorée daneben anrichten. Etwas Orangenschaum darüberlöffeln. Mit der Kresse und Orangenzesten garnieren.

BÄRENKREBS | CAVATELLI | BÄRLAUCHSCHAUM

ZUTATEN
FÜR 4 PERSONEN

Für die Cavatelli
1 Rezept Cavatelli (siehe Grundrezept Seite 317)

Für die Sauce
135 g Butter
200 g Schalottenwürfel
90 g Lauch (nur das Weiße), geputzt und gewürfelt
300 g Knollensellerie, geputzt und gewürfelt
50 ml trockener Weißwein
2 l Geflügelfond (siehe Grundrezept Seite 298)
250 ml flüssige Sahne
Salz
frisch gemahlener weißer Pfeffer
Cayennepfeffer
100 g kalte Butterwürfel
Saft von 1 Zitrone
2 Bund Bärlauch
1 TL Backpulver

Für den Bärenkrebs
1 EL Butter
1 Zweig Rosmarin
1 Zweig Thymian
1 Knoblauchzehe
4 küchenfertige Bärenkrebse (in der Schale, à ca. 200–300 g)
100 g Pioppini (Samthaubenpilze), geputzt
Salz

Anrichten
Thai-Basilikumblättchen

ZUBEREITUNG

Cavatelli
Die Cavatelli zubereiten und bis zum Anrichten warm halten.

Sauce
100 g Butter in einem Topf zerlassen. Die Schalotten-, Lauch- und Selleriewürfel darin anschwitzen, dann mit dem Weißwein ablöschen. Die Flüssigkeit vollständig reduzieren, anschließend mit dem Geflügelfond auffüllen und das Gemüse in dem Fond weich garen.
Die Sahne hinzufügen und die Sauce mit Salz, Pfeffer und Cayennepfeffer abschmecken. Die kalte Butter mit dem Stabmixer in die Sauce einarbeiten. Die Sauce mit dem Zitronensaft abschmecken und durch ein Sieb passieren.
Den Bärlauch putzen, verlesen und 10 Sekunden in kochendem Salzwasser mit etwas Backpulver blanchieren. Den blanchierten Bärlauch in Eiswasser abschrecken, anschließend gut ausdrücken. Die Bärlauchmasse mit etwas Salz und der restlichen Butter (35 g) in einen Pacojet-Becher geben, durchrühren und einfrieren. (Alternativ den Bärlauch mit der Butter in einem Standmixer pürieren und einfrieren. Vor dem Einrühren in die Sauce die gefrorene Bärlauchmasse im Standmixer nochmals mixen.) Die gefrorene Bärlauchmasse pacossieren und mit dem Stabmixer in die heiße Sauce einarbeiten und diese vor dem Anrichten gut aufschäumen.

Bärenkrebs
Die Butter in einer Pfanne erhitzen. Den Rosmarin, den Thymian und den Knoblauch hinzufügen. Die Bärenkrebse darin sanft anbraten. Die Pioppini hinzufügen und kurz mitbraten. Das Bärenkrebsfleisch dann aus den Schalen lösen und ganz leicht salzen.

Anrichten
Die Cavatelli auf einem vorgewärmten Teller anrichten. Je 1 Bärenkrebs daraufsetzen. Die Pioppini darum herum verteilen und etwas Bratbutter über die Cavatelli löffeln. Einige Tupfen Bärlauchschaum auf dem Teller verteilen und mit den Basilikumblättchen garnieren.

KABELJAU | BURRATA | TOMATE | HIMBEERE

ZUTATEN
FÜR 4 PERSONEN

Für den Kabeljau
4 küchenfertige Kabeljaufilets (à 80 g)
Meersalz
500 ml Olivenöl

Für die konfierten Tomaten
2 Ochsenherztomaten
1 Zweig Thymian
1 Zweig Rosmarin
1 Knoblauchzehe
10 ml Olivenöl
2 Zitronenscheiben
Salz
frisch gemahlener schwarzer Pfeffer

Für den Schwarzbrotchip
4 dünne Scheiben Schwarzbrot
10 ml Tomatenöl (z. B. Vom Fass)

Für die Burrataespuma
180 g Burrata
50 ml Gemüsefond (siehe Grundrezept Seite 299)
50 ml flüssige Sahne
20 ml Olivenöl
Salz
frisch gemahlener schwarzer Pfeffer
15 g Maisstärke

Für den Datterinisud
500 g Pomodori Datterini
100 ml Olivenöl
5 g Kristallzucker
5 g Salz

Für die Balsamicohimbeeren
20 ml reduzierter Aceto balsamico
10 ml reduzierter Himbeersaft
1 g Agar-Agar (pflanzliches Geliermittel)
½ Blatt weiße Gelatine
5 Blättchen Basilikum
12 frische Himbeeren

ZUBEREITUNG

Kabeljau
Die Kabeljaufilets in eine Auflaufform legen und mit Meersalz bestreuen. Das Olivenöl darübergießen, die Form mit Alufolie straff verschließen, die Kabeljaufilets im auf 90 °C vorgeheizten Backofen (Ober- / Unterhitze) 8–10 Minuten konfieren.

Konfierte Tomaten
Die Tomaten in dünne Scheiben schneiden. Die restlichen Zutaten zusammen mit den Tomatenscheiben in einem Topf auf 70 °C erhitzen. Dann die Tomatenscheiben aus dem Sud nehmen und auf Küchenpapier abtropfen lassen.

Schwarzbrotchip
Die Schwarzbrotscheiben mit dem Tomatenöl beträufeln und im auf 180 °C vorgeheizten Backofen (Ober- / Unterhitze) 10 Minuten backen.

Burrataespuma
Die Burrata mit dem Gemüsefond, der Sahne und dem Olivenöl in einen Rührbecher geben und mit dem Stabmixer durchmixen. Mit Salz und Pfeffer würzen. Die Flüssigkeit mit der in etwas kaltem Wasser angerührten Stärke binden und in eine Espumaflasche füllen. Diese mit 2 Kapseln bestücken und bis zum Anrichten in den Kühlschrank stellen. Eventuell mit einem guten Olivenöl servieren.

Datterinisud
Die Tomaten entsaften. Das Olivenöl, den Zucker und das Salz mit dem kalten Tomatensaft gut vermischen.

Balsamicohimbeeren
Den Aceto balsamico mit dem Himbeersaft mischen und erwärmen. Das Agar-Agar unterrühren. Die Gelatine in kaltem Wasser einweichen, ausdrücken und in der warmen Mischung auflösen. Das Gelee auf einem Eisbad abkühlen lassen, dann in die Himbeeren füllen. Kleine Teile der Basilikumblättchen darauflegen.

Anrichten
3 Scheiben konfierte Tomaten in die Mitte der Teller legen. Den Kabeljau und die Schwarzbrotchips darauflegen. Einige Tupfer Burrataespuma aufspritzen. Außen einen Ring aus abwechselnd Balsamicohimbeeren, Datterinisud und kleinen Tropfen der Geleefüllung der Himbeeren bilden.

SAIBLING | MORCHELN | SELLERIE

ZUTATEN
FÜR 4 PERSONEN

Für das Madeiragel
900 ml Madeira
5 g Gellan (pflanzliches Geliermittel)

Für den Selleriesalat
1 TL frisch gepresster Zitronensaft
2 EL Olivenöl
Salz
frisch gemahlener weißer Pfeffer
250 g Staudensellerie, geputzt und in dünne Scheiben geschnitten

Für den Saibling
4 Saiblingsfilet (à 180 g)
4 TL Zitronen-Oliven-Öl
Salz
frisch gemahlener weißer Pfeffer
frisch gemahlene Koriandersamen

Für das Selleriepüree
2 EL Butter
100 g Schalotten
600 g Knollensellerie, geschält und gewürfelt
Saft von 1 Limette
50 ml trockener Weißwein
80 ml Gemüsefond (siehe Grundrezept Seite 299)
100 ml flüssige Sahne
Salz
frisch gemahlener weißer Pfeffer

Für die Morcheln
20 g Butter
250 g frische Morcheln, geputzt
40 ml Madeira
Salz

Anrichten
100 ml Morchelsauce (siehe Grundrezept Seite 310)
Selleriegrün

ZUBEREITUNG

Madeiragel
Den Madeira in einen Topf geben und auf 300 ml reduzieren. Das Gellan unterrühren. Die Masse in einen Standmixer umfüllen und fein mixen. In eine Spritzflasche umfüllen.

Selleriesalat
Den Zitronensaft, das Öl, das Salz und den Pfeffer gut verrühren und den klein geschnittenen Sellerie damit marinieren.

Saibling
Jedes Saiblingsfilet auf einem passenden Stück Frischhaltefolie auslegen. Mit je 1 TL Olivenöl bestreichen und mit Salz, Pfeffer und Koriander würzen. Die Frischhaltefolie fest aufrollen und ein kompaktes Päckchen herstellen. Die Fischpäckchen im Hold-o-Mat bei 70 °C 10–12 Minuten garen. (Alternativ die Fischpäckchen in eine Auflaufform legen und im auf 70 °C vorgeheizten Backofen 10–12 Minuten garen.)

Selleriepüree
Die Butter in einem Topf erhitzen und die Schalotten darin anschwitzen. Die Selleriewürfel zugeben, kurz mitbraten und dann den Limettensaft zufügen. Mit dem Wein ablöschen und diesen reduzieren. Anschließend mit dem Fond und der Sahne aufgießen. Den Sellerie weich kochen, den Topfinhalt in einen Standmixer umfüllen und zu einem cremigen Püree mixen. Das Selleriepüree dann durch ein Sieb passieren und mit Salz und Pfeffer abschmecken.

Morcheln
Die Butter in einer Pfanne erhitzen. Die Morcheln darin anbraten, mit dem Madeira ablöschen und mit Salz würzen.

Anrichten
Das Selleriepüree auf den Tellern ausstreichen und das Fischfilet darauflegen. Einige Tupfer Madeiragel und aufgeschäumte Morchelsauce sowie die Morcheln auf den Tellern verteilen. Zum Schluss mit etwas Selleriegrün garnieren.

FORELLE | MUSCHELN | SAFRAN

ZUTATEN
FÜR 4 PERSONEN

Für die Forelle
8 küchenfertige Forellenfilets (à 60 g, ohne Haut und Gräten)
frisch gemahlene Koriandersamen
frisch gemahlener weißer Pfeffer
4 EL Olivenöl
Meersalz

Für die Muschelplatte
2 EL Olivenöl
2 Schalotten
50 g Karotten
50 g gelbe Rübe
50 g Knollensellerie
2 Frühlingszwiebeln
1 Petersilienwurzel
2 Knoblauchzehen
100 ml Weißwein
5 Kirschtomaten
1 kg Miesmuscheln
5 g Agar-Agar

Für den Brotchip
4 Scheiben Tramezzini (italienisches Weißbrot ohne Rinde)

Für die Rouille
400 g gegarte mehligkochende Kartoffeln, passiert
150 g Olivenöl
1 Msp. Safran, fein gemahlen
2 Knoblauchzehen
Salz
frisch geriebene Muskatnuss

Für den Safransud
350 ml Fischfond (siehe Grundrezept Seite 302)
1 TL gemahlener Safran
4 Eiweiß
10 Basilikumblätter
Meersalz
3 Zweige Koriandergrün

Anrichten
4 TL Kaviar

ZUBEREITUNG

Forelle
Die Forellenfilets jeweils der Länge nach halbieren, leicht überlappend auf ein großes Stück Frischhaltefolie legen. Die Forellenfilets mit Koriander und Pfeffer bestreuen, dann mit dem Olivenöl bepinseln.
Die Frischhaltefolie zu einer festen Rolle drehen und die Enden wie bei einem Bonbon verschließen. Die Rolle in ein 65 °C warmes Wasserbad legen und die Forellenfilets darin 10 Minuten pochieren. Die Forellenrolle kurz vor dem Anrichten aus der Folie nehmen und mit Meersalz bestreuen.

Muschelplatte
Das Olivenöl in einem großen Topf erhitzen und die klein geschnittenen Schalotten darin andünsten. Das klein geschnittene Gemüse und den Knoblauch hinzufügen und ebenfalls anschwitzen. Mit dem Wein ablöschen und die Tomaten zugeben. Aufkochen lassen und dann die geputzten und gewaschenen Muscheln in den Topf geben. Die Muscheln 3–4 Minuten kochen lassen und anschließend abseihen, dabei den Fond auffangen. Geschlossene Muscheln wegwerfen. Aus den geöffneten Muscheln das Muschelfleisch herausschälen. Den Muschelfond in einen Topf leeren und auf die Hälfte reduzieren. Den Topf vom Herd ziehen und das Agar-Agar unterrühren.
Aus den Muscheln 4 Portionen bilden und jede Portion auf einer rechteckigen Platte passender Größe so auslegen, dass sich die Muscheln überlappen und die gesamte Platte bedecken. Die Muscheln mit dem Muschelfond übergießen. (Die Muscheln sollten gut zur Hälfte mit Fond bedeckt sein.)

Brotchip
Die Tramezzini der Länge nach halbieren und auf ein mit Backpapier bedecktes Backblech legen. Die Tramezzini mit einer Lage Backpapier bedecken und mit einem Gewicht beschweren. Die Tramezzini im auf 80 °C vorgeheizten Backofen (Ober-/Unterhitze) 10 Minuten trocknen.

Rouille
Die heißen Kartoffeln zusammen mit dem Öl, dem Safran, dem Salz, dem Muskat und dem sehr fein gehackten Knoblauch gut verrühren, durch ein Sieb streichen und nochmals mit Salz und Muskat abschmecken.

Safransud
Den Fischfond in einen Topf geben und zusammen mit den restlichen Zutaten sehr langsam aufkochen, um einen klaren Fond zu erhalten. Dabei aufsteigendes Eiweiß abschöpfen. Dann den Fond durch ein mit einem Passiertuch ausgelegtes Sieb gießen (nicht passieren!).

Anrichten
Auf quadratische Teller je 1 Muschelplatte legen. Darauf das Forellenfilet platzieren und mit einem Brotchip abdecken. Als letzte Schicht 2 Nocken der Rouille anrichten. Vorsichtig den Safransud angießen und 1 TL Kaviar darin verteilen.

HEILBUTT | SELLERIE | KIRSCHEN

ZUTATEN
FÜR 4 PERSONEN

Für die Balsasmicokirschen
500 ml Kirschsaft
250 ml Kirschpüree
(z. B. Boiron)
30 ml Aceto balsamico
1 frisches Lorbeerblatt
1 Zweig Rosmarin
1 Zweig Zitronenthymian
Salz
1 EL Stärkemehl
1 TL Butter
500 g Kirschen, entkernt

Für die Sellerieravioli
1) Für die Füllung
600 g Knollensellerie, geschält und gewürfelt
100 g Schalotten
1 Limette
50 ml trockener Weißwein
100 ml flüssige Sahne
80 ml Gemüsefond (siehe Grundrezept Seite 299)
Salz
frisch gemahlener weißer Pfeffer
2) Nudelteig
350 g Nudelteig (siehe Grundrezept Seite 316)

Für den Sellerieschaum
2 EL Butter
100 g Schalotten
100 g Knollensellerie, geschält und gewürfelt
100 ml trockener Weißwein
200 ml Gemüsefond (siehe Grundrezept Seite 299)
100 g flüssige Sahne
Zitronensaft
Salz
Cayennepfeffer

Für den Heilbutt
2 EL Olivenöl
4 küchenfertige Heilbuttfilets (à 150 g)
20 g Butter
2 Zweige Thymian
Meersalz

Anrichten
Selleriegrün
Selleriestroh

ZUBEREITUNG

Balsasmicokirschen
Den Kirschsaft mit dem Püree, dem Balsamico und den Gewürzen aufkochen und reduzieren. Dann mit dem Stärkemehl und der Butter leicht abbinden. Die Kirschen in den Sud einlegen und gut durchziehen lassen.

Sellerieravioli
Die Selleriewürfel mit den Schalotten, dem Limettensaft, dem Weißwein, der Sahne und dem Gemüsefond in einen Topf geben und sehr weich kochen. Den Topfinhalt in einen Standmixer umfüllen und ein cremiges Püree mixen. Mit Salz und Pfeffer abschmecken.
Den Nudelteig mit einer Nudelmaschine portionsweise zu sehr dünnen Platten ausrollen. Eine Nudelteigplatte auf die Arbeitsplatte legen und mit einem runden Ausstecher (Durchmesser ca. 4 cm) Teigkreise herstellen. Auf die Hälfte dieser Teigkreise kleine Portionen der Selleriefüllung auftragen. Anschließend einen Teigkreis darüberlegen und die Ränder der Ravioli leicht aneinanderdrücken. Mit den restlichen Nudelteigplatten ebenso verfahren.
In einem großen Topf reichlich Salzwasser aufkochen und die Ravioli darin gar ziehen lassen.

Sellerieschaum
Die Butter in einem Topf erhitzen und die klein geschnittenen Schalotten darin anbraten. Die Selleriewürfel ebenfalls anbraten und mit dem Weißwein ablöschen. Den Fond und die Sahne aufgießen und die Gewürze zugeben. Alles zusammen sehr weich kochen. Den Topfinhalt in einen Standmixer umfüllen und gut mixen. Die Sauce durch ein mit einem Tuch ausgelegtes Sieb passieren. Vor dem Servieren die Sauce gut aufschäumen.

Heilbutt
Das Olivenöl in einer Pfanne erhitzen und die Fischfilets darin anbraten. Dann die Butter und den Thymian zugeben. Die Fischfilets wenden und weiterbraten, bis sie glasig sind. Mit Salz würzen.

Anrichten
Das Fischfilet mittig auf die Teller legen. Daneben 3 mit etwas Selleriegrün und Selleriestroh garnierte Sellerieravioli anrichten. Mehrere Tupfen Sellerieschaum und Balsamicokirschen auf den Tellern verteilen.

ROTBARBE | KARTOFFELN | QUELLER | MUSCHELN

ZUTATEN FÜR 4 PERSONEN

Für den Kartoffelstampf
100 g Schalotten
50 g Olivenöl
500 g frisch gegarte mehligkochende Kartoffeln
20 g Schnittlauch, in feinen Röllchen
20 g Petersilie, fein gehackt
Salz
frisch gemahlener weißer Pfeffer

Für die Quellervinaigrette
400 g Queller (*Salicornia europaea*)
30 g Olivenöl
30 g Gemüsefond (siehe Grundrezept Seite 299)
frisch gepresster Limettensaft
Salz
frisch gemahlener weißer Pfeffer

Für den gebratenen Queller
1 EL Olivenöl
50 g Queller (*Salicornia europaea*)
Salz
frisch gemahlener weißer Pfeffer

Für die Rotbarbe
4 küchenfertige Filets von der Rotbarbe (à 80 g)
Salz
frisch gemahlener weißer Pfeffer
2 EL Olivenöl
frisch gepresster Zitronensaft

Anrichten
frittierte Kapern
frittierte Miesmuscheln

ZUBEREITUNG

Kartoffelstampf
Die Schalotten klein schneiden und in heißem Olivenöl anschwitzen. Die heißen Kartoffeln stampfen. Die Schalotten, den Schnittlauch und die Petersilie unterrühren. Mit Salz und Pfeffer abschmecken.

Quellervinaigrette
Den Queller, das Olivenöl, den Gemüsefond und etwas Limettensaft in der Küchenmaschine fein mixen, durch ein Sieb passieren und mit Salz und Pfeffer abschmecken.

Gebratener Queller
Das Öl erhitzen und den Queller darin braten. Mit Salz und Pfeffer würzen.

Rotbarbe
Die Filets mit Salz und Pfeffer würzen. Das Öl in einer Pfanne erhitzen und die Filets mit der Hautseite nach unten anbraten. Die Filets wenden und glasig garen. Mit etwas Zitronensaft beträufeln.

Anrichten
Die Quellervinaigrette rechteckig auf den Tellern anrichten. Mit einer rechteckigen Anrichteform den Kartoffelstampf darauf platzieren und das Rotbarbenfilet darauflegen. Den gebratenen Queller auf das Filet legen. Die frittierten Kapern und Miesmuscheln auf der Vinaigrette verteilen.

SIZILIANISCHE GARNELEN | TORTELLINI | PIOPPINI

ZUTATEN FÜR 4 PERSONEN

Vorbereiten der Tortellini
1 Rezept Nudelteig (siehe Grundrezept Seite 316)
100 g Burrata
25 g Olivenöl
Salz
etwas frisch gepresster Zitronensaft

Fertigstellung der Tortellini
etwas Semola di grano duro oder Weizenmehl für die Arbeitsfläche
1 Eigelb, verquirlt
Salz
3 EL Butter

Für die Kirschtomaten und Pioppini
6 Kirschtomaten
1 EL Olivenöl
100 g Pioppini (Samthaubenpilze), geputzt
Salz
frisch gemahlener weißer Pfeffer
1 Knoblauchzehe, geschält und angedrückt
2 Zweige Thymian
1 Zweig Rosmarin
25 g Butter

Für die Sizilianischen Garnelen
1 EL Olivenöl
1 Zweig Thymian
1 Zweig Rosmarin
12 küchenfertig geschälte Sizilianische Riesengarnelen
Butter
Salz
frisch gemahlener weißer Pfeffer

Anrichten
etwas aufgeschäumte Hummersauce (siehe Grundrezept Seite 309)
Basilikum

ZUBEREITUNG

Vorbereiten der Tortellini
Den Nudelteig nach Grundrezept zubereiten. Die Burrata mit dem Olivenöl in der Küchenmaschine zu einem glatten Püree verarbeiten. Das Püree mit Salz und Zitronensaft abschmecken und in einen Spritzbeutel füllen.

Fertigstellung der Tortellini
Den Nudelteig auf einer mit Grieß bestreuten oder mit Mehl bestäubten Arbeitsfläche oder mit einer Nudelmaschine zu dünnen Teigplatten ausrollen. Den Teig auf einer bemehlten Arbeitsfläche auslegen und in Quadrate mit einer Kantenlänge von 5 cm schneiden. Auf jedes Teigplättchen mittig etwas Füllung geben und die Teigränder mit Eigelb bestreichen. Dann die Quadrate zu Dreiecken falten und um den Finger zu typischen Tortellini formen. Zum Schluss die Tortellini gut festdrücken.
In einem großen Topf reichlich Salzwasser zum Kochen bringen. Die Tortellini darin etwa 3 Minuten garen. (Sie sind fertig, wenn sie an der Oberfläche schwimmen.) Die fertig gegarten Tortellini mit einem Schaumlöffel aus dem Wasser heben und auf Küchenkrepp abtropfen lassen.
Die Butter kurz vor dem Anrichten in einer Pfanne zerlassen und die Tortellini darin schwenken.

Kirschtomaten und Pioppini
Die Kirschtomaten waschen und trocknen. Das Olivenöl in einer Pfanne erhitzen. Die Kirschtomaten und die Pioppini darin 1 Minute anbraten, dann mit Salz und Pfeffer würzen. Den Knoblauch, den Thymian, den Rosmarin und die Butter hinzufügen und alles gut durchschwenken. Die Kirschtomaten und Pioppini vor dem Anrichten auf Küchenkrepp abtropfen lassen.

Sizilianische Garnelen
Das Olivenöl mit dem Thymian und dem Rosmarin in einer Pfanne erhitzen. Die Riesengarnelen darin vorsichtig erwärmen, dann die Butter zugeben, salzen und pfeffern.

Anrichten
Die Burratatortellini jeweils in die Mitte von 4 Tellern setzen. Je 3 Riesengarnelen darauflegen. Die Kirschtomaten und Pioppini auf den Tellern verteilen und alles mit etwas Hummersauce umgießen. Zum Schluss mit Basilikumblättchen garnieren.

ZANDER | QUITTE | KAFFEE

ZUTATEN
FÜR 4 PERSONEN

Für die eingelegten Quitten
2 Quitten
Saft von 1 Zitrone
500 ml Wasser
125 g Kristallzucker
1 Zimtstange
2 Gewürznelken

Für den Kaffee-Karamell-Chip
300 g Kristallzucker
150 g geröstete Kaffeebohnen

Für die Linsen
50 g geräucherter Speck
50 g Mirepoix (in feine Würfel geschnittenes Röstgemüse aus Knollensellerie, Karotte, Petersilienwurzel, Lauch etc.)
250 g Belugalinsen, eingeweicht
1 EL Aceto balsamico
1 l Gemüsefond (siehe Grundrezept Seite 299)
1 frisches Lorbeerblatt
Salz
frisch gemahlener weißer Pfeffer

Für den Kaffeeschaum
150 ml Gemüsefond (siehe Grundrezept Seite 299)
25 ml Chardonnayessig
150 g frisch gebrühter Espresso
80 ml flüssige Sahne
1 frisches Lorbeerblatt
2 Zweige Rosmarin
2 Zweige Thymain
Salz
frisch gemahlener weißer Pfeffer
Kristallzucker
150 g Butter

Für den Zander
600 g küchenfertiges Zanderfilet
Salz
frisch gemahlener weißer Pfeffer
2 EL ml Olivenöl
1 EL Butter
1 Zweig Rosmarin
1 Zweig Thymian

Anrichten
Vogelbeeren

ZUBEREITUNG

Eingelegte Quitten
Die Quitten schälen, halbieren, entkernen und in Spalten schneiden. Die Quittenspalten mit dem Zitronensaft beträufeln. Das Wasser mit dem Zucker aufkochen und den Zucker unter Rühren auflösen. Die Zimtstange und die Gewürznelken hinzufügen. Die Quittenspalten in den Sirup legen und darin weich dünsten.

Kaffee-Karamell-Chip
Den Zucker in einem kleinen Topf karamellisieren. Die gemahlenen Kaffeebohnen hineingeben und umrühren. Den Kaffeekaramell auf ein mit einer Silikonbackmatte bedecktes Backblech streichen und im auf 180 °C vorgeheizten Backofen (Ober- / Unterhitze) 5 Minuten knusprig backen. Den fertig gebackenen Kaffeekaramell aus dem Ofen nehmen, abkühlen lassen und dann in Stücke brechen.

Linsen
Den Speck in einem Topf auslassen, das Gemüse dazugeben und etwas mit anschwitzen. Die Linsen, den Essig, den Fond und die Gewürze dazugeben und die Linsen weich kochen.

Kaffeeschaum
Den Gemüsefond, den Essig, den Espresso, die Sahne und die Kräuter in einen Topf geben, aufkochen und etwas köcheln lassen. Anschließend mit Salz, Pfeffer und Zucker würzen und mit einem Stabmixer die Butter einmixen. Abschließend die Sauce passieren und vor dem Servieren gut aufschäumen.

Zander
Den Zander portionieren und würzen. Das Öl in einer Pfanne erhitzen und die Fischfilets einlegen. Dann die Butter und die Kräuter dazugeben. Die Filets wenden und gar ziehen lassen.

Anrichten
1 Portion Linsen auf jeden Teller setzen und die Fischfilets darauflegen. Die Quittenspalten darum herum verteilen und etwas Kaffeeschaum aufspritzen. Abschließend mit 1 Kaffee-Karamell-Chip und einigen Vogelbeeren anrichten.

REHRÜCKEN | ERBSEN | ZWIEBELN

ZUTATEN
FÜR 4 PERSONEN

Für die Erbsencreme
2 EL Butter
4 Schalotten
300 g frische Erbsenkerne
8 Blättchen Minze
70 g flüssige Sahne
Salz
frisch gemahlener weißer Pfeffer
geriebene Muskatnuss

Für die Erbsenkerne
10 g Butter
100 g Erbsenkerne
Salz
frisch gemahlener weißer Pfeffer
Kristallzucker

Für das Trompetenpilzpulver
150 g getrocknete Trompetenpilze
6 g Olivenöl

Für die karamellisierte Zwiebel
20 g Kristallzucker
20 g geklärte Butter
50 g Noilly Prat
50 g trockener Weißwein
8 Haushaltszwiebeln, in dicke Scheiben geschnitten
Salz
frisch gemahlener weißer Pfeffer
2 Zweige Rosmarin
2 Zweige Thymian

Für die Zwiebelcreme
20 g Kristallzucker
1 EL Butter
70 g Noilly Prat
100 g trockener Weißwein
50 ml Gemüsefond (siehe Grundrezept Seite 299)
10 Haushaltszwiebeln
Salz
frisch gemahlener weißer Pfeffer
2 Zweige Rosmarin
2 Zweige Thymian

Für den Rehrücken
1 kg küchenfertig ausgelöster Rehrücken
5 Zweige Thymian
4 Zweige Rosmarin
50 ml Olivenöl
Salz
frisch gemahlener schwarzer Pfeffer
50 g Butter
1 Knoblauchzehe, geschält
100 ml flüssiger Malzbierhonig (siehe Grundrezept Seite 312)

Anrichten
50 ml Rehjus (siehe Grundrezept Seite 308)
40 g Erbsensprossen
4 Frühlingszwiebeln, blanchiert, gewürzt und in Butter glasiert
Selleriegrün

ZUBEREITUNG

Erbsencreme
Die Butter in einem Topf erhitzen und die klein gewürfelten Schalotten darin anschwitzen. Die Erbsen mit der Minze und der Sahne in den Topf geben und mit Salz, Pfeffer und Muskatnuss würzen. Die Erbsen weich kochen. Dann die Erbsen in einen Standmixer umfüllen und zu einer Creme pürieren, durch ein Sieb streichen und nochmals abschmecken.

Erbsenkerne
Die Butter in einem Topf erhitzen und die Erbsenkerne darin weich dünsten. Mit Salz, Pfeffer und Zucker würzen.

Trompetenpilzpulver
Die Trompetenpilze mit dem Olivenöl in einer Küchenmaschine zu Pulver mixen.

Karamellisierte Zwiebel
Den Zucker in einem Topf karamellisieren. Dann die Butter zufügen und mit dem Noilly Prat ablöschen und reduzieren. Mit dem Wein ebenso verfahren. Die Zwiebelscheiben in den Topf legen und die Gewürze und Kräuter zufügen. Die Zwiebelscheiben weich dünsten. Die innersten Teile aus den Scheiben lösen.

Zwiebelcreme
Den Zucker in einem Topf karamellisieren. Dann die Butter zufügen und mit dem Noilly Prat ablöschen und reduzieren. Mit dem Wein ebenso verfahren. Den Fond aufgießen und die grob zerkleinerten Zwiebeln, Gewürze und Kräuter zufügen. Die Zwiebeln weich garen, in einen Standmixer umfüllen und zu einer Creme pürieren. Die Creme durch ein Sieb passieren und nochmals abschmecken. Die karamellisierten Zwiebeln mit der Creme füllen.

Rehrücken
Das Fleisch in 4 gleich große Tranchen schneiden, diese mit je 1 Zweig Thymian, 1 Zweig Rosmarin sowie dem Olivenöl in Vakuumierbeutel geben und vakuumieren. Die Beutel in ein auf 70 °C temperiertes Wasserbad legen und das Fleisch darin 10 Minuten garen. Das Fleisch anschließend aus den Beuteln nehmen, abtropfen lassen, salzen und pfeffern.
Die Butter in einer Pfanne erhitzen. Den restlichen Rosmarinzweig und den Knoblauch hinzufügen und die Rehrückentranchen darin kurz nachbraten.
Das fertige Fleisch kurz vor dem Anrichten in dem Malzbierhonig wenden.

Anrichten
Die Erbsencreme auf den Tellern ausstreichen und die Erbsenkerne und die gefüllten Zwiebelscheiben darauf anrichten. 1 Scheibe Rehrücken danebenlegen. Das Trompetenpilzpulver auf die Zwiebeln streuen. Zum Schluss etwas Rehjus ausstreichen und mit den Sprossen, den Frühlingszwiebeln und dem Selleriegrün garnieren.

Übrigens:
Das Fleisch vom Reh ist würzig und dazu noch fettarm und wird aufgrund seiner Zartheit sehr geschätzt.

HIRSCHKALB | DATTEL | SELLERIE | APRIKOSEN

ZUTATEN
FÜR 4 PERSONEN

Für das Aprikosenchutney
200 g Trockenaprikosen, in Brunoise geschnitten
500 ml frisch gepresster Apfelsaft
500 ml Multivitaminsaft
10 g Maisstärke
40 g Kristallzucker
30 g Chardonnayessig

Für das Dattel-Sellerie-Püree
1 EL Butter
50 g Schalotten
300 g Knollensellerie, geschält
80 g frische Datteln, entsteint
20 ml trockener Weißwein
400 ml Gemüsefond (siehe Grundrezept Seite 299)
100 ml flüssige Sahne
Saft von ½ Limette
Salz
frisch gemahlener weißer Pfeffer

Für den Hirschrücken
600 g küchenfertig ausgelöster Hirschkalbrücken
Salz
frisch gemahlener schwarzer Pfeffer
1 EL Olivenöl
2 EL Butter
2 Knoblauchzehen, geschält
1 Zweig Rosmarin
1 Zweig Thymian

Für die Gewürzmischung
60 g schwarze Pfefferkörner
120 g Pimentkörner
60 g Wacholderkörner
30 g Kümmelsamen
120 g Koriandersamen

Anrichten
100 ml Hirschsauce (siehe Grundrezept »REHJUS« Seite 308)
2 Zweige Kerbel
4 Dörrpflaumen

ZUBEREITUNG

Aprikosenchutney
Die klein gewürfelten Aprikosen mit den Säften in einem Topf aufkochen. Die Flüssigkeit auf die Hälfte reduzieren. Mit der Maisstärke binden und mit Zucker und Essig abschmecken. Das Chutney abkühlen und durchziehen lassen.

Dattel-Sellerie-Püree
Die Butter in einem Topf erhitzen. Die klein geschnittenen Schalotten darin anschwitzen. Den Sellerie und die Datteln in kleine Würfel schneiden, zu den Schalotten geben und ebenfalls leicht anschwitzen. Mit dem Weißwein ablöschen und reduzieren. Mit dem Gemüsefond aufgießen und den Sellerie und die Datteln weich kochen. In einen Standmixer umfüllen, die Sahne zufügen und ein cremiges Püree mixen. Das Püree durch ein Sieb streichen, mit dem Limettensaft, Salz und Pfeffer abschmecken und in einen Spritzbeutel füllen.

Hirschrücken
Das Hirschfleisch mit Salz und Pfeffer bestreuen. Das Olivenöl und die Butter in einer Pfanne erhitzen und das Fleisch darin von allen Seiten anbraten. Den Knoblauch, den Thymian und den Rosmarin hinzufügen.

Gewürzmischung
Die verschiedenen Gewürze einzeln ohne Fett in einer beschichteten Pfanne erhitzen, bis sie anfangen zu duften. Die Gewürze abkühlen lassen, anschließend gut mixen und miteinander vermischen.
Den fertig gebratenen Hirschrücken vor dem Anrichten in der Gewürzmischung wälzen.

Anrichten
Mit der Hirschsauce einen Strich mittig auf dem Teller ausstreichen.
1 Streifen Dattel-Sellerie-Püree aufspritzen, das Aprikosenchutney daraufsetzen und mit einigen Kerbelblättchen garnieren. 1 TL Aprikosenchutney und 1 Dörrpflaume daneben anrichten. 1 Tranche vom Hirschrücken mit der Schnittfläche nach oben auf den Teller legen.

STEIRISCHES WURZELFLEISCH

ZUTATEN FÜR 4 PERSONEN

Für das Wurzelfleisch
1 kg küchenfertige Schweineschulter
2 EL Weißweinessig
1 Zwiebel
100 g Karotte
50 g Knollensellerie
50 g Staudensellerie
1 Knoblauchzehe
5 l Wasser
1 Frühlingszwiebel
2 frische Lorbeerblätter
1 TL weiße Pfefferkörner
Salz
6 Zweige Liebstöckel

Anrichten
8 Salzkartoffeln
100 g Knollensellerie
2 Karotten
2 gelbe Rüben
50 g frisch geriebener Kren (Meerrettich)
Shiso-Kresse
4 Zweige Petersilie, fein geschnitten

ZUBEREITUNG

Wurzelfleisch
Das Fleisch in einem ausreichend großen Topf zusammen mit dem Essig, der Zwiebel, den Karotten, dem Sellerie, dem Staudensellerie und dem Knoblauch mit 5 l Wasser übergießen und langsam zum Kochen bringen. Die Frühlingszwiebel und die Gewürze ebenfalls in den Topf geben. Das Fleisch ca. 1 ½ Stunden leicht köcheln lassen. Vor dem Servieren das Fleisch in Scheiben schneiden.

Anrichten
Die Fleischscheiben und die Kartoffeln auf tiefe Teller verteilen. Das in feine Julienne geschnittene Gemüse, den Meerrettich, die Kresse und die Petersilie darauf anrichten. Anschließend reichlich Kochsud angießen.

LAMMRÜCKEN | COCOBOHNEN | PISTOU

ZUTATEN
FÜR 4 PERSONEN

Für das Pistou
300 g weiche Butter
150 g Spinat, blanchiert
100 g Petersilienblätter, blanchiert
20 g Bohnenkraut
fein abgeriebene Schale von 2 unbehandelten Limetten
Salz

Für die Bohnen
100 g Keniabohnen
100 g Erbsenschoten
100 g Zuckerschoten
100 g Saubohnenkerne

Für die Cocobohnencreme
50 g Räucherspeck, fein gewürfelt
70 g Schalotten, fein gewürfelt
250 g Cocobohnenkerne (über Nacht eingeweicht)
40 ml trockener Weißwein
500 ml Gemüsefond (siehe Grundrezept Seite 299)
300 ml flüssige Sahne
Salz
frisch gemahlener weißer Pfeffer
1 Zweig Rosmarin
1 Zweig Thymian

Für die Bohnenkruste
60 g Cocobohnenkerne (über Nacht eingeweicht)
100 g weiche Butter
2 Eigelb
1 Knoblauchzehe, geschält
20 g frisch geriebene Weißbrotbrösel
Salz
frisch gemahlener weißer Pfeffer

Für den Lammrücken
600 g küchenfertig ausgelöster Lammrücken
Salz
frisch gemahlener schwarzer Pfeffer
1 EL Olivenöl
2 EL Butter
2 Knoblauchzehen, geschält
1 Zweig Rosmarin
1 Zweig Thymian
250 ml Lammjus (siehe Grundrezept Seite 307)

Anrichten
Dill
Kerbelblättchen
Rosmarinnadeln
Kresse

ZUBEREITUNG

Pistou
Die weiche Butter mit dem blanchierten Spinat, der blanchierten Petersilie, dem Bohnenkraut und dem Limettenabrieb in den Thermomix geben und zu einem cremigen Pistou mixen.

Bohnen
Alle Schoten nacheinander jeweils 10 Sekunden in kochendem Wasser blanchieren, dann in Eiswasser abschrecken und abtropfen lassen. Die Saubohnenkerne ebenfalls 20 Sekunden in kochendem Wasser blanchieren, dann in Eiswasser abschrecken und aus den Häutchen drücken. Die Schoten und Saubohnenkerne kalt stellen.

Cocobohnencreme
Die Speckwürfel in einem Topf auslassen und die Schalottenwürfel darin glasig anschwitzen. Die gut abgetropften Cocobohnen dazugeben und mit dem Wein ablöschen. Den Fond und die Sahne aufgießen, die Kräuter und Gewürze zugeben und die Cocobohnen weich kochen. Dann den Topfinhalt in einen Standmixer umfüllen und zu einer Creme pürieren. Die Creme durch ein Sieb streichen und nochmals abschmecken.

Bohnenkruste
Die Cocobohnen weich kochen, pürieren und die Paste trocknen. Die weiche Butter mit der Cocobohnenpaste, den Eigelben und dem Knoblauch in der Küchenmaschine zu einer gebundenen Masse verarbeiten. Die Weißbrotbrösel hinzufügen und vermengen. Die Krustenmasse mit Salz und Pfeffer abschmecken.

Lammrücken
Den Lammrücken mit Salz und Pfeffer bestreuen.
Das Olivenöl in einem Bräter erhitzen und das Lammfleisch darin von allen Seiten anbraten. Das Lammfleisch mit der Bohnenkrustenmasse bestreichen. Den Bräter in den auf 180 °C vorgeheizten Backofen (Ober- / Unterhitze) stellen und das Lammfleisch darin 15 Minuten braten. Den Bräter anschließend aus dem Ofen nehmen und das Fleisch darin einige Minuten ruhen lassen.
Kurz vor dem Anrichten die Butter in einer Pfanne erhitzen. Den Knoblauch, den Rosmarin und den Thymian hinzufügen. Das Lammfleisch darin kurz nachbraten, dann mit Salz und Pfeffer würzen. Den Bratrückstand mit der Lammjus ablösen und die Flüssigkeit etwas reduzieren.

Anrichten
Das Lammfleisch in Tranchen schneiden und auf 4 Teller verteilen. Das Pistou und die Cocobohnencreme gegenläufig auf den Tellern etwas ausstreichen. Die blanchierten Bohnenschoten und -kerne daraufgeben. Die Kräuter darauf verteilen. Auf jeden Teller etwas Sauce träufeln.

Mein Tipp:
Am besten Lammfleisch aus der Region verwenden. Der Lebensraum, das Klima und die Futterpflanzen bestimmen den Geschmack des Fleisches.

KALBSKOTELETT | ZUCCHINI

ZUTATEN
FÜR 4 PERSONEN

Für den Schmorsud
1 EL Butterschmalz
2 Schalotten, klein gewürfelt
100 ml Chardonnayessig
20 ml Tomatenessig
100 ml Gemüsefond (siehe Grundrezept Seite 299)
1 Zweig Thymian
1 Zweig Rosmarin
2 Knoblauchzehen, geschält und gehackt
Salz
½ TL weiße Pfefferkörner
½ TL Senfkörner
½ TL Koriandersamen

Für die gefüllten Zucchiniblüten
100 g Weißbrot
30 g Butterschmalz
1 Knoblauchzehe, geschält und gehackt
1 Zweig Rosmarin
1 Zweig Thymian
4 Tomaten
10 ml Olivenöl
5 Schalotten, geschält und gewürfelt
100 g Pfifferlinge, geputzt und gewürfelt
20 ml Vollmilch
Salz
frisch gemahlener weißer Pfeffer
1 Eigelb
1 EL fein gehackte Petersilie
8 ganze Zucchiniblüten

Für das Kalbskotelett
4 Kalbskoteletts (à 200 g)
Salz
frisch gemahlener weißer Pfeffer
20 ml Olivenöl
100 ml Kalbsjus (siehe Grundrezept Seite 303)

Anrichten
gebratene Pfifferlinge

ZUBEREITUNG

Schmorsud
Das Butterschmalz in einem Topf erhitzen und die Schalotten darin anschwitzen. Mit den beiden Essigsorten ablöschen und mit dem Fond aufgießen. Die Kräuter, den Knoblauch und die Gewürze zugeben und die Sauce so lange leicht köcheln lassen, bis die Flüssigkeit um die Hälfte reduziert ist. Die Sauce durch ein mit einem Passiertuch ausgelegtes Sieb gießen und nochmals abschmecken.

Gefüllte Zucchiniblüten
Das Weißbrot entrinden und in kleine Würfel schneiden.
Das Butterschmalz in einer Pfanne erhitzen. Den Knoblauch, den Rosmarin und den Thymian hinzufügen. Die Weißbrotwürfel darin zu knusprigen Croûtons braten, dann aus der Pfanne nehmen und auf Küchenpapier abtropfen lassen.
Die Stielansätze der Tomaten herausschneiden, die Tomaten kreuzförmig einschneiden, mit kochendem Wasser überbrühen, kalt abschrecken, häuten und entkernen. Das Tomatenfruchtfleisch in kleine Würfel schneiden.
Das Olivenöl in einer Pfanne erhitzen und die Schalotten darin anschwitzen. Die Pfifferlingswürfel zufügen und ebenfalls anschwitzen. Anschließend die Tomatenwürfel und die Croûtons hinzufügen. Den Pfanneninhalt durchschwenken, dann abkühlen lassen. Die Pilzmischung in eine Schüssel geben.
Die Milch in einen Topf geben, mit Salz und Pfeffer würzen, aufkochen und über die Mischung gießen. Sobald die Mischung auf 65 °C temperiert ist, das Eigelb hineinrühren. Zum Schluss die gehackte Petersilie hinzufügen.
Die Zucchiniblüten mit der Pilzmischung füllen. Die gefüllten Zucchiniblüten in eine Auflaufform geben, den Schmorsud darübergießen und im auf 180 °C vorgeheizten Backofen (Ober- / Unterhitze) 15–20 Minuten garen.

Kalbskotelett
Die Koteletts mit Salz und Pfeffer würzen. In einer Pfanne das Olivenöl erhitzen und die Koteletts von beiden Seiten braten. Die fertigen Koteletts herausnehmen und warm stellen. Den Bratrückstand mit der Jus ablöschen.

Anrichten
Die gefüllten Zucchiniblüten um die Koteletts anrichten. Die Pfifferlinge dazwischenlegen und etwas Schmorsauce angießen. Die Jus über das Fleisch träufeln.

TAUBE »COQ AU VIN« | KAROTTEN | ZWIEBELN

ZUTATEN FÜR 4 PERSONEN

Für das Petersilienpulver
100 ml Olivenöl
1 Bund Petersilie, Blätter abgezupft
Schale von 1 unbehandelten Zitrone
60 g Maltosec

Für die Karottencreme
20 g Butter
5 Schalotten, fein gewürfelt
10 Karotten, geschält
80 ml trockener Weißwein
50 ml weißer Portwein
20 ml flüssige Sahne
Salz
frisch gemahlener weißer Pfeffer
frisch geriebene Muskatnuss

Für das Nudelblatt
100 g Nudelteig (siehe Grundrezept Seite 316)

Für die Zwiebelcreme
30 g Butterschmalz
15 g Kristallzucker
5 Haushaltszwiebeln
20 ml Chardonnayessig
50 ml trockener Weißwein
50 ml weißer Portwein
100 ml Gemüsefond (siehe Grundrezept Seite 299)
Salz
frisch gemahlener weißer Pfeffer

Für die eingelegten Champignons
100 ml Gemüsefond (siehe Grundrezept Seite 299)
30 ml Chardonnayessig
10 ml weißer Aceto balsamico
1 Knoblauchzehe, geschält und gehackt
1 Zweig Rosmarin
1 Zweig Thymian
Kristallzucker
Salz
½ TL weiße Pfefferkörner
15 ganze Champignons

Für die glasierten Trauben
100 ml weißer Traubensaft
20 g Kristallzucker
50 g weiße Trauben
50 g rote Trauben

Für die geschmorte Taube
2 küchenfertige Taubenbrüste (à 150 g, ohne Haut)
4 küchenfertige Taubenkeulen (à 50 g, ohne Haut)
2 EL Olivenöl
20 g Kristallzucker
1 Karotte
½ Knolle Sellerie
1 gelbe Rübe
1 Petersilienwurzel
2 Zwiebeln
20 ml frisch gepresster Orangensaft
100 ml trockener Rotwein (Burgunder oder Bordeaux)
250 ml Taubenjus (siehe Grundrezept Seite 306)
Salz
frisch gemahlener weißer Pfeffer
1 Zweig Rosmarin
1 Zweig Thymian

Für die gebratene Taubenbrust
2 küchenfertige Taubenbrüste (à 150 g, ohne Haut und Knochen)
2 Zweige Rosmarin
30 ml Olivenöl
Salz
frisch gemahlener weißer Pfeffer
1 EL Butter
1 Knoblauchzehe

Anrichten
1 EL Petersilienjulienne
4 glasierte Babykarotten

ZUBEREITUNG

Petersilienpulver
Das Olivenöl mit der Petersilie und der Zitronenschale gut pürieren und über Nacht ziehen lassen. Anschließend durch ein mit einem Passiertuch ausgelegtes Sieb passieren. Davon 10 ml abnehmen und mit dem Maltosec zu einem Pulver verarbeiten.

Karottencreme
Die Butter in einem Topf erhitzen und die Schalotten darin anschwitzen. Die Karotten klein schneiden und dazugeben. Mit dem Wein ablöschen, den Portwein und die Sahne aufgießen und mit Salz, Pfeffer und Muskatnuss würzen. Die Karotten weich kochen und den Topfinhalt in einen Standmixer umfüllen.
Die Karotten cremig pürieren, durch ein Sieb streichen und nochmals abschmecken.

Nudelblatt
Den Nudelteig wie im Grundrezept beschrieben vorbereiten.
Aus den dünn ausgerollten Teigplatten Kreise (Durchmesser ca. 5 cm) ausstechen und die Teigscheiben in sprudelnd kochendem Salzwasser kurz garen.

Zwiebelcreme
Das Butterschmalz in einem Topf erhitzen, den Zucker karamellisieren lassen und die klein geschnittenen Zwiebeln darin etwas anschwitzen. Mit dem Essig, dem Wein und dem Portwein ablöschen und mit dem Fond aufgießen. Mit Salz und Pfeffer würzen und die Zwiebeln weich kochen. Anschließend in einen Standmixer umfüllen, die Zwiebeln cremig pürieren, durch ein Sieb streichen und nochmals abschmecken.

Eingelegte Champignons
Den Fond mit den Essigsorten, dem Knoblauch, den Kräutern und Gewürzen erhitzen, die Champignons darin einlegen und gut durchziehen lassen.

Glasierte Trauben
Den Traubensaft mit dem Zucker langsam erhitzen und die Trauben darin glasieren.

Geschmorte Taube
Die ausgelösten Taubenkeulen und -brüste in Olivenöl anbraten. Den Zucker leicht karamellisieren und das klein geschnittene Gemüse zugeben und ebenfalls anbraten. Mit dem Orangensaft und dem Wein ablöschen, mit der Taubenjus aufgießen und Salz, Pfeffer, Rosmarin und Thymian zugeben. Die Taubenkeulen und -brüste weich schmoren. Dann das Fleisch herausnehmen und warm stellen. Die Sauce passieren und nochmals abschmecken.

Gebratene Taubenbrust
Die Taubenbrüste mit 1 Zweig Rosmarin sowie dem Olivenöl in einen Vakuumierbeutel geben und vakuumieren. Den Beutel in ein auf 70 °C temperiertes Wasserbad legen und die Taubenbrüste darin 6–7 Minuten garen.
Das Fleisch anschließend aus dem Beutel nehmen, abtropfen lassen, salzen und pfeffern.
Die Butter in einer Pfanne erhitzen. Den restlichen Rosmarinzweig und den Knoblauch hinzufügen und die Taubenbrust darin kurz nachbraten.

Anrichten
Mit der Karottencreme einen Spiegel auf dem Teller anrichten.
Je 1 geschmorte Keule, 1 halbierte geschmorte Brust und 1 halbierte gebratene Taubenbrust darauflegen. Seitlich mit einem Anrichtering 2 Kreise aus Zwiebelcreme formen und 1 eingelegten Champignon und 1 Nudelblatt mit Petersilienjulienne daraufsetzen.
Dazwischen die glasierten Karotten und die eingelegten Weintrauben platzieren. Die Schmorsauce über die geschmorte Taubenkeule und -brust löffeln. Abschließend etwas Petersilienpulver aufbröseln.

Übrigens:

Das klassische "Coq au Vin" ist ein traditionelles Geflügelgericht aus Frankreich und heißt übersetzt "Hahn in Wein"

REHRAGOUT | HASELNUSS | KIRSCHEN

ZUTATEN
FÜR 6 PERSONEN

Für die Haselnusscreme
100 g geröstete Haselnuss-kerne
70 g Gemüsefond (siehe Grundrezept Seite 299)
20 g flüssige Sahne
10 g Butter
Salz
frisch gemahlener weißer Pfeffer
1 TL Ras el-Hanout (marokkanische Gewürz-mischung)

Für die Kirschcreme
150 g entsteinte Süß-kirschen
10 ml roter Portwein
10 ml trockener Rotwein
20 ml flüssige Sahne
5 g Salz
20 g Kristallzucker

Für das Haselnuss-Amaretto-Gelee
100 g Haselnusssirup
100 g Haselnusspaste (erhältlich im Lebens-mittelfachhandel)
100 g Gemüsefond (siehe Grundrezept Seite 299)
20 ml Amaretto
3 g Agar-Agar (pflanzliches Geliermittel)
2 Blatt weiße Gelatine

Für das Schwarzbiergel
100 g flüssiger Schwarz-bierhonig (siehe Grund-rezept Seite 313)
8 g Gellan (pflanzliches Geliermittel)

Für das Haselnusspulver
10 ml Haselnussöl
60 g Maltosec (Verdickungsmittel aus Tapiokastärke)

Für das Rehragout
1,5 kg küchenfertig aus-gelöste Rehschulter
4 EL Butterschmalz
10 Schalotten
3 Knoblauchzehen
80 g Tomatenmark
500 ml trockener Rotwein
500 ml Malzbier
80 g Sherryessig
160 g flüssiger Honig
160 g Kirschsaft
250 g Rehjus (siehe Grund-rezept Seite 308)
2 Zweige Rosmarin
2 Zweige Thymian
Salz
frisch gemahlener weißer Pfeffer

Anrichten
marinierte Kirschen mit Schwarzbierhonig
geschälte ganze Haselnuss-kerne
Haselnussblättchen
essbare Blüten

ZUBEREITUNG

Haselnusscreme

Die Haselnusskerne mit dem Gemüsefond, der Sahne und der weichen Butter in der Küchenmaschine 15–20 Minuten behutsam zu einer gebundenen Creme mixen. Die Haselnusscreme mit Salz, Pfeffer und Ras el-Hanout abschmecken.

Kirschcreme

Die Kirschen mit dem Portwein, dem Rotwein, der Sahne, dem Salz und dem Zucker in einem Topf erhitzen und etwas einkochen. Anschließend in einen Standmixer umfüllen, cremig pürieren und durch ein Sieb streichen.

Haselnuss-Amaretto-Gelee

Den Sirup, die Paste, den Fond und den Amaretto cremig mixen und durch ein Passiertuch streichen. Das Agar-Agar unterrühren. Die eingeweichte und ausgedrückte Gelatine über einem Wasserbad auflösen und unter das Gelee mischen. Das Gelee dünn in eine rechteckige Form gießen und fest werden lassen. Vor dem Servieren das Gelee in Streifen (1 cm Breite) schneiden. Diese Streifen unterschiedlich lang abschneiden und 4 Streifen versetzt übereinander zu einem treppenartigen Block schichten.

Schwarzbiergel

Den Honig mit dem Gellan erhitzen und dann in einen Rührbecher geben und so lange mixen, bis ein Gel entstanden ist. Dieses in eine Spritzflasche geben.

Haselnusspulver

Das Haselnussöl mit dem Maltosec vermischen. Die Masse ausstreichen und trocknen. Dann in Stücke brechen und in der Küchenmaschine zu Pulver mixen.

Rehragout

Das mundgerecht geschnittene Rehfleisch im heißen Butterschmalz potionsweise gut anbraten. Die Schalotten und den Knoblauch zufügen und ebenfalls gut anbraten. Das Tomatenmark unterrühren. Dann mit dem Rotwein ablöschen und reduzieren. Anschließend mit dem Malzbier genauso verfahren. Den Essig, den Honig, den Kirschsaft und die Rehjus aufgießen. Die Kräuter dazugeben und mit Salz und Pfeffer würzen.
Das Rehragout abgedeckt ca. 1 ½ Stunden in den auf 200 °C vorgeheizten Backofen (Ober- / Unterhitze) schieben.

Anrichten

Auf dem Rand der Teller je 1 EL Haselnuss- und Kirschcreme ausstreichen. 1 Haselnuss-Amaretto-Gelee-Block danebensetzen. In der Tellermitte das Ragout mit der Sauce anrichten. Einige Tupfer Schwarzbiergel auf die Teller spritzen. Mit dem Haselnusspulver, den marinierten Kirschen, den Haselnüssen, den Haselnussblättchen und den Blüten vollenden.

Mein Tipp:
Zum Rehragout, das man sehr
wohl auch rosa braten kann,
da das Feisch sehr zart ist, eignen
sich Beilagen wie Knödel und Pürees.

KANINCHEN | SPARGEL | MISPELN

ZUTATEN FÜR 4 PERSONEN

Für die Pfeffermispeln
100 g Kristallzucker
200 ml Marillensaft
1 Stengel Zitronengras
1 Scheibe Ingwer
1 Kaffirlimettenblatt
1 Vanilleschote, aufgeschlitzt
1 TL schwarze Pfefferkörner
1 TL Koriandersamen
1 Sternanis
1 Zweig Thymian
Saft von 1 Zitrone
200 g Mispeln, geviertelt
1 TL schwarze Pfefferkörner, geröstet

Für die fermentierte Champignoncreme
250 g Champignons, gehackt
50 ml Gemüsefond (siehe Grundrezept Seite 299)
20 g Butter
Salz
frisch gemahlener weißer Pfeffer

Für den Spargel
4 Stangen weißer Spargel
4 Stangen grüner Spargel
10 ml Tomatenöl
60 g Maltosec (Maltodextrin)

Für das Kaninchen
1 Kaninchen (1,5–2 kg)
50 g Weißbrotwürfel, in Butter geröstet
50 g Bergkäse, fein gewürfelt
50 g getrocknete Tomaten, fein gewürfelt
½ Bund glatte Petersilie
Salz
frisch gemahlener weißer Pfeffer
4 Blatt Wan-Tan-Teig
neutrales Pflanzenöl

Anrichten
Sprossen

ZUBEREITUNG

Pfeffermispeln
Den Zucker in einem Topf karamellisieren und mit dem Marillensaft ablöschen. Alle Kräuter und Gewürze sowie den Zitronensaft in den Sud geben und diesen köcheln lassen, bis die Flüssigkeit um die Hälfte reduziert ist. Anschließend den Sud durch ein Sieb passieren. Die Mispeln zusammen mit den Pfefferkörnern in ein Einweckglas passender Größe füllen und mit dem kochenden Sud übergießen. Das Glas gut verschließen und die Mispeln darin gut durchziehen lassen.

Fermentierte Champignoncreme
Die gehackten Champignons mit dem Fond, der Butter und den Gewürzen in eine ofenfeste Form füllen und vermischen. Die Form im auf 65 °C vorgeheizten Backofen (Ober-/Unterhitze) garen. Dabei immer wieder umrühren, bis die Champignons komplett schwarz sind. Die Champignons dann aus dem Ofen nehmen, in einen Standmixer umfüllen und gut pürieren. Die Creme durch ein Sieb streichen und warm stellen.

Spargel
Den Spargel wie im Rezept »SPARGEL PRIMAVERA« (siehe Seite 86) zubereiten. Das Tomatenöl mit dem Maltosec vermischen und auf Silikonmatten streichen. Anschließend im auf 50 °C vorgeheizten Backofen (Umluft) trocknen lassen und bis zum Anrichten aufbewahren.

Kaninchen
Das Kaninchen so auslösen, dass die Bauchlappen an den Rückensträngen verbleiben. Die Karkassen für die Zubereitung einer Kaninchenjus (siehe Grundrezept »TAUBENJUS« Seite 306) beiseitelegen. Die Bauchlappen anschließend zwischen 2 Blättern Frischhaltefolie dünn ausklopfen. Alle Fleischabschnitte, die Schultern und die Keule dann durch einen Fleischwolf drehen. Die Weißbrotwürfel, den Käse, die Tomaten, die Petersilie, Salz und Pfeffer mit dem Kaninchenhackfleisch gut vermischen. Den Rücken mit dem Bauchlappen auf der Arbeitsfläche glatt auslegen und etwas Füllung darauf verteilen. Anschließend den Bauchlappen fest um den Rücken wickeln. Diese Rolle fest mit Alufolie umwickeln. Das Päckchen im auf 160 °C vorgeheizten Backofen (Ober-/Unterhitze) 15 Minuten garen. Die restliche Füllung auf den Wan-Tan-Teigblättern verteilen, die seitlichen Ränder einschlagen und die Teigblätter zu festen Rollen wickeln. Die Rollen in reichlich Öl knusprig frittieren.

Anrichten
Die Champignoncreme auf den Tellern ausstreichen und 1 Tranche des Kaninchenrückens darauflegen. Daneben die Pfeffermispeln, die mundgerecht geschnittenen Spargelstangen mit dem Tomatenpulver und 1 aufgeschnittene Kaninchenrolle legen. Dazwischen einige Tropfen Mispelsud und Kaninchenjus aufträufeln. Abschließend mit Sprossen garnieren.

ENTENBRUST | PETERSILIEN-PÜREE | MORCHELN

ZUTATEN
FÜR 4 PERSONEN

Für die Entenbrust
1 l Olivenöl
1 getrocknetes Lorbeerblatt
1 TL weiße Pfefferkörner
2 getrocknete Wacholderbeeren
4 küchenfertige Entenbrüste
(à 180 g, mit Haut)
Salz
1 EL Butter
1 Knoblauchzehe
2 Zweige Rosmarin

Für die Morcheln
20 g Butter
250 g frische Morcheln
40 ml Madeira
Salz
frisch gemahlener weißer Pfeffer

Für das Petersilienpüree
500 g mehligkochende Kartoffeln, gekocht
250 ml flüssige Sahne
1 Bund Petersilie, blanchiert und im Pacojet gemixt
50 g Butter
Salz
frisch gemahlener weißer Pfeffer
frisch geriebene Muskatnuss

Anrichten
60 g Wildkräuter
100 ml Entenjus (siehe Grundrezept Seite 305)
50 ml Morchelsauce (siehe Grundrezept Seite 310)

ZUBEREITUNG

Entenbrust
Das Olivenöl zusammen mit dem Lorbeerblatt, den Pfefferkörnern und den Wacholderbeeren in einen ausreichend großen Topf gießen und auf 70 °C erhitzen. Die Entenbrüste waschen und trocken tupfen. Anschließend salzen. Dann die Entenbrüste im Olivenöl 15 Minuten konfieren. Die Entenbrüste herausheben und auf Küchenpapier leicht abtropfen lassen.
In einer Pfanne die Butter zusammen mit dem leicht gequetschten Knoblauch und dem Rosmarin erhitzen. Die Entenbrüste auf der Hautseite knusprig braun nachbraten.

Morcheln
Die Butter in einer Pfanne erhitzen und die geputzten Morcheln darin anbraten. Mit dem Madeira ablöschen und mit Salz und Pfeffer abschmecken.

Petersilienpüree
Die gekochten Kartoffeln durch eine Kartoffelpresse in eine Rührschüssel pressen. Die Sahne, die Petersilie und die Butter zugeben und alles zu einem cremigen Püree rühren. Das Petersilienpüree durch ein Sieb streichen und mit Salz, Pfeffer und Muskatnuss abschmecken.

Anrichten
Mit einer Anrichteform ein Rechteck Petersilienpüree mittig auf die Teller setzen und darauf die Wildkräuter verteilen. Daneben 1 Entenbrust und die Morcheln legen. Einige Tupfer Entenjus und aufgeschäumte Morchelsauce auf dem Teller verteilen.

RINDSBACKERL | ARTISCHOCKEN

ZUTATEN
FÜR 4 PERSONEN

Für die Rindsbackerl
8 küchenfertig parierte Rinderbacken (à 130 g)
Salz
frisch gemahlener weißer Pfeffer
1 EL Butterschmalz
200 g Schalotten, geschält und gewürfelt
50 g Knollensellerie, geschält und gewürfelt
50 g Karotte, geschält und gewürfelt
1 Knoblauchzehe, geschält und gewürfelt
1 TL Tomatenmark
250 ml trockener Rotwein
500 ml Kalbsjus (siehe Grundrezept Seite 303)
2 Tomaten, entkernt und gewürfelt
2 Zweige Rosmarin
2 Zweige Thymian
1 frisches Lorbeerblatt

Für das Artischockenpüree
2 Artischocken
50 ml trockener Weißwein
150 ml flüssige Sahne
50 ml Gemüsefond (siehe Grundrezept Seite 299)
1 EL Butter
Salz
frisch gepresster Zitronensaft
Cayennepfeffer

Für den Artischockensalat
1 Artischocke
frisch gepresster Zitronensaft
1 EL Salatdressing (siehe Grundrezept Seite 314)

Für die gebratenen Artischocken
2 Artischocken
1 EL frisch gepresster Zitronensaft
2 EL Olivenöl
1 Zweig Thymian
1 Knoblauchzehe, geschält
40 ml Gemüsefond (siehe Grundrezept Seite 299)
Salz
Cayennepfeffer

Anrichten
4 dünne Scheiben rohe Gänseleber
10 g schwarze Trüffel, gehobelt

ZUBEREITUNG

Rindsbackerl

Die Rinderbacken mit Salz und Pfeffer bestreuen.
Das Butterschmalz in einem Topf erhitzen und die Rinderbacken darin von allen Seiten anbraten. Die Schalotten-, Sellerie-, Karotten- und Knoblauchwürfel hinzufügen und kurz mitbraten. Dann das Tomatenmark hineinrühren und anrösten. Alles mit dem Rotwein ablöschen und die Flüssigkeit reduzieren. Dann mit der Kalbsjus aufgießen und die Tomatenwürfel, den Rosmarin, den Thymian und das Lorbeerblatt hinzufügen. Die Backerln ca. 3–4 Stunden kochen lassen, bis sie ganz weich sind.
Die Sauce durch ein Sieb gießen, gegebenenfalls nochmals reduzieren und abschmecken.

Artischockenpüree

Die Artischocken waschen und den Stiel abbrechen. Die äußeren Blätter und die Spitze der Artischocke mit Messer oder Schere abschneiden. Mit einem Teelöffel oder Kugelausstecher vorsichtig das ungenießbare Heu entfernen. (Wichtig: Alle Schnittstellen immer zügig mit Zitronensaft beträufeln, sonst verfärbt sich die Artischocke; keine Aluminiumtöpfe verwenden.)
Die vorbereiteten Artischocken mit dem Wein, der Sahne und dem Fond weich kochen. Dann den Topfinhalt in einen Standmixer umfüllen, die Butter, Salz, Zitronensaft und Cayennepfeffer dazugeben und ein cremiges Püree herstellen. Das Püree durch ein Sieb passieren und mit abschmecken.

Artischockensalat

Die Artischocke wie oben beschrieben vorbereiten und anschließend in dünne Streifen hobeln. Die Streifen sofort mit Zitronensaft vermischen und dann mit dem Salatdressing marinieren.
Die Artischockenstreifen vor dem Anrichten spiralig aufrollen.

Gebratene Artischocken

Die Artischocken wie oben beschrieben vorbereiten und dann in Spalten schneiden. Die Spalten sofort mit Zitronensaft vermischen. Das Olivenöl erhitzen und den Thymian und den leicht gequetschten Knoblauch dazugeben. Die Artischockenspalten anbraten, mit dem Fond ablöschen und mit Salz und Cayennepfeffer würzen. Die Spalten gar ziehen lassen.

Anrichten

Je 1 EL Artischockenpüree auf die Teller verteilen. Gebratene Artischockenspalten und Artischockensalat darauflegen. Die Rindsbackerl auf den Tellern anrichten und mit etwas Sauce übergießen. Auf die Backerl jeweils 1 Gänseleberscheibe und einige Trüffelscheiben legen.

Übrigens:

Die Artischocke ist eines der feinsten Gemüse überhaupt. Sie ist eine geschlossene Blütenknospe, ein Distelgewächs, leicht bitter und herb.

RINDERFILET | RINDERTALG | STEINPILZE

ZUTATEN FÜR 4 PERSONEN

Für den Rindertalgchip
2 EL Butterschmalz
4 dünne Scheiben Schwarzbrot

Für die Rindertalgcreme
2 rote Paprikaschoten
200 g Rindertalg, durch den Fleischwolf gedreht und passiert
5 g edelsüßes Paprikapulver
5 g Cayennepfeffer
2 g Piment d'Espelette
1 Knoblauchzehe, geschält und gepresst
2 EL Olivenöl
Salz
frisch gemahlener weißer Pfeffer

Für die Steinpilzlasagne
3 EL Olivenöl
250 g frische Steinpilze, geputzt und fein geschnitten
4 Frühlingszwiebeln, geputzt und fein geschnitten
4 Tomaten, gehäutet, entkernt und gewürfelt
6 Zweige Petersilie
Salz
frisch gemahlener weißer Pfeffer
25 ml flüssige Sahne
200 g Nudelteig (siehe Grundrezept Seite 316)
Weizenmehl, Type 405, für die Arbeitsfläche

Für das Rinderfilet
4 Tranchen Rinderfilet (à 200 g)
Salz
frisch gemahlener weißer Pfeffer
30 ml Olivenöl
1 EL Butter
1 Zweig Rosmarin
1 Knoblauchzehe

Anrichten
2 frische Steinpilze, geputzt und fein gehobelt
100 ml Kalbsjus (siehe Grundrezept Seite 303)
80 g Rindermark
essbare Blüten
Kresse

ZUBEREITUNG

Rindertalgchip
Das Butterschmalz in einem hohen Topf erhitzen und die Schwarzbrotscheiben darin zu knusprigen Chips ausbacken. Diese mit einem Schaumlöffel aus dem Topf heben und auf Küchenpapier abtropfen lassen.

Rindertalgcreme
Die Paprikaschoten vierteln, entkernen und mit der Hautseite nach oben auf ein Backblech legen. Die Paprikaschoten für ca. 10 Minuten in den auf 200 °C vorgeheizten Backofen (Grillstufe) schieben. Vorsichtig die Haut abziehen und das Fruchtfleisch in einem Standmixer pürieren.
3 EL davon abnehmen und mit dem Rindertalg und den übrigen Zutaten zu einer Creme rühren.

Steinpilzlasagne
Das Olivenöl in einer Pfanne erhitzen und die Pilze darin anbraten. Dann die Frühlingszwiebeln, die Tomaten und die Petersilie zufügen und mit Salz und Pfeffer würzen. Mit der Sahne ablöschen. Die Füllung gut einkochen lassen. Den Nudelteig auf einer bemehlten Arbeitsfläche dünn ausrollen. Aus dem Nudelteig 12 Kreise (6 cm Durchmesser) ausstechen. Die Nudelteigkreise in kochendem Salzwasser garen, kalt abschrecken und auf Küchenpapier abtropfen lassen.
4 Anrichteringe passender Größe auf ein Backblech stellen. Als erste Schicht ein Nudelblatt hineinlegen und darauf 1 EL Füllung verteilen. Die zweite Schicht ebenso herstellen und die Lasagne mit einem Nudelblatt abschließen. Die Lasagne 5 Minuten im auf 200 °C vorgeheizten Backofen (Ober- / Unterhitze) backen.

Rinderfilet
Die Filetscheiben mit Salz und Pfeffer würzen. Das Olivenöl in einer ofenfesten Pfanne erhitzen und das Fleisch von beiden Seiten anbraten. Die Butter, Rosmarin und den leicht gequetschten Knoblauch in die Pfanne geben und 5 Minuten im auf 200 °C vorgeheizten Backofen (Ober- / Unterhitze) braten. Bis zum Servieren warm stellen.

Anrichten
Die Lasagnen vorsichtig aus den Formen lösen und auf die Teller stellen. Etwas Rindertalgcreme auf der Lasagne anrichten und mit den Steinpilzscheiben garnieren. Das Filet mit dem Rindertalgchip danebenlegen. Davor 1 Scheibe Rindermark und etwas aufgeschäumte Kalbsjus setzen. Zum Schluss mit einigen essbaren Blüten und Kresse garnieren.

ENTE | SCHWARZWURZEL-CREME | CRANBERRY

ZUTATEN
FÜR 4 PERSONEN

Für die eingelegten Cranberrys
100 ml roter Portwein
100 ml trockener Rotwein
100 ml Cranberrysaft
20 g Kristallzucker
150 g getrocknete Cranberrys, klein geschnitten
½ TL Stärkemehl

Für die Schwarzwurzelcreme
10 g Butter
50 g Schalotten
300 g Schwarzwurzeln
30 g trockener Weißwein
30 g Gemüsefond (siehe Grundrezept Seite 299)
75 g flüssige Sahne
Salz
frisch gemahlener schwarzer Pfeffer
Kristallzucker
frisch gepresster Limettensaft

Für die Schwarzwurzelchips
100 g Schwarzwurzel
200 ml neutrales Pflanzenöl zum Ausbacken

Für das Cranberrygelee
250 g Cranberrysaft
3 g Agar-Agar (pflanzliches Geliermittel)
2 Blatt weiße Gelatine

Für die Cannellonifüllung
100 g Kartoffelpüree (siehe Grundrezept Seite 318)
70 g Haselnusspaste
20 g Haselnussöl

Für das Cranberrygel
200 g Cranberrysaft
20 g Kristallzucker
4 g Gellan (pflanzliches Geliermittel)

Für die gehobelten Haselnüsse
20 Haselnusskerne
100 ml Vollmilch

Für die Entenbrust
1 l Olivenöl
2 frische Lorbeerblätter
1 TL weiße Pfefferkörner
5 getrocknete Wacholderbeeren
4 küchenfertige Entenbrüste (à 180 g, mit Haut)
Salz
1 EL Butter
1 Knoblauchzehe, ganz
2 Zweige Rosmarin

Anrichten
4 EL Entenjus (siehe Grundrezept Seite 305)

ZUBEREITUNG

Eingelegte Cranberrys

Den Portwein, den Rotwein und den Cranberrysaft in einem Topf mischen und erhitzen. Das Volumen auf ca. 100 ml reduzieren und den Zucker unterrühren. Die Cranberrys in eine Schale geben und den Sud darübergießen. Über Nacht ziehen lassen. Vor dem Servieren etwas Sud abnehmen, erhitzen und mit etwas Stärkemehl abbinden.

Schwarzwurzelcreme

Die Butter in einem Topf erhitzen und die Schalotten anschwitzen. Die geputzten, klein geschnittenen Schwarzwurzeln zugeben und kurz mitdünsten. Mit dem Wein und dem Fond aufgießen. Die Schwarzwurzeln weich kochen. Anschließend in einen Standmixer umfüllen, die Sahne zufügen und alles zu einer feinen Creme pürieren. Dann durch ein Sieb streichen und mit Salz, Pfeffer, Zucker und Limettensaft abschmecken.

Schwarzwurzelchips

Die Schwarzwurzeln schälen und in 0,5 cm breite und ca. 4 cm lange Streifen schneiden. Außerdem mit einem Sparschäler noch einige sehr dünne und lange Streifen vorbereiten.
Das Pflanzenöl in einer Fritteuse auf 170 °C erhitzen. Die Schwarzwurzelstreifen darin portionsweise zu knusprigen Chips ausbacken. Die frittierten Schwarzwurzelchips auf Küchenkrepp abtropfen lassen. Die langen Streifen nur sehr kurz frittieren.

Cranberrygelee

Den Cranberrysaft in einem Topf erhitzen. Dann den Topf vom Herd ziehen und das Agar-Agar und die eingeweichte und ausgedrückte Gelatine unterrühren. Die Masse abkühlen lassen, als dünne Schicht in eine rechteckige Form gießen und dann erkalten lassen.
Aus dem Gelee 4 Quadrate (4 cm Kantenlänge) schneiden und diese zu »Cannelloni« formen.

Cannellonifüllung

Das Kartoffelpüree mit der Haselnusspaste und dem Haselnussöl verrühren und in einen Spritzbeutel abfüllen. Anschließend die »Cannelloni« damit füllen.

Cranberrygel

Den Cranberrysaft mit dem Zucker erhitzen. Wenn der Zucker aufgelöst ist, den Topf vom Herd ziehen und das Gellan unterrühren. Dann in eine Spritzflasche abfüllen.

Gehobelte Haselnüsse

Die Haselnüsse fein hobeln und in Milch einlegen.

Entenbrust

Das Olivenöl zusammen mit den Lorbeerblättern, den Pfefferkörnern und den Wacholderbeeren in einen ausreichend großen Topf gießen und auf 70 °C erhitzen. Die Entenbrüste waschen und trocken tupfen. Anschließend salzen. Dann die Entenbrüste im Olivenöl 15 Minuten konfieren. Die Entenbrüste herausheben und auf Küchenpapier leicht abtropfen lassen.
In einer Pfanne die Butter zusammen mit dem Knoblauch und dem Rosmarin erhitzen. Die Entenbrüste auf der Hautseite knusprig braun nachbraten.

Anrichten

Je 1 Entenbrust auf vorgewärmte Teller setzen. Daneben 1 Nocke Schwarzwurzelcreme mit 1 langen dünnen Chip, einige Schwarzwurzelchips und die eingelegten Cranberrys mit etwas Sud anrichten. Die gefüllten Cranberry-Cannelloni danebenlegen und die gehobelten Haselnüsse darüberstreuen. Neben der Entenbrust 1 Strich Entenjus auf den Teller ziehen. Einige Tupfen Cranberrygel auf den Tellern verteilen.

Mein Tipp:

Die Entenbrust zuletzt mit Honig bestreichen
und im Ofen bei starker Oberhitze karamellisieren.

SCHWARZFEDERHUHN | MAIS | SALBEI

SCHWARZFEDERHUHN | MAIS | SALBEI

ZUTATEN
FÜR 4 PERSONEN

Für das Schwarzfederhuhn
1 küchenfertiges Schwarzfederhuhn (800–1000 g)
Salz
frisch gemahlener weißer Pfeffer
3 EL Butterschmalz
3 Schalotten, geschält und klein geschnitten
1 Karotte, geschält und klein geschnitten
50 g Knollensellerie, geschält und klein geschnitten
2 Zweige Rosmarin
2 Zweige Thymian
3 Knoblauchzehen
250 ml Geflügelfond
150 ml Kalbssauce (siehe Grundrezept »KALBSJUS« Seite 303)

Für die Polenta
300 ml Gemüsefond (siehe Grundrezept Seite 299)
50 ml Olivenöl
80 ml flüssige Sahne
1 Zweig Rosmarin
1 Zweig Thymian
50 g Schalottenwürfel
Salz
frisch gemahlener weißer Pfeffer
Piment d'Espelette
100 g Polentagrieß

Für das Popcorn
10 ml Olivenöl
20 g Popcornmaiskörner
Salz

Für das Maispüree
20 g Butter
80 g Schalotten, gewürfelt
50 ml trockener Weißwein
500 g Maiskörner (Konserve)
100 ml flüssige Sahne
Salz
frisch gemahlener weißer Pfeffer
Kristallzucker

Für den glasierten Mais
15 g Butter
30 g Schalottenwürfel
200 g Maiskörner (Konserve)
Salz
frisch gemahlener weißer Pfeffer
Kristallzucker

Für den Minimais
10 g Butter
12 Minimaiskolben, blanchiert
Salz
frisch gemahlener weißer Pfeffer
Kristallzucker

Für den frittierten Salbei
200 ml neutrales Pflanzenöl
16 Blättchen Salbei

ZUBEREITUNG

Schwarzfederhuhn

Das Schwarzfederhuhn mit Salz und Pfeffer einreiben. Das Butterschmalz in einem Schmortopf erhitzen. Die Schalotten, Karotten und den Sellerie anbraten. Das Schwarzfederhuhn daraufsetzen. Die Kräuter und den geschälten Knoblauch in den Topf geben.

Das Huhn bei 200 °C im vorgeheizten Backofen (Ober-/Unterhitze) ca. 35 Minuten braten. Mit dem Geflügelfond und der Kalbssauce aufgießen. Die Sauce durch ein Sieb geben und eventuell nochmals abschmecken.

Polenta

Den Fond, das Olivenöl und die Sahne aufkochen und die Kräuter, die Schalottenwürfel und die Gewürze dazugeben. Die Polenta einrühren und 10 Minuten unter Rühren weiterkochen. Anschließend 15 Minuten abgedeckt ziehen lassen. Die Kräuterzweige entfernen und die Polenta nochmals abschmecken.

Popcorn

So viel Öl und Mais in eine Pfanne geben, dass der Boden gerade so bedeckt ist. Einen Deckel auflegen und den Topf stark erhitzen. Wenn ungefähr die Hälfte des Maises aufgepoppt ist, die Pfanne vom Herd ziehen, damit der Mais nicht anbrennt. Wenn das Popcorn vollständig aufgepoppt ist, mit Salz würzen.

Maispüree

Die Butter in einem Topf erhitzen und die Schalottenwürfel darin anschwitzen. Mit dem Weißwein ablöschen und den Mais, die Sahne und die Gewürze dazugeben. Den Mais weich kochen, den Topfinhalt in einen Standmixer umfüllen und ein cremiges Püree mixen. Das Püree durch ein Sieb streichen und nochmals mit Salz, Pfeffer und Zucker abschmecken.

Glasierter Mais

Die Butter in einer Pfanne erhitzen und die Schalotten darin anschwitzen. Die Maiskörner darin gut durchschwenken und mit Salz, Pfeffer und Zucker würzen.

Minimais

Die Butter in einer Pfanne erhitzen und die Maiskolben darin gut durchschwenken. Mit Salz, Pfeffer und Zucker würzen.

Frittierter Salbei

Das Pflanzenöl in einem hohen Topf erhitzen. Die Salbeiblätter darin goldbraun frittieren, dann mit einem Schaumlöffel aus dem Topf heben und auf Küchenpapier abtropfen lassen.

Anrichten

Das Schwarzfederhuhn tranchieren und je 1 Tranche auf die Teller verteilen. Je 1 EL Maispüree und Polenta auf den Tellern ausstreichen und den glasierten Mais und den Minimais darauf anrichten. Das Popcorn und die Salbeiblätter dazwischenstreuen. Zum Schluss etwas Sauce angießen.

KALBSLEBER | PFIRSICH | MANDELN

ZUTATEN FÜR 4 PERSONEN

Für den geschmorten Pfirsich
20 g Kristallzucker
5 ml Wasser
10 ml Pfirsichlikör (»Peachtree«)
50 ml weißer Portwein
Saft von 1 Limette
2 reife Pfirsiche, halbiert und entsteint

Für die Spinatpaste
200 g Spinatblätter
Salz

Für die grüne Mandelcreme
250 g grüne Mandelkerne, geröstet
50 ml Gemüsefond (siehe Grundrezept Seite 299)
20 g Butter
1 EL Spinatpaste
Salz
frisch gemahlener weißer Pfeffer
frisch geriebene Muskatnuss

Für den Pistazienchip
50 g Kartoffelpüree
1 EL Spinatpaste
70 g Pistazienkerne, geröstet und gemahlen
20 ml Vollmilch
Salz
frisch gemahlener weißer Pfeffer

Für die Kalbsleber
500 g küchenfertig geputzte und gehäutete Kalbsleber, in Scheiben geschnitten
Meersalz
frisch gemahlener weißer Pfeffer
2 EL neutrales Pflanzenöl
1 EL Butter
20 ml Cognac

Anrichten
50 ml Kalbsjus (siehe Grundrezept Seite 303)
50 g Mandelkerne, geröstet
1 EL Mandelblätter
1 EL gehackte Pistazienkerne
2 Zweige Minze

ZUBEREITUNG

Geschmorter Pfirsich
Den Zucker mit dem Wasser leicht karamellisieren und mit dem Likör und dem Portwein ablöschen. Den Limettensaft zugeben und die Pfirsichhälften darin weich schmoren.

Spinatpaste
Die Spinatblätter in heißem Salzwasser blanchieren, in Eiswasser abkühlen, anschließend pürieren und durch ein Sieb passieren.

Grüne Mandelcreme
Die Mandeln im Fond erhitzen und dann in einen Standmixer umfüllen. Die Mandeln zusammen mit der Butter, der Spinatpaste und den Gewürzen zu einer Creme pürieren. Die Creme durch ein Sieb passieren und nochmals abschmecken.

Pistazienchip
Das Kartoffelpüree mit den restlichen Zutaten gut verrühren. Die Creme in der gewünschten Form dünn auf Silikonmatten ausstreichen und im auf 50 °C vorgeheizten Backofen (Umluft) mehrere Stunden trocknen lassen.

Kalbsleber
Die Leber in Scheiben schneiden und würzen. Das Öl in einer Pfanne erhitzen und die Leberscheiben darin anbraten. Die Butter dazugeben und die Leber sehr langsam durchziehen lassen. Zum Schluss mit dem Cognac flambieren.

Anrichten
Die Mandelcreme auf den Tellern leicht ausstreichen und die Leberscheiben mit etwas Kalbsjus anrichten. 1 geschmorten Pfirsich und 1 Pistazienchip danebenlegen. Abschließend mit den Mandelkernen und -blättern, den Pistazien und den Minzeblättchen garnieren.

Tipp
Der Pistazienchip kann durch das Ersetzen der Spinatpaste und der Pistazien durch andere Zutaten wie z. B. Bärlauchpaste abgewandelt werden.

BLACK ANGUS | LAUCH | CHINAKOHL

ZUTATEN
FÜR 4 PERSONEN

Für die Pilzerde
100 g Trompetenpilze
2 EL Olivenöl

Für die Brotchips
8 hauchdünne Scheiben Walnussbrot

Für das Lauchöl
Grün von 1 Stange Lauch (siehe Teilrezept »Gebratener Lauch«)
50 ml Olivenöl

Für das Lauchstroh
½ Stange Lauch (siehe Teilrezept »Gebratener Lauch«)
100 ml neutrales Pflanzenöl

Für das Lauch-Kartoffelpüree
Grün von 1 Stange Lauch (siehe Teilrezept »Gebratener Lauch«)
200 g Kartoffelpüree (siehe Grundrezept Seite 318)

Für den gebratenen Lauch
2½ Stangen Lauch
3 EL Olivenöl
Salz
frisch gemahlener weißer Pfeffer

Für den Chinakohl mit Walnüssen
½ Kopf Chinakohl
60 g Walnusskerne
2 EL Butter
Salz
frisch gemahlener weißer Pfeffer
Kristallzucker

Für das Rindfleisch
800 g küchenfertiges Roastbeef vom Black-Angus-Rind
Salz
frisch gemahlener weißer Pfeffer
3 EL Olivenöl
1 EL Butter
1 Zweig Rosmarin
1 Zweig Thymian
1 Knoblauchzehe

ZUBEREITUNG

Pilzerde

Die Trompetenpilze unter fließendem kaltem Wasser waschen, dann auf Küchenpapier abtropfen lassen.
Das Olivenöl in einer Pfanne erhitzen und die Pilze darin kurz anbraten. Die Pilze dann auf einem mit Backpapier bedeckten Backblech verteilen und im auf 50 °C vorgeheizten Backofen (Umluft) bei leicht geöffneter Backofentür 4–5 Stunden trocknen. Die getrockneten Pilze in der Küchenmaschine zu feinem Pulver (»Pilzerde«) verarbeiten.

Brotchips

Die Brotscheiben auf einem mit Backpapier bedeckten Backblech verteilen und im auf 50 °C vorgeheizten Backofen (Umluft) bei leicht geöffneter Backofentür 1 Stunde trocknen.

Lauchöl

Das Lauchgrün in der Küchenmaschine fein mixen. Das Olivenöl hinzufügen und das Gemisch in ein feines konisches Sieb umfüllen. Das abtropfende Lauchöl auffangen und in eine kleine Spritzflasche umfüllen.

Lauchstroh

Das Weiße der halben Lauchstange in feine Julienne schneiden, in eine Schüssel voll Eiswasser geben und 1 ½ Stunden stehen lassen.
Die Lauchjulienne anschließend abtropfen lassen und gut trocknen.
Das Pflanzenöl in einem hohen Topf erhitzen und die Lauchjulienne darin kurz zu knusprigem Stroh frittieren. Das Lauchstroh mit einem Schaumlöffel aus dem Topf heben und auf Küchenpapier abtropfen lassen.

Lauch-Kartoffelpüree

Das Lauchgrün von 1 Stange Lauch grob schneiden, dieses 10 Sekunden in kochendem Wasser blanchieren, dann in Eiswasser abschrecken.
Den blanchierten Lauch in einen Pacojet-Becher füllen und 3 Stunden im Tiefkühlfach gefrieren. Den gefrorenen Lauch für das Fertigstellen des Kartoffelpürees im Pacojet pacossieren. (Alternativ den blanchierten Lauch in einem Standmixer pürieren und anschließend einfrieren. Vor dem Anrichten das gefrorene Lauchpüree nochmals im Standmixer cremig mixen.)
Das Kartoffelpüree mit dem pacossierten Lauch glatt rühren und warm stellen.

Gebratener Lauch

Die Lauchstangen waschen, putzen und die Wurzelansätze abschneiden. Das Lauchgrün abschneiden und beiseitelegen.
Das Lauchweiß schräg in feine Scheiben schneiden.
Das Olivenöl in einer Pfanne erhitzen. Die Lauchscheiben darin anbraten, dann mit Salz und Pfeffer würzen.

Chinakohl mit Walnüssen

Den Strunk des Chinakohls herausschneiden. Den Chinakohl in Spalten und diese in feine Streifen schneiden.
Die Walnüsse grob hacken. Zwei Drittel davon in der Küchenmaschine fein mixen. Den Rest zum Anrichten beiseitestellen.
Die Butter in einer Pfanne erhitzen und die Chinakohlstreifen darin anbraten. Mit Salz, Pfeffer und Zucker abschmecken. Zum Schluss die gemixten Walnüsse darüberstreuen.

Rindfleisch

Das Fleisch in 4 gleiche Tranchen schneiden und mit Salz und Pfeffer bestreuen.
Das Olivenöl in einem Bräter erhitzen und das Fleisch darin von beiden Seiten anbraten. Den Bräter dann in den auf 175 °C vorgeheizten Backofen (Ober-/Unterhitze) stellen und das Fleisch darin 10 Minuten »medium-rare« braten.
Kurz vor dem Anrichten die Butter in einer Pfanne erhitzen. Den Rosmarin- und den Thymianzweig sowie den leicht gequetschten Knoblauch hinzufügen und die Fleischtranchen darin kurz nachbraten. Jede Tranche zum Anrichten in dünne Scheiben schneiden.

Anrichten

Auf den vorgewärmten Tellern jeweils 1 EL Lauch-Kartoffel-Püree leicht verstreichen. 3 Scheiben gebratenen Lauch daraufsetzen und 2 Brotchips daran anlegen. Etwas Lauchstroh auflegen und die Pilzerde darüberbröseln. Daneben die Fleischscheiben anrichten. Kleine Tupfer Lauchöl aufträufeln. Abschließend die gehackten Walnüsse darüberstreuen.

Mein Tipp:

Das Fleisch immer kurz vorm Servieren in Butter mit einer zerdrückten Knoblauchzehe und Kräutern nachbraten, das ergibt einen leicht nussigen Geschmack.

FASAN | KÜRBISKRAUT | TRAUBEN

ZUTATEN
FÜR 4 PERSONEN

Für den Fasan
2 Fasane, küchenfertig
4 EL Olivenöl
4 Zweige Rosmarin
Salz
frisch gemahlener weißer Pfeffer
2 EL Butter
1 Knoblauchzehe, geschält

Für das Kürbiskraut
45 g Speck, geräuchert
30 g Schalotten
400 g Weißkraut
10 ml weißer Portwein
40 g Kalbsjus (siehe Grundrezept Seite 303)
5 g weißer Aceto balsamico
1 frisches Lorbeerblatt
15 Blätter Majoran
100 g Kürbisfleisch (Hokkaido)

Für die glasierten Trauben
1 EL Butter
50 g Kristallzucker
150 g weiße Trauben, halbiert und ohne Kerne

Für den Kürbissalat
100 g Schalotten
20 g frisch gepresster Limettensaft
1 l Gemüsefond (siehe Grundrezept Seite 299)
300 ml Chardonnayessig
Salz
frisch gemahlener weißer Pfeffer
80 g Kristallzucker
1 Zweig Rosmarin
1 Zweig Thymian
100 g Kürbisfleisch (Hokkaido), mit einem japanischen Gemüsehobel fein gehobelt

Anrichten
110 g Bauchspeck, in kleine Würfel geschnitten und geröstet

ZUBEREITUNG

Fasan
Die Fasanenbrüste auslösen und zusammen mit dem Olivenöl und 2 Zweigen Rosmarin vakuumieren. Die Fasanenbrüste in einem Wasserbad bei 70 °C in 7 Minuten garen.
Die Butter in einer Pfanne erhitzen, die leicht gequetschte Knoblauchzehe und den restlichen Rosmarin zufügen und die mit Salz und Pfeffer gewürzten Fasanenbrüste darin nachbraten. (Die Fasanenbrüste alternativ in Öl konfieren, siehe »TAUBE ›COQ AU VIN‹ | KAROTTEN | ZWIEBELN« Seite 139.)
Aus den Karkassen und den Keulen eine Sauce herstellen (siehe Grundrezept »TAUBENJUS« Seite 306).

Kürbiskraut
Den Speck in einem Topf anbraten und die klein gewürfelten Schalotten darin anbraten. Das Weißkraut in Streifen schneiden und ebenfalls anbraten. Mit dem Portwein ablöschen und mit der Jus aufgießen. Das Lorbeerblatt und die Majoranblättchen zufügen und das Weißkraut weich dünsten. Zum Schluss den Kürbis zum Weißkraut hobeln und unterheben.

Glasierte Trauben
Die Butter in einem Topf erhitzen und den Zucker darin karamellisieren. Die Trauben darin schwenken.

Kürbissalat
Die fein gewürfelten Schalotten, den Limettensaft, den Fond, den Essig, Salz, Pfeffer, Zucker und die Kräuter zu einer Marinade verrühren. Den fein gehobelten Kürbis damit gut vermischen.

Anrichten
Mit einer Anrichteform ein schmales Rechteck Kürbiskraut seitlich auf den Tellern anrichten. Die Fasanenbrüste danebenlegen. Aus den marinierten Kürbisstreifen kleine Röllchen formen und diese auf den Tellern verteilen. Auf das Kürbiskraut die Speckwürfel streuen und die glasierten Trauben dazwischensetzen.

HIRSCHRÜCKEN | EISZAPFEN | MUSCOVADOSTREUSEL

ZUTATEN
FÜR 4 PERSONEN

Für die Eiszapfenchips
12 Eiszapfen (längliche, weiße Radieschen)
50 g Kristallzucker
15 g Eiweiß

Für die Muscovadostreusel
50 g weiche Butter
50 g Muscovadozucker (Rohrohrzucker)
10 g Weizenmehl, Type 405
15 g Mandelgrieß
5 g Kakaopulver

Für das Eiszapfenpüree
400 g Eiszapfen (längliche, weiße Radieschen)
10 g Butter
100 g Gemüsefond (siehe Grundrezept Seite 299)
50 g flüssige Sahne
Salz
Kristallzucker
frisch gemahlener weißer Pfeffer

Für die Eiszapfen
2 EL Butter
12 Eiszapfen, geschält und tourniert
Salz
Kristallzucker
frisch gemahlener weißer Pfeffer

Für den Hirschkalbrücken
600 g küchenfertig ausgelöster Hirschkalbrücken
Salz
frisch gemahlener schwarzer Pfeffer
1 EL Olivenöl
2 EL Butter
2 Knoblauchzehen, geschält
1 Zweig Thymian
1 Zweig Rosmarin

Anrichten
100 ml Hirschsauce (siehe Grundrezept »REHJUS« Seite 308)
100 g Gewürzmischung (siehe »HIRSCHKALB | DATTEL | SELLERIE | APRIKOSEN« Seite 128)

ZUBEREITUNG

Eiszapfenchips
Die Eiszapfen entsaften. Den Saft mit dem Zucker und dem Eiweiß in einen Rührbecher geben und mit dem Stabmixer verquirlen. Das Gemisch auf ein mit einer Silikonbackmatte bedecktes Backblech streichen und im auf 50 °C vorgeheizten Backofen (Umluft) 2 Stunden trocknen.

Muscovadostreusel
Die weiche Butter mit dem Zucker, dem Mehl, dem Mandelgrieß und dem Kakaopulver in der Küchenmaschine zu feinen Streuseln verarbeiten. Die Streusel auf einem mit Backpapier bedeckten Backblech verteilen und im auf 180 °C vorgeheizten Backofen (Ober-/Unterhitze) 10 Minuten backen. Das Blech aus dem Ofen nehmen und die Streusel warm halten.

Eiszapfenpüree
Die Eiszapfen putzen und die Blattansätze abschneiden. Die Eiszapfen in kleine Stücke schneiden. Die Butter in einem Topf erhitzen und die Eiszapfen darin anbraten, dann mit dem Gemüsefond auffüllen. Wenn die Eiszapfen weich sind, in einen Standmixer umfüllen, mit der Sahne auffüllen und alles pürieren. Das Eiszapfenpüree durch ein Sieb streichen und mit Salz, Zucker und Pfeffer abschmecken.

Eiszapfen
Die Butter in einer Pfanne erhitzen und die Eiszapfen hinzufügen. Bei mittlerer Hitze die Eiszapfen in der Butter gar ziehen lassen und mit Salz, Zucker und Pfeffer abschmecken.

Hirschkalbrücken
Das Hirschkalbfleisch mit Salz und Pfeffer bestreuen. Das Olivenöl und die Butter in einem großen Topf erhitzen und das Fleisch darin von allen Seiten anbraten. Den Knoblauch, den Thymian und den Rosmarin hinzufügen.

Anrichten
Das Eiszapfenpüree als Streifen auf den Tellern ausstreichen. Die Eiszapfen und die Eiszapfenchips nebeneinander auf dem Püree anrichten und die Muscovadostreusel dazwischenstreuen. Einen kleinen Kreis Hirschsauce auf den Teller gießen. Den Hirschkalbrücken in der Gewürzmischung wälzen und je 2 Tranchen auf die Teller legen.

REBHUHN | KARTOFFELN | ROTKRAUT

ZUTATEN
FÜR 4 PERSONEN

Für die kalt gerührten Preiselbeeren
150 g frische Preiselbeeren
100 g Kristallzucker
100 g roter Portwein

Für den Erdäpfelteig
200 g grobes Meersalz
250 g mehligkochende Kartoffeln
1 Eigelb
45 g Wiener Grießler (doppelt griffiges Weizenmehl), etwas mehr für die Arbeitsfläche
45 g Maisstärke
Salz
frisch geriebene Muskatnuss

Ausgebackene Kartoffelschalen
100 g Butterschmalz
Salz

Für die Erdäpfelbrösel
1 mehligkochende Kartoffel
250 ml kaltes Wasser
500 g Butterschmalz
Salz

Für das Rotkraut
500 g Rotkraut
frisch gepresster Saft von 2 Zitronen
Salz
70 g Kristallzucker
2 EL Schalotten, fein gewürfelt
70 g Entenfett
200 ml trockener Rotwein
200 ml roter Portwein
50 ml frisch gepresster Orangensaft
10 ml weißer Aceto balsamico
1 EL flüssiger Honig
2 EL kalt gerührte Prei selbeeren (siehe Teilrezept »Kalt gerührte Preiselbeeren«)
1 Apfel, geschält und gerieben

Für das Rebhuhn
4 küchenfertige Rebhuhnbrüste (à 80 g)
2 Zweige Rosmarin
4 EL Olivenöl
Salz
frisch gemahlener weißer Pfeffer
2 EL Butter
1 Knoblauchzehe, geschält

Anrichten
100 ml Rebhuhnjus (siehe Grundrezept »TAUBEN-JUS« Seite 306)
Affilakresse
etwas flüssige Sahne

ZUBEREITUNG

Kalt gerührte Preiselbeeren
Die auf Raumtemperatur temperierten Preiselbeeren mit dem Zucker und dem Portwein in eine Rührschüssel geben und so lange langsam rühren, bis der gesamte Zucker aufgelöst ist.

Erdäpfelteig
Das Meersalz auf einem mit Backpapier bedeckten Backblech verteilen. Die ungeschälten Kartoffeln waschen und trocknen, dann auf das Salzbett legen. Die Kartoffeln im auf 180 °C vorgeheizten Backofen (Ober- / Unterhitze) 60 Minuten weich garen. Das Innere der weich gegarten Kartoffeln mit einem Teelöffel aushöhlen (die Schalen aufbewahren) und durch eine Kartoffelpresse in eine Schüssel drücken. Das Eigelb, das Mehl und die Maisstärke hinzufügen und alles zu einem glatten Teig verrühren. Den Teig mit Salz und Muskat abschmecken.
Den Kartoffelteig auf einer bemehlten Arbeitsfläche 5 cm dick ausrollen. Davon kleine Stücke abnehmen und in den Handflächen zu Kugeln formen.
Reichlich Salzwasser in einem großen Topf aufkochen. Die Kartoffelkugeln etwa 12 Minuten darin kochen, dann mit einem Schaumlöffel herausnehmen und auf Küchenkrepp abtropfen lassen.

Ausgebackene Kartoffelschalen
Die gegarten, ausgehöhlten Kartoffelschalen in Stücke schneiden. Das Butterschmalz in einem Topf erhitzen. Die Kartoffelschalen darin knusprig ausbacken. Die frittierten Schalen mit einem Schaumlöffel herausheben, auf Küchenkrepp abtropfen lassen und leicht salzen.

Erdäpfelbrösel
Die Kartoffel schälen und mit dem Wasser im Thermomix 1 Minute sehr fein mixen, dann durch ein Sieb gießen und auf einem Tuch abtropfen lassen.
Das Butterschmalz in einem hohen Topf erhitzen und die gemixten Kartoffeln darin portionsweise knusprig ausbacken. Die Kartoffelbrösel mit einem Schaumlöffel aus dem Topf heben, auf Küchenpapier abtropfen lassen und leicht salzen.

Rotkraut
Das Rotkraut auf einem Gemüsehobel in feine Streifen hobeln. Die Rotkrautstreifen mit dem Zitronensaft und etwas Salz in eine Schüssel geben und gründlich vermengen. Das Rotkraut 30 Minuten ziehen lassen.
Den Zucker in einem Topf karamellisieren. Die Schalottenwürfel und das Entenfett hinzufügen. Alles sofort erst mit dem Rotwein, dann mit dem Portwein ablöschen, dann mit dem Orangensaft und dem Balsamico aufgießen. Nun den Honig und die Preiselbeeren hineinrühren. Anschließend das Rotkraut zugeben und alles aufkochen. Den geriebenen Apfel untermischen.
Das Rotkraut weich kochen und zum Schluss abschmecken.

Rebhuhn
Die Rebhuhnbrüste mit 1 Zweig Rosmarin sowie dem Olivenöl in einen Vakuumierbeutel geben und vakuumieren. Den Beutel in ein auf 70 °C temperiertes Wasserbad legen und die Rebhuhnbrüste darin 7 Minuten garen.
Die Rebhuhnbrüste anschließend aus dem Beutel nehmen, abtropfen lassen, salzen und pfeffern.
Die Butter in einer Pfanne erhitzen. Den restlichen Rosmarinzweig und den Knoblauch hinzufügen und die Rebhuhnbrüste darin kurz nachbraten.

Anrichten
Das Rotkraut mittig auf den Tellern anrichten. Die aufgeschnittenen Rebhuhnbrüste und 1 Kartoffelknödel anlegen. Etwas Rebhuhnjus ausstreichen und einige Preiselbeeren dazulegen. Dann mit der gebackenen Kartoffelschale und der Kresse garnieren. Abschließend etwas Rebhuhnjus mit Sahne vermischen, aufschäumen und auf die Teller löffeln.

Mein Tipp:

Das Rotkraut mit Risottoreis binden, den Reis aber immer am Anfang dazugeben, damit er verkocht.

WACHTEL | ERDÄPFEL | STEINPILZE

ZUTATEN
FÜR 4 PERSONEN

Für den Erdäpfelteig
siehe »REBHUHN | KARTOFFELN | ROTKRAUT« Seite 175)

Für die Steinpilzfüllung
250 g frische Steinpilze, geputzt
1 EL Butter
Salz
frisch gemahlener weißer Pfeffer
65 ml Madeira
65 ml Gemüsefond (siehe Grundrezept Seite 299)
65 ml flüssige Sahne
1 Zweig Rosmarin
1 Zweig Thymian
fein abgeriebene Schale von 1 unbehandelten Zitrone

Fertigstellen der Kartoffelknödel
etwas Weizenmehl für die Arbeitsfläche
Salz

Für die Wachtel
4 küchenfertige Wachtelbrüste (à 60 g)
Salz
frisch gemahlener schwarzer Pfeffer
1 EL Butterschmalz
1 Knoblauchzehe, geschält
1 Zweig Rosmarin
1 Zweig Thymian

Für die Erdäpfelbrösel
siehe »REBHUHN | KARTOFFELN | ROTKRAUT« Seite 175)

Für die Steinpilzsauce
20 ml Olivenöl
1 EL Butter
250 g frische Steinpilze, geputzt
65 ml Madeira
250 ml Gemüsefond (siehe Grundrezept Seite 299)
250 ml flüssige Sahne
1 Zweig Rosmarin
1 Zweig Thymian
Salz
frisch gemahlener schwarzer Pfeffer

Ausgebackene Kartoffelschalen
siehe »REBHUHN | KARTOFFELN | ROTKRAUT« Seite 175)

Anrichten
grobes Meersalz
eingelegte Steinpilze (z. B. La Catedral de Navarra)
einige blanchierte Saubohnenkerne

ZUBEREITUNG

Steinpilzfüllung
Die Steinpilze in kleine Würfel schneiden.
Die Butter in einem Topf erhitzen und die Steinpilzwürfel darin anbraten, dann mit Salz und Pfeffer würzen. Die Steinpilze mit dem Madeira ablöschen, dann mit dem Gemüsefond und der Sahne aufgießen. Anschließend den Rosmarin, den Thymian und den Zitronenabrieb hinzufügen. Die Flüssigkeit sämig einkochen. Den Topf vom Herd nehmen und den Inhalt abkühlen lassen. Die Steinpilze dann in eine Silikonform für Halbsphären geben und im Tiefkühlfach gefrieren.

Fertigstellen der Kartoffelknödel
Den Kartoffelteig auf einer bemehlten Arbeitsfläche zu einem 5 cm dicken Strang ausrollen. Davon kleine Stücke abnehmen und in den Handflächen zu flachen Kreisen formen. Je 1 tiefgefrorene Steinpilzhalbkugel in die Kartoffelteigkreise geben und die Kartoffelkreise zu Kugeln formen.
Reichlich Salzwasser in einem großen Topf aufkochen. Die gefüllten Kartoffelkugeln darin etwa 12 Minuten kochen, dann mit einem Schaumlöffel herausnehmen und auf Küchenkrepp abtropfen lassen.

Wachtel
Die Wachtelbrüste mit Salz und Pfeffer bestreuen.
Das Butterschmalz in einer Pfanne erhitzen. Den Knoblauch, den Rosmarin und den Thymian hinzufügen. Die Wachtelbrüste darin von beiden Seiten rosa braten.

Erdäpfelbrösel
Die Erdäpfelbrösel wie im Rezept »REBHUHN | KARTOFFELN | ROTKRAUT« (Seite 175) beschrieben zubereiten.

Steinpilzsauce
Das Olivenöl und die Butter in einem Topf erhitzen und die Steinpilze darin anbraten, dann mit dem Madeira ablöschen. Anschließend mit dem Gemüsefond und der Sahne aufgießen, den Rosmarin und den Thymian hinzufügen und mit Salz und Pfeffer würzen. Alles 5 Minuten köcheln lassen, dann mit dem Stabmixer oder im Thermomix pürieren und durch ein Sieb passieren. Vor dem Anrichten die Sauce gut aufschäumen.

Ausgebackene Kartoffelschalen
Die Kartoffelschalen wie im Rezept »REBHUHN | KARTOFFELN | ROTKRAUT« (Seite 175) beschrieben zubereiten.

Anrichten
Die Erdäpfelknödel in den Erdäpfelbröseln wälzen und auf einem Salzbett auf die Teller verteilen. Je 1 gebratene Wachtelbrust auf einem Bett aus Bohnenkernen dazusetzen und je 1 Kartoffelchip dazwischenstecken. Mit eingelegten Steinpilzen und etwas aufgeschäumter Sauce vollenden.

Mein Tipp:
Die Kartoffelschale im Fett herausbacken
und leicht salzen.

TAUBE | SCHNITTLAUCH | SPARGEL

ZUTATEN
FÜR 4 PERSONEN

Für die Schnittlauchpaste
1 kg Schnittlauch
Salz

Für den Schnittlauch-schwamm
50 g Schnittlauchpaste
20 g Eiweiß
180 g geriebene Mandel-kerne
50 g Weizenmehl, Type 405

Für die Schnittlauchcreme
600 g Schnittlauchpaste
100 g Kartoffelpüree (siehe Grundrezept Seite 318)
Salz
frisch gemahlener weißer Pfeffer

Für den Spargel
4 Stangen grüner Spargel
4 Stangen weißer Spargel
1 l Spargelfond (siehe Grundrezept Seite 301)
2 EL Butter
Salz
frisch gemahlener weißer Pfeffer
1 Prise Kristallzucker

Für die Taube
4 küchenfertig geputzte und ausgelöste Taubenbrüste (à 80 g)
2 Zweige Rosmarin
2 EL Olivenöl
Salz
frisch gemahlener schwarzer Pfeffer
2 EL Butter
1 Knoblauchzehe, geschält

Anrichten
½ Bund Schnittlauch
50 ml Taubenjus (siehe Grundrezept Seite 306)
Milchschaum

ZUBEREITUNG

Schnittlauchpaste
Den Schnittlauch in kochendem Salzwasser kurz blanchieren, in einem Standmixer pürieren und durch ein Sieb passieren.

Schnittlauchschwamm
Die Schnittlauchpaste mit dem Eiweiß, den Mandelkernen und dem Mehl in einen hohen Rührbecher geben und mit dem Stabmixer durchmixen. Das Gemisch in eine Espumaflasche füllen, diese mit 2 Kapseln bestücken und 24 Stunden in den Kühlschrank stellen.
Die Schnittlauchespuma dann in kleinen Rosetten auf einen Teller spritzen. Die Rosetten in der Mikrowelle bei 1200 Watt 18 Sekunden erhitzen, dann trocknen lassen.

Schnittlauchcreme
Die Schnittlauchpaste mit dem Kartoffelpüree verrühren und mit Salz und Pfeffer abschmecken.

Spargel
Die geputzten Spargelstangen im Spargelfond garen, aus dem Fond heben und abtropfen lassen. Die Butter über die Spargelstangen geben und mit Salz, Pfeffer und Zucker würzen.

Taube
Die Taubenbrüste mit 1 Zweig Rosmarin sowie dem Olivenöl in einen Vakuumierbeutel geben und vakuumieren. Den Beutel in ein auf 70 °C temperiertes Wasserbad legen und die Taubenbrüste darin 6 Minuten garen. (Alternativ die Taubenbrüste konfieren, siehe Rezept »ENTENBRUST | PETERSILIENPÜREE | MORCHELN« Seite 148.) Das Fleisch anschließend aus dem Beutel nehmen, abtropfen lassen, salzen und pfeffern.
Die Butter in einer Pfanne erhitzen. Den restlichen Rosmarinzweig und den Knoblauch hinzufügen und die Taubenbrüste darin kurz nachbraten.

Anrichten
Einen Spiegel Schnittlauchpüree auf die Teller streichen. Die Spargelstangen und die aufgeschnittenen Taubenbrüste anrichten. Dazwischen einige Stücke Schnittlauchschwamm legen. Einige Tropfen Taubenjus, einige Halme Schnittlauch und einen Tupfer Milchschaum hinzufügen.

KALB | SCHWARZWURZEL | MARONI

ZUTATEN
FÜR 4 PERSONEN

Für die Schwarzwurzeln
300 ml Vollmilch
200 g Schwarzwurzeln, geschält und zugeschnitten
2 frische Lorbeerblätter
Salz
frisch gemahlener weißer Pfeffer
Kristallzucker

Für die Herbsttrompeten
3 EL Butter
400 g Herbsttrompeten, geputzt und gewaschen
Salz
frisch gemahlener weißer Pfeffer

Für die Schwarzwurzelchips
1 Rezept Schwarzwurzelchips (siehe »ENTE | SCHWARZWURZELCREME | CRANBERRY« Seite 157)

Für das Maronipüree
500 g Maroni (Esskastanien), gegart und geschält
Saft von 1 Orange
300 ml Gemüsefond (siehe Grundrezept Seite 299)
300 ml flüssige Sahne
50 g Kristallzucker
Salz

Für das Kalbsfilet
600 g küchenfertiges Kalbsfilet oder Kalbsrücken
2 Zweige Rosmarin
50 ml Olivenöl
Salz
frisch gemahlener weißer Pfeffer
2 EL Butter
1 Knoblauchzehe, geschält

Für die Pfeffersauce
1 EL Butter
4 Schalotten, geschält und fein gewürfelt
1 Knoblauchzehe, geschält und fein gewürfelt
1 EL rosa Pfefferbeeren
40 ml Cognac
65 ml trockener Rotwein
500 ml Kalbsjus (siehe Grundrezept Seite 303)
250 ml flüssige Sahne
Salz
frisch gemahlener weißer Pfeffer
frisch gepresster Zitronensaft
50 g kalte Butterwürfel zum Montieren

Anrichten
40 g getrocknete rosa Pfefferbeeren, zu Pulver gemahlen
4 gehobelte Maroni
grobes Meersalz

ZUBEREITUNG

Schwarzwurzeln
Die Milch in einen Topf füllen. Die Schwarzwurzeln schälen und die Stangen sofort in die Milch einlegen. (Dabei am besten Einmalhandschuhe tragen, damit der klebrige Saft der Schwarzwurzeln nicht die Finger verklebt und färbt.) Die Gewürze dazugeben und aufkochen. Die Schwarzwurzeln ca. 4–5 Minuten garen.

Herbsttrompeten
Die Butter in einer Pfanne erhitzen, die Pilze dazugeben und gut durchschwenken. Mit Salz und Pfeffer würzen.

Schwarzwurzelchips
Die Chips wie auf Seite 158 beschrieben zubereiten.

Maronipüree
Die heißen Maroni mit dem Orangensaft, dem heißen Fond und der Sahne in einem Standmixer zu einem cremigen Püree mixen. Das Püree durch ein Sieb streichen und mit dem Zucker und dem Salz abschmecken.

Kalbsfilet
Das Kalbsfilet in 4 gleich große Tranchen schneiden, diese mit 1 Zweig Rosmarin sowie dem Olivenöl in einen Vakuumierbeutel geben und vakuumieren. Den Beutel in ein auf 70°C temperiertes Wasserbad legen und das Kalbfleisch darin 12 Minuten garen. Das Fleisch anschließend aus dem Beutel nehmen, abtropfen lassen, salzen und pfeffern.
Die Butter in einer Pfanne erhitzen. Den restlichen Rosmarinzweig und den Knoblauch hinzufügen und das Kalbfleisch darin kurz nachbraten.

Pfeffersauce
Die Butter in einem Topf erhitzen. Die Schalotten- und Knoblauchwürfel darin anschwitzen. Die rosa Pfefferbeeren hinzufügen. Mit dem Cognac und dem Rotwein ablöschen und die Flüssigkeit verkochen lassen. Dann mit der Kalbsjus und der Sahne auffüllen und die Sauce kurz köcheln lassen. Die Sauce mit Salz, Pfeffer und Zitronensaft abschmecken und durch ein Sieb passieren. Die Sauce mit den kalten Butterwürfeln sämig montieren.

Anrichten
Einen Spiegel Pfeffersauce auf die Teller gießen und 2 Scheiben Kalbsfilet darauflegen. Dahinter die Schwarzwurzeln und das Maronipüree mit den gehobelten Maroni darauf anrichten. Etwas Pfeffersauce ausstreichen. Die Teller mit dem Pfefferpulver, den Schwarzwurzelchips und dem Meersalz garnieren.

LAMMRÜCKEN | HUMMUS | MANGOLD

ZUTATEN FÜR 4 PERSONEN

Für den Lammrücken
800–1000 g küchenfertig ausgelöster Lammrücken
Salz
frisch gemahlener schwarzer Pfeffer
1 EL Olivenöl
2 EL Butter
2 Knoblauchzehen, geschält
1 Zweig Rosmarin
1 Zweig Thymian
250 ml Lammjus (siehe Grundrezept Seite 307)

Für das Hummus
300 g Kichererbsen, über Nacht eingeweicht
1 Knoblauchzehe, geschält
Saft von 1 Zitrone
15 g Sauerrahm
50 ml Vollmilch
Salz
Ras el-Hanout
etwas Olivenöl extra vergine

Anrichten
150 g Mangold
50 ml Salatdressing (siehe Grundrezept Seite 314)

ZUBEREITUNG

Lammrücken
Den Lammrücken mit Salz und Pfeffer bestreuen.
Das Olivenöl in einem Bräter erhitzen und den Lammrücken darin von allen Seiten anbraten. Den Bräter in den auf 180 °C vorgeheizten Backofen (Ober- / Unterhitze) stellen und das Lammfleisch darin 15 Minuten braten. Den Bräter anschließend aus dem Ofen nehmen und das Fleisch darin einige Minuten ruhen lassen.
Kurz vor dem Anrichten die Butter in einer Pfanne erhitzen. Den Knoblauch, den Rosmarin und den Thymian hinzufügen. Das Lammfleisch darin kurz nachbraten, dann mit Salz und Pfeffer würzen. Das Lammfleisch zum Anrichten in Tranchen schneiden.
Den Bratenfond in der Pfanne mit der Lammjus ablösen und etwas reduzieren.

Hummus
Die Kichererbsen ca. 1 Stunde weich kochen. Anschließend in einen Standmixer umfüllen, dabei einige Kichererbsen beiseitelegen, und die weiteren Zutaten zugeben. Alles zusammen zu einem cremigen Püree mixen und durch ein Sieb streichen. Abschließend nochmals abschmecken.

Anrichten
Das Hummus mit Hilfe einer rechteckigen Anrichteform mittig auf den Tellern anrichten. Je 2 Tranchen des Lammrückens danebenlegen. Den mit dem Salatdressing marinierten Mangold auf das Hummus legen und einige Kichererbsen auf dem Teller verteilen. Abschließend einige Tropfen Sauce aufträufeln und mit etwas Ras el-Hanout garnieren.

LAMM | COUSCOUS | AUBERGINE | TOMATE

ZUTATEN
FÜR 4 PERSONEN

Für den Lammrücken
800–1000 g Lammkrone (Frenched racks)
Salz
frisch gemahlener schwarzer Pfeffer
1 EL Olivenöl
2 EL Butter
2 Knoblauchzehen, geschält
1 Zweig Rosmarin
1 Zweig Thymian
250 ml Lammjus (siehe Grundrezept Seite 307)

Für die Auberginenmousse
3 Auberginen
Salz
frisch gemahlener weißer Pfeffer
2 EL Olivenöl
2 Schalotten, geschält und gewürfelt
1 Knoblauchzehe, geschält und gewürfelt
1 Zweig Rosmarin, Nadeln fein gehackt
1 Zweig Thymian, Blättchen fein gehackt

Für die Tomatenmarmelade
5 Tomaten
2 Schalotten
1 EL Olivenöl
1 EL Tomatenmark
Salz
frisch gemahlener weißer Pfeffer
1 TL Koriandersamen
1 Zweig Rosmarin
1 Zweig Thymian

Für die Pinienkerncreme
100 g Pinienkerne
150 g Gemüsefond (siehe Grundrezept Seite 299)
Salz
frisch gemahlener weißer Pfeffer

Für das Couscous
(siehe »DORADE | COUSCOUS | FRÜHLINGSZWIEBELN« Seite 104)

Anrichten
Kresse
Milchschaum

ZUBEREITUNG

Lammrücken

Von den vorstehenden Rippenknochen alle Fleischreste sorgfältig entfernen. Das Fleisch mit Salz und Pfeffer bestreuen.
Das Olivenöl in einem Bräter erhitzen und den Lammrücken darin von allen Seiten anbraten. Den Bräter in den auf 180 °C vorgeheizten Backofen (Ober- / Unterhitze) stellen und das Lammfleisch darin 15 Minuten braten. Den Bräter anschließend aus dem Ofen nehmen und das Fleisch darin einige Minuten ruhen lassen.
Kurz vor dem Anrichten die Butter in einer Pfanne erhitzen. Den Knoblauch, den Rosmarin und den Thymian hinzufügen. Das Lammfleisch darin kurz nachbraten, dann mit etwas Salz und Pfeffer würzen. Das Lammfleisch kurz vor dem Anrichten in Tranchen schneiden.
Den Bratenfond mit der Lammjus ablösen und etwas reduzieren.

Auberginenmousse

Die Auberginen halbieren. Die Schalen mit einem scharfen Messer rautenförmig einschneiden. Die Auberginen von allen Seiten mit Salz und Pfeffer würzen.
Das Olivenöl in einem Bräter erhitzen. Die Schalotten und den Knoblauch darin anschwitzen, dann die Auberginen hinzufügen und vermengen. Den Bräter in den auf 160 °C vorgeheizten Backofen (Ober- / Unterhitze) stellen und die Auberginen darin 10 Minuten weich garen. Anschließend den fein gehackten Rosmarin und Thymian über die Auberginen streuen und weitere 15 Minuten garen.
Den Inhalt des Bräters dann in einen Standmixer geben und zu feinem Püree mixen. Anschließend durch ein Sieb passieren und nochmals abschmecken.

Tomatenmarmelade

Den Stielansatz der Tomaten herausschneiden. Die Tomaten kreuzförmig einschneiden, mit kochendem Wasser überbrühen, in Eiswasser abschrecken und häuten. Die Tomaten halbieren, entkernen und in Stücke schneiden.
Die Schalotten schälen und fein würfeln.
Das Olivenöl in einem Topf erhitzen. Die Schalotten darin anschwitzen, dann die Tomaten hinzufügen und kurz mitbraten. Das Tomatenmark hineinrühren und alles mit Salz und Pfeffer würzen.
Den Koriander, den Rosmarin und den Thymian in ein Gewürzsäckchen füllen und dieses mit Küchengarn verschließen. Das Gewürzsäckchen in die Tomatenmischung geben. Die Tomaten sanft zu einer marmeladenartigen Konsistenz einkochen. Anschließend das Gewürzsäckchen entfernen.

Pinienkerncreme

Die Pinienkerne ohne Fettzugabe in eine Pfanne geben und farblos anrösten. Die gerösteten Pinienkerne mit dem Gemüsefond in einen Mixer geben und zu einer cremigen Paste verarbeiten. Die Pinienkerncreme mit Salz und Pfeffer abschmecken.

Anrichten

Auf die Teller je 1 Nocke Pinienkerncreme, Auberginenmousse und Tomatenmarmelade setzen. Das Couscous mit Hilfe eines Anrichterings daneben anrichten und mit der Kresse und etwas Milchschaum garnieren. Auf jeden Teller 2 Tranchen Lammfleisch legen und mit der Lammjus umgießen. Etwas Ras el-Hanout auf den Teller streuen.

Mein Tipp:

Das Fleisch immer auf einem Blech mit Gitter in den Ofen schieben. Dadurch bleibt es schön rosa und der Saft bleibt im Fleisch.

IBERICO-SCHWEIN | ZITRONEN | PERLGRAUPEN

ZUTATEN
FÜR 4 PERSONEN

Für den Schweinebauch
1 kg küchenfertiger Schweinebauch (vom Iberico-Schwein)
65 ml Olivenöl
1 Zweig Rosmarin
2 Zweige Thymian
1 TL Korianderkörner
1 TL Wacholderbeeren
1 TL Fenchelsamen
1 TL Kümmelsamen
½ Stengel Zitronengras, faserig geklopft
1 unbehandelte Zitrone
1 Scheibe frischer Ingwer, geschält

Für das Zitronenchutney
2 Zitronatzitronen
250 g Kristallzucker
1 TL Pektin
Martini Bianco
frisch gepresster Zitronensaft

Für den Zitronenschaum
3 Zitronenfilets
100 g Kristallzucker
125 ml Noilly Prat
125 ml Pernod
500 ml Gemüsefond (siehe Grundrezept Seite 299)
½ Stengel Zitronengras, faserig geklopft
2 Kaffir-Limettenblätter
1 Scheibe frischer Ingwer, geschält
1 Zweig Rosmarin
1 Zweig Thymian
1 TL gemahlene Koriandersamen
1 TL Wacholderbeeren, im Mörser zerdrückt
1 EL frisch gepresster Zitronensaft
frisch gemahlener weißer Pfeffer
1 EL Lecite (pflanzlicher Emulgator)

Für die Perlgraupen
40 g Butter
50 g Schalotten
200 g Perlgraupen
30 ml Noilly Prat
100 ml Gemüsefond (siehe Grundrezept Seite 299)
Salz
frisch gemahlener weißer Pfeffer
60 g feine Gemüsewürfel (Knollensellerie, Karotte, Lauchweiß, gelbe Rübe)
10 g Bärlauch, in Julienne geschnitten

Für den Schweinerücken
600 g Schweinerücken (vom Iberico-Schwein), ausgelöst
Salz
frisch gemahlener weißer Pfeffer
2 EL Olivenöl
2 EL Butter
4 Knoblauchzehen
1 Zweig Rosmarin

Anrichten
100 ml Schweinejus (siehe Grundrezept Seite 304)
getrocknete Zitronenspalten
Bärlauchchips (siehe »KITZ | MELONE | PAPRIKA« Seite 70)

ZUBEREITUNG

Schweinebauch

Den Schweinebauch mit dem Olivenöl, den Kräuterzweigen, den Gewürzen, der fein geriebenen Zitronenschale, dem frisch gepressten Zitronensaft und dem Ingwer in einen Vakuumierbeutel geben und vakuumieren. Den Beutel in ein auf 100 °C temperiertes Wasserbad legen und den Schweinebauch darin 4 Stunden garen. Kurz vor dem Anrichten den abgetropften Schweinebauch quaderförmig aufschneiden.

Zitronenchutney

Die Zitronatzitronen schälen. Aus 100 ml Wasser und 100 g Zucker Läuterzucker im Verhältnis 1 : 1 herstellen und die klein gewürfelten Zitronenschalen darin zweimal blanchieren. Anschließend aus 50 ml Wasser und 100 g Zucker Läuterzucker 2 : 1 herstellen und die Zitronenschalen darin ziehen lassen. Die Zitronen filetieren. Den restlichen Zucker in einem Topf leicht karamellisieren, die Filets dazugeben und weich kochen. Die Zitronenmarmelade etwas mit dem Pektin abbinden. Die Zitronenschalen aus der Zuckerlösung nehmen, etwas abtropfen lassen und unter die Marmelade mischen. Das Zitronenchutney mit dem Martini und etwas Zitronensaft abschmecken.

Zitronenschaum

Alle Zutaten bis auf den Zitronensaft, den Pfeffer und das Lecite in einen großen Topf geben und aufkochen. Leicht köcheln lassen, bis die Flüssigkeit um die Hälfte reduziert ist. Den Topfinhalt durch ein mit einem Passiertuch ausgelegtes Sieb gießen. Die Sauce mit Zitronensaft und Pfeffer abschmecken und das Lecite untermischen. Vor dem Servieren gut aufschäumen.

Perlgraupen

Die Butter in einem Topf erhitzen und die klein geschnittenen Schalotten darin anschwitzen. Die Graupen dazugeben und ebenfalls anschwitzen. Mit dem Noilly Prat ablöschen und mit dem Fond aufgießen. Mit Salz und Pfeffer würzen und 5 Minuten vor Ende der Garzeit die Gemüsewürfel zugeben. Vor dem Anrichten den Bärlauch untermischen.

Schweinerücken

Den Schweinerücken mit Salz und Pfeffer würzen und im heißen Olivenöl gut anbraten. Dann den Schweinerücken für 12 Minuten bei 180 °C in den vorgeheizten Ofen (Ober- / Unterhitze) schieben. Danach den Schweinerücken herausnehmen. Die Butter in einer Pfanne erhitzen und mit dem Rosmarin und dem Knoblauch aromatisieren. Den Schweinerücken darin kurz nachbraten.

Anrichten

1 Nocke Perlgraupen auf die Teller setzen und 1 Scheibe Schweinerücken daran anlegen. Das Zitronenchutney mit einem kleinen Anrichtering auf die Teller setzen und 1 Schweinebauchquader anlegen. Etwas Schweinejus auf den Tellern verteilen und 1 Tupfer Zitronenschaum aufspritzen. Abschließend mit den Zitronenspalten und den Chips garnieren.

Übrigens:
Das Iberico-Schwein ist ein freilaufendes Weideschwein.
Es wird mit Eicheln gemästet, dadurch auch der nussartige Geschmack.

FULMINANT

SÜSSE FREUDEN MACHEN GLÜCKLICH.

Salzburg. Mozart. Rund. Ja, auch wir haben die Kugel aller Kugeln, die wir als eigene Interpretation zum Dessert servieren. Oder dürfen es Waldbeernocken sein, ein warmer Topfenkuchen, ein Veilchenparfait oder eine Champagnermousse? Eiskalt oder ofenwarm, fruchtig-säuerlich oder schokoladig-süß, fest oder flüssig? Genießen Sie die Vielfalt der Temperaturen, Konsistenzen und Aromen beim Nachkochen oder Neukombinieren und krönen Sie Ihr Menü mit einem fulminanten, glücklich machenden Abschluss. Und wer sagt, dass ein Dessert eine kleine Portion zum Schluss sein soll? Als doppelte Portion zaubert es auch als Hauptspeise ein Lächeln ins Gesicht.

TOPFENKNÖDEL | HOLLER

ZUTATEN
FÜR 4 PERSONEN

Für die Topfenknödel
350 g Topfen (Quark, 20 % Fettgehalt)
110 g Panko (im Thermomix zerkleinert)
50 g Puderzucker
60 g Vollei
30 g Eigelb
25 g flüssige Butter
etwas Vanillemark
1 Prise Zimt
etwas frisch abgeriebene Zitronenschale
Salz

Für die Butterbrösel
20 g Butter
80 g Semmelbrösel
20 g Kristallzucker
1 Prise Zimt

Für die Hollerespuma
250 g Prosecco
3 Blatt weiße Gelatine
25 g Eiweiß
100 g Holunderblütensirup
50 g Läuterzucker
Saft von 1 Zitrone

Für das Hollerragout
700 g Holunderbeeren, geputzt und verlesen
150 g Kristallzucker
250 ml trockener Rotwein
250 ml roter Portwein
fein abgeriebene Schale von 2 unbehandelten Zitronen
fein abgeriebene Schale von 2 unbehandelten Orangen
10 g Vanillezucker

Anrichten
etwas Puderzucker

Tipp
Anstelle des Hollerragouts kann auch Erdbeer- oder anderes Früchteragout der Saison verwendet werden.

ZUBEREITUNG

Topfenknödel
Den Topfen mit dem Panko und allen übrigen Zutaten in eine Schüssel geben und mit dem Handrührgerät zu einem gebundenen Teig verarbeiten. Diesen mit Frischhaltefolie bedecken und 24 Stunden im Kühlschrank ruhen lassen. Anschließend von dem Teig mit einem Teelöffel kleine Mengen abstechen und zu kleinen Knödeln formen.
Reichlich Salzwasser in einem großen Topf zum Kochen bringen. Die Topfenknödel darin 10 Minuten kochen, dann mit einem Schaumlöffel aus dem Wasser heben und auf Küchenkrepp abtropfen lassen.

Butterbrösel
Die Butter in einer Pfanne zerlassen. Die Semmelbrösel, den Zucker und den Zimt hinzufügen und unter Rühren goldbraun rösten. Die Pfanne vom Herd nehmen und die Butterbrösel abkühlen lassen.
Kurz vor dem Anrichten die Topfenknödel in den Butterbröseln wälzen.

Hollerespuma
Den Prosecco in einen Topf geben und vorsichtig erhitzen.
Die Gelatine 5 Minuten in kaltem Wasser einweichen, dann ausdrücken und unter Rühren in dem heißen Prosecco auflösen.
Das Eiweiß in einen hohen Rührbecher geben und zu steifem Schnee schlagen. Den Holunderblütensirup, den Läuterzucker und den Zitronensaft hinzufügen und vermengen. Das Eischneegemisch in die Proseccomischung rühren. Alles in eine Espumaflasche füllen, diese mit 2 Kapseln bestücken und bis zum Anrichten kalt stellen.

Hollerragout
Die Holunderbeeren mit dem Zucker, dem Rotwein, dem Portwein, dem Zitronen- und Orangenabrieb sowie dem Vanillezucker in einen Topf geben. Die Flüssigkeit erhitzen und den Zucker darin unter Rühren auflösen. Das Hollerragout 10 Minuten köcheln lassen.

Anrichten
Je 3 in den Butterbröseln gewälzte Topfenknödel auf kleine Holzspieße stecken und mit Puderzucker bestäuben. Das Hollerragout in kleine Glaskegel füllen. Die Hollerespuma auf die beiden Fruchtragouts spritzen. Je 1 Topfenknödelspieß über die Glaskegel legen.

MOZARTKUGEL | TARTE | MANDARINEN

ZUTATEN
FÜR 4 PERSONEN

Für die Mozartkugel
1) Nougatkern
400 g Haselnussnougat-masse
800 g flüssige Sahne
5 Blatt weiße Gelatine
240 g Marzipan
60 g Pistazienmark

2) Schokoglasur
192 g Wasser
144 g flüssige Sahne
208 g Kristallzucker
36 g Milchpulver
48 g Kakaopulver
1 g Pektin (pflanzliches Binde- und Geliermittel)
2 Blatt weiße Gelatine
180 g flüssige Sahne
320 g flüssige Kuvertüre (66 % Kakaogehalt)

Für den Sabléteig
40 g Eigelb
80 g Kristallzucker
80 g weiche Butter
120 g Weizenmehl, Type 405, etwas mehr für die Arbeitsfläche
2,5 g Backpulver

Für die Mandarinencreme
200 g frisch gepresster Mandarinensaft
50 g frisch gepresster Zitronensaft
150 g Kristallzucker
7 Eigelb
3 Volleier
150 g Butter
2 ½ Blatt weiße Gelatine

Für die karamellisierten Mandarinen
50 g Kristallzucker
¼ Vanilleschote
1 Zimtstange
175 g trockener Weißwein
85 g frisch gepresster Mandarinensaft
1 Mandarine
1 TL Stärkemehl

Zum Anrichten
Schokodekor
essbare Goldfolie

ZUBEREITUNG

Mozartkugel

1) Nougatkern

Die Nougatmasse in Stücke hacken, in eine Metallschüssel geben und über einem warmen Wasserbad unter Rühren schmelzen.
Die Sahne in einem Rührbecher steif schlagen und unter den flüssigen Nougat ziehen.
Die Gelatine 5 Minuten in kaltem Wasser einweichen, dann ausdrücken und unter Rühren in der heißen Nougatsahne auflösen.
Das Marzipan mit dem Pistazienmark vermischen und sehr kleine Kugeln daraus formen.

2) Schokoglasur

Alle Zutaten bis auf die Gelatine, die Sahne und Kuvertüre miteinander vermengen und aufkochen. Die Gelatine einweichen, ausdrücken und in der warmen Masse auflösen.
500 g davon abwiegen und mit der Sahne und der geschmolzenen Kuvertüre vermischen.

Fertigstellen der Mozartkugeln

Die Nougatmasse in Silikonmatten für Halbsphären füllen.
In die Hälfte der Halbsphären einen Kern aus Pistazienmarzipan drücken. Die Halbkugeln tiefgefrieren. Wenn diese gefroren sind, die Halbkugeln aus der Form brechen und zusammensetzen. Die Mozartkugeln in gefrorenem Zustand mit der Schokoladenglasur überziehen.

Sabléteig

Die Eigelbe mit dem Zucker in eine Schüssel geben und mit dem Handrührgerät schaumig schlagen. Dann die weiche Butter hinzufügen und gründlich hineinrühren.
Das Mehl mit dem Backpulver versieben. Das Gemisch esslöffelweise in den Teig rühren.
Den Teig auf einer bemehlten Arbeitsfläche dünn ausrollen, dann auf ein mit einer Silikonbackmatte bedecktes Backblech legen und im auf 155–160 °C vorgeheizten Backofen (Ober-/Unterhitze) etwa 15 Minuten backen. (Dabei die Backofentür einen Spalt offen lassen.)

Mandarinencreme

Den Mandarinen- und den Zitronensaft mit dem Zucker, den Eigelben und den ganzen Eiern in einen Topf geben und unter stetigem Rühren aufkochen. Den Topf auf ein Eiswürfelbad stellen und das Gemisch auf 35–40 °C temperieren. Die Butter stückchenweise hinzufügen und mit dem Stabmixer hineinmixen.
Die Gelatine 5 Minuten in kaltem Wasser einweichen, dann ausdrücken und unter Rühren in der Mandarinencreme auflösen.
Die Mandarinencreme auf den Sabléboden streichen und den bestrichenen Sablé kalt stellen.
Kurz vor dem Anrichten sternförmige Formen ausstechen und mit Schokoglasur einen Stern aufspritzen, in den die Mozartkugel gesetzt wird.

Karamellisierte Mandarinen

Den Zucker mit dem Weißwein, dem ausgekratzten Vanillemark und dem Zimt in einen Topf geben und karamellisieren.
Den Weißwein erwärmen und den Karamellfond damit ablöschen.
Dann den Mandarinensaft hinzufügen. Den Fond sämig einkochen.
Die Mandarine filetieren, in eine Form setzen und mit dem Karamellfond übergießen. Die Form mit Frischhaltefolie bedecken und die Mandarinen über Nacht im Kühlschrank ziehen lassen.
Kurz vor dem Anrichten einen Teil der Marinade abnehmen, aufkochen und mit dem Stärkemehl binden.

Anrichten

Den Mandarinentarte-Stern auf einen Teller legen und die Mozartkugel daraufsetzen. Auf die Mozartkugel das Schokodekor und ein Mandarinenfilet legen. Zum Schluss mit der Goldfolie garnieren.

Mein Tipp:

Bei Mandarinen ist es wichtig, auch
die weiße Haut zu entfernen.
das funktioniert am besten, wenn man
sie kurz blanchiert.

MILCHREISKNÖDEL | KÜRBIS | INGWER | QUITTE

ZUTATEN
FÜR 4 PERSONEN

Für das Ingwereis
250 g flüssige Sahne
250 g Vollmilch
160 g Kristallzucker
½ Vanilleschote
10 g frisch geriebener Ingwer
125 g Vollei
40 g Eigelb

Für die Orangenhippe
110 g Kristallzucker
60 g gemahlene Mandelkerne
30 g Weizenmehl
60 g frisch gepresster Orangensaft
60 g flüssige Butter

Für das Quitten-Champagner-Gelee
50 g Apfelsaft
100 g Quittenpüree (z. B. Boiron)
100 g Champagner
45 g Kristallzucker
2 Gewürznelken
1 Zimtstange
½ Vanilleschote
2 ½ Blatt weiße Gelatine

Für die Milchreisknödel
400 g Vollmilch
42 g Kristallzucker
1 Vanilleschote
½ unbehandelte Limette
½ unbehandelte Orange
1 Zimststange
100 g Rundkornreis
1 Eigelb
100 g Panko (japanisches Paniermehl)
Salz
50 g gehackte Kürbis- oder Pistazienkerne
etwas Puderzucker zum Bestäuben

Für die Kürbis-Zimt-Würfel
50 g Kristallzucker
2 EL Wasser
1 Zimtstange
1 Prise gemahlener Kardamon
250 g Kürbisfruchtfleisch (z. B. Hokkaido)
75 g trockener Weißwein
50 g frisch gepresster Kürbissaft
etwas feine Speisestärke

Für die Schokosauce
500 g Vollmilch, etwas mehr zum Anrühren der Stärke
80 g Kristallzucker
160 g Zartbitterkuvertüre (60 % Kakaogehalt)
20 g feine Speisestärke

Anrichten
Karamellnuss
geröstete Kürbiskerne

ZUBEREITUNG

Ingwereis

Die Sahne mit der Milch, dem Zucker und dem ausgekratzten Vanillemark in einen Topf geben und unter Rühren aufkochen. Den Zucker unter Rühren auflösen, dann den Ingwer hinzufügen. Die Ingwer-Sahne-Mischung 30 Minuten ziehen lassen, dann durch ein Sieb in eine Metallschüssel gießen. Die Eier und die Eigelbe in die Ingwer-Sahne-Mischung rühren, die Schüssel auf ein heißes Wasserbad stellen und die Creme unter Rühren zur Rose abziehen. Die Ingwercreme mit Frischhaltefolie bedecken und über Nacht im Kühlschrank ziehen lassen, anschließend in der Eismaschine zu Ingwereis gefrieren.

Orangenhippe

Den Zucker mit den gemahlenen Mandeln, dem Mehl, dem Orangensaft und der flüssigen Butter in eine Schüssel geben und zu einem gebundenen Teig verrühren. Den Teig in eine Schüssel geben und 1 Tag im Kühlschrank stehen lassen.

Den Teig dann auf ein mit einer Silikonbackmatte bedecktes Backblech streichen.

Den Teig im auf 180 °C vorgeheizten Backofen (Ober-/Unterhitze) goldbraun (3–4 Minuten) backen.

Aus dem warmen Teig mit einem runden Ausstecher 8 Kreise (ca. 4 cm Durchmesser) ausstechen.

Quitten-Champagner-Gelee

Den Apfelsaft mit dem Quittenpüree, dem Champagner, dem Zucker, den Nelken, der Zimtstange und dem ausgekratzten Vanillemark in einen Topf geben und erwärmen. Den Zucker unter Rühren auflösen. Den Topf vom Herd nehmen und den Inhalt 30 Minuten ziehen lassen, anschließend durch ein Sieb in eine Schüssel gießen.

Die Gelatine 5 Minuten in kaltem Wasser einweichen, dann ausdrücken und unter Rühren in der Quitten-Champagner-Flüssigkeit auflösen. Das Gemisch in Anrichteringe (3 cm Durchmesser, 3 cm hoch) abfüllen und 3 Stunden im Kühlschrank erstarren lassen. Kurz vor dem Anrichten den Geleezylinder aus der Form lösen.

Milchreisknödel

Die Milch mit dem Zucker, dem ausgekratzten Vanillemark, etwas Limetten- und Orangenabrieb sowie der Zimtstange in einen Topf geben und aufkochen. Den Zucker unter Rühren auflösen, dann den Reis hinzufügen und unter gelegentlichem Rühren köcheln, bis der Reis bissfest ist. Anschließend die Zimtstange entfernen. Den Milchreis etwas abkühlen lassen, dann das Eigelb hineinrühren. Zum Schluss das Panko unterziehen und die Milchreismasse 1 Stunde kalt stellen.

Reichlich Salzwasser in einem großen Topf aufkochen. Von der Milchreismasse kleine Mengen abstechen und zu Knödeln formen. Diese im wallenden Wasser ca. 10 Minuten gar ziehen lassen, dann mit einem Schaumlöffel aus dem Wasser nehmen und auf Küchenkrepp abtropfen lassen.

Die abgetropften Milchreisknödel kurz vor dem Anrichten in den gehackten Kürbis- oder Pistazienkernen wälzen und mit Puderzucker bestäuben.

Kürbis-Zimt-Würfel

Den Zucker mit dem Wasser, der Zimtstange und dem Kardamom in einen Topf geben und unter Rühren karamellisieren.
Das Kürbisfleisch in feine Würfel schneiden.
Den Weißwein mit dem Kürbissaft vermengen und leicht erwärmen. Den Karamell damit ablöschen. Den Karamellfond mit in etwas kaltem Wasser gebundener Speisestärke sämig binden, dann die Kürbiswürfel hineingeben und ca. 1 Stunde darin ziehen lassen.

Schokosauce

Die Milch mit dem Zucker in einen Topf geben und aufkochen. Den Zucker unter Rühren auflösen.
Die Kuvertüre in kleine Stücke hacken und unter Rühren in der heißen Milch-Zucker-Mischung auflösen.
Die Stärke in etwas kalter Milch anrühren. Den Topf mit der flüssigen Kuvertüre auf ein warmes Wasserbad stellen, die angerührte Stärke hineinrühren und die Schokosauce anschließend zur Rose abziehen.
Die Schokosauce bis zum Anrichten auf lauwarm temperieren, damit sie flüssig bleibt.

Anrichten

Die Schokosauce mit einem mittleren Pinsel als einen diagonalen Streifen auf die Teller auftragen. Aus den Kürbis-Zimt-Würfeln eine Unterlage für den Milchreisknödel bilden. Auf jeden Teller 1 Orangenhippe legen, darauf je 1 Zylinder Quitten-Champagner-Gelee setzen. Auf das Gelee je 1 weitere Orangenhippe setzen. Darauf je 1 Nocke Ingwereis setzen. Je 1 Karamellnuss und 3 Kürbis-Zimt-Würfel mit gerösteten Kürbiskernen dekorativ dazusetzen.

Tipp

Die Milchreisknödel kann man auch mit Schokolade oder Marillen als gefüllte Variante servieren. Statt Kürbiswürfel können Sie auch Apfel-, Birnen-, Mangowürfel oder jedes andere Obst der Saison verwenden.

NOUGATKNÖDEL | GLÜHWEINFEIGEN | BIRNEN-KAKAO-SORBET

ZUTATEN
FÜR 4 PERSONEN

Für die »Dulcey-Schokoladenespuma«
400 g Vollmilch
100 g flüssige Sahne
160 g »blonde« Schokolade (32 % Kakaogehalt, »Dulcey« von Valrhona)
1 Blatt weiße Gelatine

Für das Birnen-Kakao-Sorbet
250 g Wasser
125 g Muscovadozucker
1 Vanilleschote
250 g Birnenpüree (z. B. Boiron)
1 EL Kakaopulver

Für die Nougatknödel
280 g Topfen (Quark, 10 % Fettgehalt)
85 g Panko (im Thermomix zerkleinert)
40 g Puderzucker
50 g Vollei
24 g Eigelb
20 g flüssige Butter
etwas Vanillemark
1 Prise Zimt
etwas frisch abgeriebene Zitronenschale
20 g Haselnussnougatmasse

Für die Glühweinfeigen
250 g roter Portwein
20 ml Grenadinensirup
Saft von 1 Limette
50 g Kristallzucker
1 Vanilleschote
1 Zimtstange
1 Gewürznelke
1 Sternanis
8 frische Feigen

Für die Schokocrumbles
38 g Butter
38 g Kristallzucker
25 g Weizenmehl, Type 405
13 g Kakaopulver
38 g Mandelgrieß

ZUBEREITUNG

»Dulcey-Schokoladenespuma«
Die Milch mit der Sahne in einen Topf geben und aufkochen. Die Schokolade in Stücke hacken, in einen Topf geben und schmelzen. Die flüssige Schokolade mit dem Stabmixer in die heiße Sahnemilch einmixen.
Die Gelatine 5 Minuten in kaltem Wasser einweichen, dann ausdrücken und unter Rühren in der heißen Schokoladencreme auflösen. Die Schokoladencreme mit Frischhaltefolie bedecken und über Nacht im Kühlschrank ruhen lassen.
Die Schokoladencreme dann in eine Espumaflasche füllen, diese mit 2 Kapseln bestücken und bis zum Anrichten in den Kühlschrank stellen.

Birnen-Kakao-Sorbet
Das Wasser mit dem Zucker und dem ausgekratzten Vanillemark in einen Topf geben und aufkochen. Den Zucker unter Rühren darin auflösen. Erst das Birnenpüree, dann das Kakaopulver in den Sirup rühren.
Die Birnen-Kakao-Masse in einen Pacojet-Becher füllen und im Tiefkühlfach gefrieren lassen. Das Birnen-Kakao-Sorbet vor dem Anrichten portionsweise pacossieren. (Alternativ die Sorbetgrundmasse in einen verschließbaren Behälter umfüllen und einfrieren, dabei in den ersten Stunden mehrmals umrühren. Einige Zeit vor dem Servieren das Sorbet aus dem Gefrierfach nehmen und portionieren.)

Nougatknödel
Den Topfen mit dem Panko und allen übrigen Zutaten bis auf die Nougatmasse in eine Schüssel geben und mit dem Handrührgerät zu einem gebundenen Teig verarbeiten. Diesen mit Frischhaltefolie bedecken und 24 Stunden im Kühlschrank ruhen lassen. Anschließend die Nougatmasse in Stücke brechen.
Vom Teig mit einem Teelöffel kleine Mengen abstechen und die Nougatstücke damit umhüllen, so dass kleine Knödel entstehen. Reichlich Wasser in einem großen Topf zum Kochen bringen. Die Nougatknödel darin 10 Minuten ziehen lassen, dann mit einem Schaumlöffel aus dem Wasser heben und auf Küchenkrepp abtropfen lassen.

Glühweinfeigen
Den Portwein mit dem Grenadinensirup, dem Limettensaft, dem Zucker, dem ausgekratzten Vanillemark, dem Zimt, der Nelke und dem Sternanis in einen Topf geben und aufkochen. Den Zucker unter Rühren auflösen und den Sirup dickflüssig einkochen.
Die Feigen schälen, in ein Einmachglas geben und mit dem Sirup bedecken. Die Feigen gut durchziehen lassen.

Schokocrumbles
Die Butter mit dem Zucker in eine Schüssel geben und mit einem Handrührgerät mit Knethaken zu feinen Streuseln verkneten.
Das Mehl mit dem Kakao und dem Mandelgrieß in eine Schüssel sieben. Das Mehl-Kakao-Gemisch locker in die Butterstreusel kneten. Die Streusel auf einem mit einer Silikonbackmatte bedeckten Backblech verteilen und im Tiefkühlfach anfrieren.
Die Schokostreusel anschließend im auf 180 °C vorgeheizten Backofen (Ober- / Unterhitze) 15 Minuten backen.

Anrichten
Die Schokocrumbles mittig auf den Tellern anhäufen. Je 1 Nougatknödel daraufsetzen. Die Glühweinfeigen und das Birnen-Kakao-Sorbet darum verteilen. Zum Schluss noch etwas Dulcey-Schokoladenespuma aufspritzen.

Tipp
Die Nougatknödel können auch als größere Variante mit Nougat (benötigte Menge dann 35 g) und einer Karamellhaselnuss in der Mitte zubereitet werden.

Mein Tipp:

Die Nougatfülle kann man zusätzlich noch mit Orangenabrieb verfeinern.

CHAMPAGNERMOUSSE | AMARENAKIRSCHEN | TONKAEIS

ZUTATEN
FÜR 4 PERSONEN

Für das Tonkaeis
250 ml Vollmilch
250 ml flüssige Sahne
1 Vanilleschote
½ Tonkabohne
50 g Kristallzucker
13 g Trimoline (Invertzucker)
100 g Vollei
80 g Eigelb

Für das Balsamico-Kirsch-Ragout
50 g Kristallzucker
175 g roter Portwein
½ Vanilleschote
50 g Sud von eingelegten Amarenakirschen
50 g Herzkirschen, püriert
25 g Amaretto
12 g Aceto balsamico
16 Herzkirschen oder Amarenakirschen

Für die Champagnermousse
40 g Eigelb
70 g Kristallzucker
95 g Champagner
2 Blatt weiße Gelatine
26 g Eiweiß
60 g geschlagene Sahne

Für das Amarena-Kirsch-Gelee
60 g Herzkirschen, püriert
70 g Sud von eingelegten Amarenakirschen
20 g Kristallzucker
1 ½ Blatt weiße Gelatine

Anrichten
Schokoladenstange
Haselnusskrokant
Pistaziensplitter
Hippe

ZUBEREITUNG

Für das Tonkaeis
Die Milch zusammen mit der Sahne, der ausgekratzten Vanilleschote, dem Vanillemark und der gehackten Tonkabohne aufkochen und über Nacht durchziehen lassen. Die Milch-Sahne-Mischung durch ein Sieb gießen. Den Zucker, den Invertzucker, das Vollei und das Eigelb schaumig rühren. Über einem Wasserbad die Milch-Sahne-Mischung in die Eimasse rühren und zur Rose abziehen. Die Eisgrundmasse in einen Pacojetbecher abfüllen und tiefkühlen. Kurz vor dem Anrichten die gefrorene Sahnecreme im Pacojet zu cremigem Eis pacossieren. (Alternativ die Eisgrundmasse in einem verschließbaren Behälter einfrieren, dabei in den ersten Stunden mehrmals umrühren. Den Behälter einige Zeit vor dem Servieren aus dem Eisfach nehmen und das Eis dann portionieren.)

Balsamico-Kirsch-Ragout
Den Zucker in einen Topf geben und karamellisieren. Mit dem warmen Portwein ablöschen. Das ausgekratzte Mark der Vanilleschote, den Amarenakirschsud, die pürierten Herzkirschen zugeben. Den Sud reduzieren lassen und anschließend mit Amaretto und Aceto balsamico abschmecken. Dann den Sud über die geschälten Kirschen geben und über Nacht ziehen lassen.

Champagnermousse
Die Eigelbe mit 50 g Zucker in eine Schüssel geben und schaumig schlagen. Den Champagner in die schaumige Eigelb-Zucker-Mischung rühren.
Die Gelatine 5 Minuten in kaltem Wasser einweichen, dann ausdrücken und über einem Wasserbad auflösen. Anschließend unter die Champagnercreme rühren.
Die Eiweiße mit dem restlichen Zucker (20 g) in einem Rührbecher zu steifem Schnee schlagen. Den Eischnee unter die Champagnercreme ziehen. Die Champagnercreme auf ein Eisbad stellen. Sobald die Creme zu gelieren beginnt, die geschlagene Sahne unterheben. Zwei Drittel der fertigen Mousse auf 4 Dessertgläser verteilen und sehr kalt stellen. Den Rest kühl stellen.

Amarena-Kirsch-Gelee
Das Herzkirschpüree mit dem Amarenakirschsud und dem Zucker in einen Topf geben und unter Rühren erhitzen, bis sich der Zucker aufgelöst hat.
Die Gelatine 5 Minuten in kaltem Wasser einweichen, dann ausdrücken und unter Rühren in dem heißen Kirschsirup auflösen.
Sobald die Champagnermousse geliert hat, den Kirschsirup und als letzte Schicht die restliche Champagnermousse auf die 4 Dessertgläser verteilen. Die Dessertgläser bis zum Servieren kühl stellen.

Anrichten
Das Kirschragout als letzte Schicht auf die Dessertgläser verteilen und 1 Kugel Tonkaeis darauf anrichten.
Das Dessert mit der Schokoladenstange, den Krokant- und Pistaziensplittern und einer Hippe garnieren.

SCHOKOVARIATION »CARPE DIEM«

ZUTATEN FÜR 4 PERSONEN

Für das Himbeerparfait
40 g Eiweiß
15 g Puderzucker
50 g Wasser
50 g Kristallzucker
150 g Himbeerpüree
etwas frisch gepresster Zitronensaft
250 g geschlagene Sahne

Für den Fondant au Chocolat
3 Eigelb
63 g Kristallzucker
50 g Muscovadozucker
113 g dunkle Kuvertüre (70 % Kakaogehalt)
150 g weiche Butter
75 g Kakaopulver
225 g geschlagene Sahne

Für die Praline-Feuillantine (Knusperboden)
190 g Pralinenmasse (Valrhona)
75 g Vollmilchkuvertüre (40 % Kakaogehalt)
165 g Kakaobutter
125 g Feuillantine (Knusperhippen)
25 g gehackte, geröstete Mandelkerne

Für den Himbeerbiskuit
5 Eigelbe
190 g Puderzucker
150 g Himbeerpüree (z. B. Boiron)
200 g geriebene Mandelkerne
50 g Weizenmehl, Type 405
5 g Backpulver

Für die dunkle Schokomousse
50 g Eigelb
38 g Eiweiß
12,5 g Kristallzucker
250 g geschlagene Sahne
125 g Zartbitterkuvertüre (60 % Kakaogehalt)

Für das Himbeergelee
190 g Himbeerpüree
30 g Kristallzucker
2 ½ Blatt weiße Gelatine

Für die Dulcey-Schokoladenmousse
33 g Eigelb
15 g Eiweiß
1 ½ Blatt weiße Gelatine
240 g geschlagene Sahne
113 g »blonde« Schokolade (32 % Kakaogehalt, »Dulcey« von Valrhona)

Für den Balsamicokaramell
1 EL Wasser
40 g Kristallzucker
½ Vanilleschote
50 g Aceto balsamico
50 g roter Portwein

Anrichten
Schokosauce
essbares Blattgold
Schokostäbe
einige frische Himbeeren

ZUBEREITUNG

Himbeerparfait

Die Eiweiße mit dem Puderzucker in einen Rührbecher geben und zu steifem Schnee schlagen.
Das Wasser mit dem Kristallzucker in einen Topf geben und auf 116 °C erhitzen. Diesen Sirup unter Rühren in den Eischnee fließen lassen. Das Gemisch auf einem Eiswürfelbad kalt schlagen.
Das Himbeerpüree hinzufügen und unterziehen. Mit Zitronensaft abschmecken und zum Schluss die geschlagene Sahne unter die Himbeercreme heben.
Die Parfaitgrundmasse in einen Pacojet-Becher füllen und im Tiefkühlfach gefrieren.
Kurz vor dem Anrichten das Himbeerparfait im Pacojet pacossieren und zur Halbsphäre formen. (Alternativ die Eisgrundmasse in einen verschließbaren Behälter abfüllen und tiefgefrieren, dabei in den ersten Stunden mehrmals umrühren. Einige Zeit vor dem Servieren das Eis aus dem Tiefkühler nehmen.)

Fondant au Chocolat

Die Eigelbe mit den beiden Zuckersorten in eine Schüssel geben und schaumig schlagen.
Die Kuvertüre in Stücke hacken, in einen Topf geben und schmelzen. Die flüssige Kuvertüre in das schaumige Eigelb-Zucker-Gemisch rühren.
Die Butter mit dem Kakaopulver glatt rühren und das Gemisch in den Teig rühren.
Zum Schluss die geschlagene Sahne unterheben.
Den Teig 1 cm hoch in ein tiefes Backblech oder eine rechteckige Form füllen und ca. 3 Stunden kalt stellen. Vor dem Anrichten den Fondant in Quadrate mit ca. 5 cm Kantenlänge schneiden.

Praline-Feuillantine

Die Pralinenpaste, die Kuvertüre und die Kakaobutter in kleine Stücke hacken, zusammen in einen Topf geben und unter Rühren schmelzen.
Die Feuillantine und die Mandeln hineinrühren.
Die Mischung in einen rechteckigen Kuchenrahmen streichen und im Kühlschrank erstarren lassen.

Himbeerbiskuit

Die Eigelbe mit dem Puderzucker in eine Schüssel geben und mit dem Handrührgerät schaumig schlagen.
Das Himbeerpüree mit den geriebenen Mandeln verrühren und in die schaumige Eigelb-Zucker-Mischung rühren.
Das Mehl mit dem Backpulver versieben und das Gemisch unter den Teig ziehen.
Den Teig auf ein mit einer Silikonbackmatte bedecktes Backblech streichen und im auf 190 °C vorgeheizten Backofen (Ober-/Unterhitze) 15 Minuten backen. Den fertigen Himbeerbiskuit auskühlen lassen, passend zuschneiden und auf die Praline-Feuillantine legen.

Dunkle Schokomousse

Die Eigelbe, die Eiweiße und den Zucker in eine Metallschüssel geben und über einem warmen Wasserbad schaumig schlagen.
Etwas geschlagene Sahne in die schaumige Eiercreme rühren.
Die Schokolade in Stücke hacken, unter Rühren übe reinem Wasserbad auflösen und unter die Sahne-Ei-Mischung rühren.
Zum Schluss die restliche geschlagene Sahne unter die Schokoladencreme heben.
Die Schokoladenmousse als dünne Schicht auf den Himbeerbiskuit auftragen und kühlen.

Himbeergelee
Das Himbeerpüree mit dem Zucker in einen Topf geben und langsam erhitzen.
Die Gelatine 5 Minuten in kaltem Wasser einweichen, dann ausdrücken und unter Rühren behutsam in dem heißen Himbeersirup auflösen.
Den Topf auf ein Eiswürfelbad stellen und den Himbeersirup bis kurz vor dem Gelieren kalt schlagen.
Das Himbeergelee als dünne Schicht auf die Schokoladenmousse auftragen und kühlen.

Dulcey-Schokoladenmousse
Die Eigelbe und Eiweiße in eine Metallschüssel geben und über einem warmen Wasserbad schaumig schlagen.
Die Gelatine 5 Minuten in kaltem Wasser einweichen, dann ausdrücken und unter Rühren behutsam in den warmen schaumigen Eiern auflösen.
Etwas geschlagene Sahne in die schaumige Eiercreme rühren.
Die Schokolade in Stücke hacken und unter Rühren in der Sahne-Ei-Mischung auflösen.
Zum Schluss die restliche geschlagene Sahne unter die Schokoladencreme heben.
Die Dulcey-Schokoladenmousse etwa 2 cm hoch auf die dunkle Mousse auftragen und kühlen.
Vor dem Servieren aus der Mousse Quader mit einer Grundfläche von 3 × 3 cm schneiden.

Balsamicokaramell
Das Wasser mit dem Zucker und dem ausgekratzten Vanillemark in einen kleinen Topf geben und aufkochen. Den Zucker unter Rühren auflösen.
Den Balsamico und den Portwein erwärmen und den Karamell damit ablöschen. Den Fond schön sämig einkochen. Den Balsamicokaramell in eine Spritzflasche umfüllen.

Anrichten
Mit der Schokosauce ein Quadrat auf die Teller streichen.
Die Fondant-au-Chocolat-Quadrate darauf anrichten und je 1 Schokomoussequader darauf platzieren. Als Abschluss 1 Halbkugel Himbeerparfait, etwas Blattgold und die Schokostäbe auf die Quader setzen. Mit einigen Himbeeren und Balsamicokaramelltupfern garnieren.

CRÈME BRÛLÉE | ANANAS | ZITRONENGRAS

ZUTATEN FÜR 4 PERSONEN

Für das Ananasgranité
250 g Ananassaft
65 ml Prosecco
10 ml Kokoslikör
etwas Muscovadozucker
etwas fein geriebene unbehandelte Limettenschale
etwas Vanillemark

Für den Ananaschip
100 g Ananas
100 ml Läuterzucker

Für das Ananas-Curry-Ragout
1 EL Wasser
25 g Kristallzucker
¼ Vanilleschote
40 g trockener Weißwein
25 g Ananassaft
etwas fruchtiges Currypulver
10 ml Kokoslikör
1 TL feine Speisestärke
100 g Ananasfruchtfleisch, klein gewürfelt

Für die Crème brûlée
125 g flüssige Sahne
75 g Vollmilch
¼ Vanilleschote
56 g »blonde« Schokolade (32 % Kakaogehalt, »Dulcey« von Valrhona)
56 g Eigelb
13 g Muscovadozucker und etwas zum Bestreuen

Für das Zitronengrasgelee
125 g Apfelsaft
100 g Läuterzucker
25 g frisch gepresster Zitronensaft
1 Stengel Zitronengras, aufgeklopft
2 Blatt weiße Gelatine

Für die Glasnudeln
200 ml neutrales Pflanzenöl
20 g Glasnudeln
10 g Zimtzucker

Anrichten
Ananasblätter

ZUBEREITUNG

Ananasgranité
Den Ananassaft mit dem Prosecco und dem Kokoslikör vermischen. Den Saft mit Muscovadozucker, Limettenabrieb und Vanillemark abschmecken.
Den Saft in eine rechteckige Gefrierform füllen und im Tiefkühlfach gefrieren. (Dabei in den ersten Stunden immer wieder umrühren.)
Kurz vor dem Anrichten von der Oberfläche des gefrorenen Granités mit einem Esslöffel kleine Flocken abschaben.

Ananaschip
Das Fruchtfleisch der Ananas in dünne Scheiben schneiden. Die Ananasscheiben mit dem Läuterzucker vakuumieren und über Nacht durchziehen lassen. Die Ananasscheiben herausnehmen, gut abtropfen lassen und im auf 50 °C vorgeheizten Backofen (Umluft) 5 Stunden trocknen lassen.

Ananas-Curry-Ragout
Das Wasser mit dem Zucker und dem ausgekratzten Vanillemark in einen Topf geben und aufkochen. Den Zucker unter Rühren auflösen.
Den Weißwein und den Ananassaft getrennt erwärmen. Sobald der Zucker zu goldbraunem Karamell geschmolzen ist, erst mit dem Wein, dann mit dem Ananassaft ablöschen. Den Fond mit etwas Currypulver abschmecken, dann durch ein Sieb gießen und den Kokoslikör hineinrühren. Den Fond mit der in kaltem Wasser angerührten Speisestärke sämig binden.
Die Ananaswürfel in eine kleine Schüssel geben und den Fond darübergießen. Das Ananas-Curry-Ragout über Nacht ziehen lassen.

Crème brûlée

Die Sahne mit der Milch und dem ausgekratzten Vanillemark in einen Topf geben und aufkochen.
Die Schokolade in Stücke hacken und unter Rühren in der heißen Vanillesahne auflösen und abkühlen lassen.
Die Eigelbe mit dem Zucker in eine Schüssel geben und mit dem Handrührgerät schaumig schlagen.
Die Vanille-Schoko-Sahne langsam in die schaumige Eigelb-Zucker-Mischung rühren.
Diese Schokoladencreme in 4 ofenfeste Förmchen füllen. Die Förmchen in ein tiefes Backblech (Fettpfanne) stellen und dieses mit so viel heißem Wasser füllen, dass die Förmchen zu zwei Drittel im Wasser stehen. Das mit Folie abgedeckte Blech in den auf 100 °C vorgeheizten Backofen stellen und die Cremes darin 60 Minuten garen. Die fertigen Cremes aus dem Ofen nehmen, abkühlen lassen und bis zur Verwendung kühl stellen.
Die Oberflächen der erkalteten Cremes gleichmäßig mit dem braunen Zucker bestreuen und diesen mit einem kleinen Gasbrenner behutsam karamellisieren.

Zitronengrasgelee

Den Apfelsaft mit dem Läuterzucker und dem Zitronensaft in einen Topf geben und aufkochen.
Das Zitronengras in den heißen Sirup geben und 30 Minuten darin ziehen lassen. Die Flüssigkeit dann durch ein Sieb gießen.
Die Gelatine 5 Minuten in kaltem Wasser einweichen, dann ausdrücken und unter Rühren behutsam in dem warmen Zitronengrassud auflösen.
Die Flüssigkeit dann etwa 1 cm hoch in eine rechteckige Form füllen und im Kühlschrank mindestens 1 Stunde erstarren lassen.
Das fertige Zitronengrasgelee vor dem Anrichten in Würfel von ca. 1 cm Kantenlänge schneiden.

Glasnudeln

Das Pflanzenöl in einem hohen Topf erhitzen. Die Glasnudeln portionsweise darin knusprig frittieren, dann mit einem Schaumlöffel herausheben und auf Küchenpapier abtropfen lassen. Anschließend mit Zimtzucker bestreuen.

Anrichten

Die Crème brûlée mit etwas Ananas-Curry-Ragout, einigen Zitronengrasgeleewürfeln und einem Ananaschip garnieren. Das Ananasgranité in einem separaten Glas anrichten und mit etwas frittierten Glasnudeln und Ananasblättern garnieren.

Mein Tipp:
Am besten mit dem Bunsenbrenner
flambieren, dadurch wird die
Crème vor dem Servieren noch einmal
leicht angewärmt.

KIWI | KOKOS | MANGO

ZUTATEN
FÜR 4 PERSONEN

Für das Kiwiparfait
120 g Kiwipüree
(z. B. Boiron)
60 g Kristallzucker
4 Eigelb
fein geriebene Schale von
¼ unbehandelten Limette
½ Blatt weiße Gelatine
2,5 ml Marc de Champagne (Tresterbrand aus der Champagne)
85 g geschlagene Sahne

Für das Mangosorbet
250 g Wasser
125 g Kristallzucker
25 g Glukose
175 g Mangopüree
(z. B. Boiron)
75 g Passionsfruchtpüree
(z. B. Boiron)
½ Blatt weiße Gelatine

Für das Kiwi-Dattel-Ragout
1 EL Wasser
31 g flüssiger Honig
½ Vanilleschote
½ Tonkabohne
75 g trockener Weißwein
45 g Kiwimark
(z. B. Boiron)
2 Kiwis, geschält und gewürfelt
2 frische Datteln, entsteint und gewürfelt
½ TL feine Speisestärke

Für die Baiserstäbchen
25 g Eiweiß
30 g Kristallzucker
1 Prise Salz
½ Vanilleschote
etwas fein geriebene unbehandelte Zitronenschale
25 g Puderzucker

Für den Kokossavarin
135 g Eiweiß
7,5 g Trockeneiweiß
155 g Kristallzucker
1 Prise Salz
60 g Mandelmehl
60 g Kokosraspeln
23 g Weizenmehl,
Type 405

Für die Mangosauce
75 g Mangopüree
(z. B. Boiron)
20 g Passionsfruchtpüree
(z. B. Boiron)
½ Vanilleschote
etwas feine Speisestärke

Für die Schokocrumbles
75 g Butter
75 g Kristallzucker
50 g Weizenmehl,
Type 405
25 g Kakaopulver
75 g Kokosraspeln

Anrichten
Kokosspalten
Kokosfleischrauten
essbare Blüten

ZUBEREITUNG

Kiwiparfait

Das Kiwipüree mit dem Zucker, den Eigelben und dem Limettenabrieb in eine Metallschüssel geben und über einem warmen Wasserbad zu einer Sabayone aufschlagen.
Die Gelatine 5 Minuten in kaltem Wasser einweichen, dann ausdrücken und unter Rühren in der heißen Sabayone auflösen.
Anschließend den Marc de Champagne hineinrühren.
Zum Schluss die geschlagene Sahne unter die Kiwicreme heben.
Die Kiwicreme in einen Pacojet-Becher füllen und im Tiefkühlfach gefrieren.
Kurz vor dem Anrichten die gefrorene Kiwicreme im Pacojet zu cremigem Sorbet pacossieren. (Alternativ die Parfaitmasse in einen verschließbaren Behälter umfüllen und tiefgefrieren, dabei in den ersten Stunden mehrmals umrühren. Einige Zeit vor dem Servieren aus dem Tiefkühler nehmen.)

Mangosorbet

Das Wasser mit dem Zucker und der Glukose aufkochen. Die beiden Fruchtpürees zugeben und gut verrühren. Die eingeweichte und ausgedrückte Gelatine unterrühren. Die Sorbetmasse in einen Pacojet-Becher füllen und im Tiefkühlfach gefrieren.
Kurz vor dem Anrichten die gefrorene Mangocreme im Pacojet zu cremigem Sorbet pacossieren. (Alternativ die Sorbetmasse in einen verschließbaren Behälter umfüllen und tiefgefrieren, dabei in den ersten Stunden mehrmals umrühren. Einige Zeit vor dem Servieren aus dem Tiefkühler nehmen.)

Kiwi-Dattel-Ragout

Das Wasser mit dem Honig, dem ausgekratzten Vanillemark und etwas fein geriebener Tonkabohne in einen Topf geben und behutsam karamellisieren.
Den Weißwein erwärmen. Den Karamell mit dem warmen Wein ablöschen. Das Kiwimark hinzufügen und den Karamellfond schön sämig einkochen.
Die Kiwi- und Dattelwürfel in eine Schüssel gießen und den Fond darübergießen. Die Schüssel mit Klarsichtfolie bedecken und das Ragout über Nacht im Kühlschrank ziehen lassen.
Kurz vor dem Anrichten etwas Sud abnehmen, erwärmen und mit der in etwas kaltem Wasser angerührten Speisestärke binden.

Baiserstäbchen

Die Eiweiße mit dem Kristallzucker, dem Salz, dem ausgekratzten Vanillemark und etwas Zitronenabrieb in einen Rührbecher geben und zu halbsteifem Schnee schlagen.
Den Puderzucker unter stetigem Schlagen hinzufügen, bis ein steifer Schnee entstanden ist.
Den Eischnee in einen Spritzbeutel geben und in feinen Strängen auf ein mit einer Silikonbackmatte bedecktes Backblech spritzen.
Die Baiserstreifen im auf 150 °C vorgeheizten Backofen (Umluft) 10 Minuten backen, anschließend bei 50 °C 6 Stunden trocknen.

Kokossavarin
Die Eiweiße mit dem Trockeneiweiß, 60 g Zucker und dem Salz in einen Rührbecher geben und zu steifem Schnee schlagen.
Das Mandelmehl, die Kokosraspeln, das Mehl und den restlichen Zucker (95 g) in einer Schüssel vermengen. Das Gemisch unter den Eischnee ziehen.
Den Teig in eine Savarinform füllen und im auf 180 °C vorgeheizten Backofen (Ober- / Unterhitze) 15 Minuten backen.

Mangosauce
Das Mangopüree mit dem Passionsfruchtpüree und dem ausgekratzten Vanillemark in eine Schüssel geben und verrühren. Das Püree mit etwas in kaltem Wasser angerührter Speisestärke binden und in eine Spritzflasche umfüllen.

Schokocrumbles
Die weiche Butter mit dem Zucker in eine Rührschüssel geben und mit einem Handrührgerät mit Knethaken zu feinen Streuseln verkneten.
Das Mehl mit dem Kakao und den Kokosraspeln in eine Schüssel sieben. Das Mehl-Kakao-Gemisch locker in die Butterstreusel kneten. Die Streusel auf einem mit einem mit einer Silikonbackmatte bedeckten Backblech verteilen und 1 Stunde im Tiefkühlfach anfrieren.
Die Schokostreusel anschließend im auf 180 °C vorgeheizten Backofen (Umluft) 15 Minuten backen.

Anrichten
In die Mitte der Teller die Schokocrumbles kreisförmig aufstreuen. 1 Nocke Mangosorbet darauflegen. Seitlich davon 1 Schnitte Kokossavarin anrichten. Auf der anderen Seite das Kiwiparfait anrichten. Dazwischen das Kiwi-Dattel-Ragout, die Baiserstäbchen, die Kokosspalten und -rauten und die Blüten legen. Die Mangosauce als kleine Tupfer aufspritzen.

ERDNUSSSTRUDEL | HIBISKUSBLÜTE | CHAMPAGNER | AMARENAKIRSCHE

ERDNUSSSTRUDEL | HIBISKUSBLÜTE | CHAMPAGNER | AMARENAKIRSCHE

ZUTATEN
FÜR 4 PERSONEN

Für den Erdnussstrudelteig
100 g Strudelteig (siehe Grundrezept Seite 316)

Für die Erdnussstrudelfüllung
75 g weiche Butter
50 g Erdnussbutter
100 g Kristallzucker
1 Vanilleschote
½ Zimtstange
fein geriebene Schale von 1 unbehandelten Orange
fein geriebene Schale von 1 unbehandelten Limette
3 Eier
112 g Erdnusskerne

Für die Champagnermousse
siehe »CHAMPAGNERMOUSSE | AMARENAKIRSCHEN | TONKAEIS« Seite 213)

Anrichten
Bananenblattrechtecke
Zuckersirupchip
4 eingelegte Hibiskusblüten
Champagnergeleewürfel (siehe »MILCHREISKNÖDEL | KÜRBIS | INGWER | QUITTE« Seite 205, ohne Quittenpüree)

ZUBEREITUNG

Erdnussstrudel
Die weiche Butter mit der Erdnussbutter, 50 g Zucker, dem ausgekratzten Vanillemark, der geriebenen Zimtstange sowie den Orangen- und Limettenabrieb in eine Schüssel geben und schaumig schlagen.
Die Eier trennen. Die Eigelbe einzeln hinzufügen und gründlich hineinrühren (jedes Eigelb ca. 30 Sekunden).
Die Eiweiße mit dem restlichen Zucker (50 g) in einen Rührbecher geben und zu steifem Schnee schlagen.
Die Erdnüsse in einer Pfanne ohne Fettzugabe rösten, dann grob reiben. Die geriebenen Erdnüsse in die Masse rühren.
Auf der bemehlten Arbeitsfläche den Strudelteig zu 2 hauchdünnen Rechtecken (15 × 25 cm) ausrollen. Die Füllung dünn auf den Teig streichen und diesen aufrollen. Die beiden Strudel im auf 200 °C vorgeheizten Backofen (Ober-/Unterhitze) 25 Minuten backen.
Vor dem Servieren die beiden Strudel halbieren.

Champagnermousse
Die Mousse wie im Rezept »CHAMPAGNERMOUSSE | AMARENAKIRSCHEN | TONKAEIS« (Seite 213) beschrieben zubereiten.
Die Mousse auf Silikonplatten für Halbsphären (Durchmesser ca. 4 cm) streichen und in den Kühlschrank stellen.

Anrichten
Die Erdnussstrudel schräg anschneiden und auf den mit je 1 Bananenblattrechteck belegten Tellern anrichten. Daneben 1 Champagnermoussehalbkugel mit 1 Zuckersirupchip setzen. Auf die andere Seite 1 Hibiskusblüte mit 1 Champagnergeleewürfel legen.

Mein Tipp:
Die Strudel lassen sich auch wunderbar vorproduzieren und tiefkühlen. Mit Butter bestreichen und backen.

WEINTRAUBEN | STRUDEL | BAUMKUCHEN | EIS

ZUTATEN
FÜR 4 PERSONEN

Für das Most-Buttermilch-Eis
250 g Buttermilch
190 g Most (von Birnen oder weißen Trauben)
75 g Kristallzucker
fein abgeriebene Schale von ½ unbehandelte Zitrone
½ Vanilleschote

Für das Birnen-Ragout
50 g Kristallzucker
175 ml weißer Portwein
1 Vanilleschote
1 Zimtstange
100 g fein gewürfeltes Birnenfruchtfleisch
etwas Maisstärke

Für das Weintrauben-Ragout
50 g Kristallzucker
175 ml roter Portwein
1 Vanilleschote
1 Zimtstange
100 g halbierte blaue Weintrauben, ohne Kerne
etwas Maisstärke

Für den Birnenchip
1 Birne
100 g Kristallzucker
100 g Wasser
1 Vanilleschote

Für den Weintraubenstrudel
150 g weiche Butter
120 g Kristallzucker
1 Vanilleschote
½ TL Zimt
1 unbehandelte Orange
1 unbehandelte Limette
3 Eier
135 g gemahlene geröstete Haselnusskerne
12 Blatt Strudelteig (à 10 × 20 cm)
etwas flüssige Butter
300 g blaue Trauben, halbiert und entkernt

Für den Baumkuchen
siehe »MARILLE | STAUDENSELLERIE | BAUMKUCHEN« Seite 274 (ohne Schokolade)

Für die Birnen-Panna-cotta
200 g flüssige Sahne
140 g Birnenpüree (z. B. Boiron)
70 g brauner Zucker
1 Vanilleschote
5 g Calvados
3 Blatt weiße Gelatine

Für die Nougatespuma
125 g Vollmilch
125 g flüssige Sahne
75 g Haselnussnougatmasse
25 g Kristallzucker
120 g Eigelb
5 ml Amaretto
1 g Agar-Agar (pflanzliches Geliermittel)

Anrichten
Puderzucker
4 Schokostäbchen

ZUBEREITUNG

Most-Buttermilch-Eis

Die Buttermilch mit dem Most, dem Zucker, der fein geriebenen Zitronenschale und dem ausgekratzten Vanillemark und der Vanilleschote in einen Topf geben und aufkochen. Das Gemisch rühren, bis sich der Zucker aufgelöst hat. Die Eisgrundmasse gekühlt einen Tag ziehen lassen. Die Vanilleschote entfernen. Die Mostcreme in einen Pacojet-Becher füllen und im Tiefkühlfach gefrieren lassen. Die Mostcreme vor dem Anrichten portionsweise pacossieren. (Alternativ die Eisgrundmasse in einen verschließbaren Behälter umfüllen und einfrieren, dabei in den ersten Stunden mehrmals umrühren. Einige Zeit vor dem Servieren das Eis aus dem Gefrierfach nehmen und portionieren.)

Baumkuchen

Den Baumkuchen wie im Rezept »MARILLE | STAUDENSELLERIE | BAUMKUCHEN« (Seite 274, aber ohne Schokolade) beschrieben zubereiten und beiseitestellen.

Birnen-Ragout

Den Zucker in einen kleinen Topf geben und unter Rühren karamellisieren. Mit dem erwärmten Portwein ablöschen und das ausgekratzte Mark, die Vanilleschote und die Zimtstange zugeben. Den Karamell unter Rühren auflösen und den Karamellfond sämig reduzieren. Den Sud anschließend über die Birnenwürfel geben und über Nacht im Kühlschrank ziehen lassen.
Vor dem Servieren etwas vom Sud abnehmen, in einen kleinen Topf umfüllen und mit etwas Maisstärke bis zur gewünschten Konsistenz abbinden.

Weintrauben-Ragout

Den Zucker in einen kleinen Topf geben und unter Rühren karamellisieren. Mit dem erwärmten Portwein ablöschen und das ausgekratzte Mark, die Vanilleschote und die Zimtstange zugeben. Den Karamell unter Rühren auflösen und den Karamellfond sämig reduzieren. Den Sud anschließend über die Weintraubenhälften geben und über Nacht im Kühlschrank ziehen lassen.
Vor dem Servieren etwas vom Sud abnehmen, in einen kleinen Topf umfüllen und mit etwas Maisstärke bis zur gewünschten Konsistenz abbinden.

Birnenchip

Die Birne mit einer Aufschnittmaschine in hauchfeine Scheiben schneiden, dabei aufpassen, dass das Kerngehäuse nicht mit geschnitten wird. Die Birnenscheiben mit dem Zucker, dem Wasser und dem ausgekratzten Vanillemark in einen Vakuumierbeutel geben, vakuumieren und 1 Stunde ziehen lassen. Die marinierten Birnenscheiben aus dem Sud nehmen und abtropfen lassen, dann auf ein mit einer Silikonbackmatte bedecktes Backblech legen und im auf 50 °C vorgeheizten Backofen (Umluft) 1 Stunde zu knusprigen Chips trocknen.

Weintraubenstrudel

Die weiche Butter mit 100 g Zucker, dem ausgekratzten Vanillemark, dem Zimt sowie den fein abgerissenen Zesten der Orange und der Limette in eine Schüssel geben und mit dem Handrührgerät schaumig schlagen. Anschließend die Eigelbe einzeln hineinrühren (jedes Eigelb ca. 30 Sekunden), bis eine gebundene Creme entstanden ist.
Die Eiweiße mit dem restlichen Zucker (20 g) in einen hohen Rührbecher geben und mit dem Handrührgerät zu steifem Schnee schlagen. Den Eischnee vorsichtig unter die Creme ziehen. Zum Schluss vorsichtig die gemahlenen Haselnüsse unterheben.
Die Strudelteigblätter auf der Arbeitsplatte auslegen und zur Hälfte mit der Butter bestreichen. Die Strudelblätter so umklappen, dass Quadrate entstehen. Auf diese die Haselnusscreme streichen, dabei einen Rand stehen lassen. Anschließend mit den halbierten Trauben belegen und die Mini-Strudel aufrollen und im auf 180 °C vorgeheizten Backofen (Ober-/Unterhitze) 15 Minuten backen.

Birnen-Panna-cotta

Die Sahne mit dem Birnenpüree, dem Zucker und dem ausgekratzten Vanillemark in einen Topf geben und aufkochen. Den Topf vom Herd nehmen und den Calvados in das heiße Sahne-Birnen-Gemisch rühren.
Die Gelatine 5 Minuten in kaltem Wasser einweichen, dann ausdrücken und unter Rühren in dem heißen Sahne-Birnen-Gemisch auflösen. Diese Sahne-Birnen-Creme auf ein Eiswürfelbad stellen und kalt rühren. Den Rand runder Formen mit Baumkuchen auslegen und die Birnen-Panna-cotta einfüllen.
Bis zum Servieren kalt stellen.

Nougatespuma

Die Milch mit der Sahne in einen Topf geben und aufkochen. Die zimmerwarme Nougatmasse und den Zucker hinzufügen und unter Rühren in der heißen Flüssigkeit auflösen. Die Masse auf Zimmertemperatur abkühlen lassen.

Die Eigelbe in die Nougatsahne rühren, den Topf auf ein heißes Wasserbad stellen und die Creme unter Rühren zur Rose abziehen. Die Nougatsahne mit dem Amaretto abschmecken und das Agar-Agar unterrühren. Die Masse in eine Espumaflasche füllen und diese mit 2 Kapseln bestücken. Die Espumaflasche in einem 85 °C warmen Wasserbad warm halten.

Anrichten

Je 1 gefüllten Baumkuchen auf die Teller stellen und 1 Nocke Most-Buttermilch-Eis daraufsetzen. Auf jeden Teller 2 ganze und einen halbierten Birnenstrudel setzen. Die Strudel mit Puderzucker bestäuben. Das Birnen- und das Traubenragout dazugeben. Die warme Nougatespuma an das Fruchtragout spritzen. Die Teller mit Birnenchips und Schokostäbchen dekorieren.

SCHWARZBEERNOCKEN

ZUTATEN
FÜR 4 PERSONEN

Für die Crème Pâtissière
500 g Vollmilch
80 g Kristallzucker
50 g Eigelb
20 g Weizenmehl
(Wiener Grießler)
20 g Vanillepuddingpulver

Für die Nocken
200 g Crème Pâtissière
50 g Weizenmehl
(Wiener Griessler)
50 g Eigelb
90 g Eiweiß
50 g Kristallzucker
1 EL Butterschmalz
200 g Schwarzbeeren
(Blaubeeren), geputzt
und verlesen
Puderzucker zum
Bestäuben

Für das Schwarzbeerragout
100 g Kristallzucker
200 g trockener Rotwein,
etwas mehr zum Anrühren
des Puddingpulvers
200 g roter Portwein
350 g Schwarzbeeren
(Blaubeeren), geputzt und
verlesen
1 unbehandelte Zitrone
1 unbehandelte Orange
1 Vanilleschote
10 g Vanillepuddingpulver

ZUBEREITUNG

Crème Pâtissière
Alle Zutaten im Thermomix etwa 20 Minuten bei 100 °C zu einer gebundenen Creme mixen. Die Creme abkühlen lassen. Von der Crème Pâtissière 200 g abnehmen und für die Zubereitung der Nocken kalt stellen. Den Rest der Crème Pâtissière anderweitig verwenden.

Nocken
Die kalte Crème Pâtissière mit dem Mehl und den Eigelben in eine Schüssel geben und glatt rühren. Die Eiweiße mit dem Zucker zu steifem Schnee schlagen. Den Eischnee unter den Teig ziehen.
Das Butterschmalz in einer ofenfesten Pfanne erhitzen. Den Teig in das heiße Butterschmalz geben. Die Blaubeeren darüber verteilen.
Die Pfanne in den auf 180 °C vorgeheizten Backofen (Ober- / Unterhitze) stellen und die Nocken darin 12–14 Minuten backen. Dann aus dem Ofen nehmen und mit Puderzucker bestäuben.

Schwarzbeerragout
Den Zucker in einem Topf erhitzen und leicht karamellisieren. Den Karamell mit dem Rotwein und dem Portwein ablöschen und leicht einkochen. Die Blaubeeren hineingeben. Die fein abgeriebene Schale der Zitrone und der Orange sowie den frisch gepressten Saft der Zitrone und der Orange und das ausgekratzte Vanillemark hinzufügen.
Das Vanillepuddingpulver mit etwas Rotwein glatt rühren und das Beerenragout damit binden. Das Beerenragout dann 30 Minuten kalt stellen.

Anrichten
Die Schwarzbeernocken am besten direkt aus der Pfanne servieren.
Das Schwarzbeerragout separat dazu reichen.

Tipp
Anstelle der Schwarzbeeren können Sie die Nocken auch mit Johannisbeeren oder Himbeeren zubereiten.

CASSIS-MOHN-TÖRTCHEN
HIMBEER-TOPFEN-SCHOKO-TÖRTCHEN

ZUTATEN FÜR 6 CASSIS-MOHN-TÖRTCHEN

Für den Törtchenkern
½ Blatt weiße Gelatine
17 g Cassispüree (z. B. Boiron)
11 g Puderzucker
35 g geschlagene Sahne

Für die Mohnsahne
2 Blatt weiße Gelatine
70 ml Vollmilch
25 g Kristallzucker
17 g Mohnsamen, gemahlen
17 g Eigelb, verquirlt
115 g geschlagene Sahne

Für den Cassisspiegel
1 Blatt weiße Gelatine
100 g Cassispüree (z. B. Boiron)
20 g Puderzucker

Anrichten
weißer Biskuit (siehe Grundrezept Seite 322)
Dekorbiskuit (siehe Grundrezept Seite 323)
6 Physalis
6 Heidelbeeren
6 Himbeeren
2 Erdbeeren

ZUBEREITUNG

Törtchenkern
Die Gelatine 5 Minuten in kaltes Wasser einweichen. Das Cassispüree mit dem Puderzucker gut verrühren. Die Gelatine ausdrücken und in einer Schüssel über einem Wasserbad auflösen. Portionsweise das Cassispüree unter die Gelatine rühren und anschließend die steif geschlagene Sahne unterheben.

Mohnsahne
Die Gelatine 5 Minuten in kaltes Wasser einweichen. Die Milch mit dem Zucker in einen Topf geben und unter Rühren aufkochen. Dann den Mohn hineinrühren. Die Mohnmilch etwas abkühlen lassen, dann die Eigelbe und die ausgedrückte Gelatine hineinrühren. Die Mohncreme auf Eiswasser erkalten lassen, bis sie anfängt zu gelieren. Dann die Schlagsahne unterheben.

Cassisspiegel
Die Gelatine 5 Minuten in kaltem Wasser einweichen. Das Cassispüree mit dem Puderzucker gut verrühren. Die eingeweichte Gelatine ausdrücken und in einer Schüssel über einem Wasserbad auflösen. Portionsweise das Cassispüree unter die Gelatine rühren.

Anrichten
Den Rand des Bodens ovaler Dessertformen mit dem Dekorbiskuit ca. 1 cm hoch auskleiden und ein ca. 1 cm hohes Stück Biskuitboden einfügen. Die Mohnsahne ca. 2 cm hoch einfüllen, so dass zentral ein Hohlraum bleibt, in den die Masse für den Törtchenkern gefüllt wird. Das Ganze mit einer dünnen Schicht Mohnsahne abdecken. Abschließend eine dünne Schicht Cassisspiegel darübergießen und das Törtchen kühlen. Vor dem Servieren das Törtchen mit jeweils einer Physalis, einer Heidelbeere, einer gezuckerten Himbeere und einer geviertelten Erdbeere dekorieren. (Das Törtchen ist im Bild hinten zu sehen.)

ZUTATEN FÜR 6 HIMBEER-TOPFEN-SCHOKO-TÖRTCHEN

Für die Rumhimbeeren
100 g frische Himbeeren, geputzt und verlesen
25 g brauner Rum

Für die Topfensahne
2 Blatt weiße Gelatine
150 g Topfen (Quark), Fettgehalt 20 %
35 g flüssige Sahne
40 g Kristallzucker
20 g Eigelb
frisch gepresster Zitronensaft
Zesten von 1 unbehandelten Zitrone
Salz
frisch geriebene Muskatnuss
220 g geschlagene Sahne

Für die Schokomousse
50 g Eigelb
100 g flüssige Kuvertüre, Kakaogehalt mind. 60 %
80 g flüssige Sahne, leicht erwärmt
220 g geschlagene Sahne

Für die Himbeerglasur
2 Blatt weiße Gelatine
200 g Himbeerpüree (z. B. Boiron)
20 g Kristallzucker
frisch gepresster Zitronensaft

Anrichten
weißer Biskuit (siehe Grundrezept Seite 322)
Sacherboden (siehe Grundrezept Seite 321)
6 Schokoladendekorringe
6 Heidelbeeren
12 Himbeeren
Zitronenmelisse

ZUBEREITUNG

Rumhimbeeren
Die Himbeeren in eine kleine Schüssel geben und mit dem Rum übergießen. Die Schüssel bedecken und in den Kühlschrank stellen. Die Himbeeren 24 Stunden ziehen lassen.

Topfensahne
Die Gelatine 5 Minuten in kaltem Wasser einweichen. Den Topfen mit der flüssigen Sahne, dem Zucker, dem Eigelb, etwas Zitronensaft und den Zitronenzesten in eine Schüssel geben und glatt rühren. Die Topfencreme mit Salz und Muskatnuss abschmecken. Die ausgedrückte Gelatine über einem Wasserbad auflösen und unter die Topfenmassse rühren. Zum Schluss die geschlagene Sahne unter die Topfencreme ziehen.

Schokomousse
Die Eigelbe in einer Schüssel schaumig schlagen. Die flüssige Kuvertüre und die flüssige Sahne langsam hineinrühren, bis eine gebundene Creme entstanden ist. Dann die geschlagene Sahne unterziehen. Die Mousse kalt stellen.

Himbeerglasur
Die Gelatine 5 Minuten in kaltem Wasser einweichen. Das Himbeerpüree mit dem Zucker und etwas Zitronensaft verrühren und durch ein feines Sieb passieren. Die Gelatine ausdrücken und über einem Wasserbad auflösen. Das passierte Himbeermus portionsweise unter die Gelatine rühren.

Anrichten
Den Boden ovaler Dessertformen mit dem hellen Biskuit ca. 1 cm hoch ausfüllen. Dann die Topfenmousse ca. 2 cm hoch einfüllen, so dass in der Mitte ein Hohlraum bleibt, der mit den Rumhimbeeren gefüllt wird. Den Sacherboden in der entsprechenden ovalen Form ausstechen und darüberlegen. Als letzte Schicht die Schokomousse darübergeben und das Törtchen einfrieren. Anschließend das gefrorene Törtchen aus der Form lösen und vollständig mit der Himbeerglasur überziehen. Vor dem Servieren das Törtchen mit je 1 Schokoring, 1 Heidelbeere, 2 Himbeeren und 1 Blättchen Zitronenmelisse garnieren. (Das Törtchen ist im Bild vorne zu sehen.)

Mein Tipp:

Man gibt dem Törtchen eine besondere Note, wenn man verschiedene Schokoladen verwendet. (z.B. Orangenschokolade, Chilischokolade, Kaffeeschokolade)

MANGO-SCHOKO-TÖRTCHEN
SCHOKO-RUM-KUPPEL | HIMBEEREN

ZUTATEN FÜR 4 MANGO-SCHOKO-TÖRTCHEN

Für die Mangocreme
220 g Mangopüree (z. B. Boiron)
10 g Kristallzucker
25 g flüssige Kakaobutter
2,5 g weiße Pulvergelatine
8 g Wasser

Für die Schokoladensahne
16 g Eigelb
25 g flüssige Sahne
12 g Grand Marnier
2,5 g Pulvergelatine
7 g Wasser
45 g flüssige Vollmilchkuvertüre (40 % Kakaogehalt)
45 g flüssige Kuvertüre (60 % Kakaogehalt)
50 g weiche Butter
130 g geschlagene Sahne

Für die Mangoglasur
100 g Mangopüree
1 Blatt weiße Gelatine

Anrichten
8 ovale Sacherböden (siehe Grundrezept Seite 321)
Dekorbiskuit (siehe Grundrezept Seite 323)
Mangoscheiben
Schokoladendekor
4 Himbeeren
Melisseblättchen

ZUBEREITUNG

Mangocreme
Das Mangopüree mit dem Zucker und der flüssigen Kakaobutter glatt rühren.
Die Gelatine in warmem Wasser auflösen und in die Mango-Schokoladen-Creme rühren.

Schokoladensahne
Die Eigelbe in einem hohen Rührbecher mit dem Handrührgerät schaumig schlagen. Die flüssige Sahne und den Grand Marnier abwechselnd hineinrühren. Die Gelatine in dem warmen Wasser auflösen und unter Rühren in die Eigelbmischung geben. Dann die beiden flüssigen Kuvertürensorten und die Butter abwechselnd mit der geschlagenen Sahne hineinrühren.

Mangoglasur
Das Mangopüree in einem kleinen Topf erwärmen.
Die Gelatine 5 Minuten in kaltem Wasser einweichen, dann ausdrücken und unter Rühren in dem heißem Mangopüree auflösen.
Das Mangopüree etwas abkühlen lassen.

Anrichten
Mit ovalen Anrichteringen 8 Platten Sacherboden ausstechen. Die Formen mit einer Schicht Sacherboden und Dekorbiskuit auslegen und ein Schicht Schokoladensahne so auftragen, dass ein Hohlraum entsteht, in den die Mangocreme gefüllt wird. Anschließend nochmals Schokoladensahne auftragen. Das Törtchen dann gut kühlen. Als letzte Schicht die Mangoglasur auftragen und nochmals gut kühlen. Das Törtchen mit dünnen Mangoscheiben, 1 Schokodekor, 1 schokolierten und mit Perlglanz angestaubten Himbeere und Melisseblättchen garnieren. (Das Törtchen ist im Bild hinten zu sehen.)

ZUTATEN
FÜR 4 SCHOKO-RUM-KUPPELN

Für die Himbeeren in Rum
100 g frische Himbeeren, geputzt und verlesen
20 g brauner Rum

Für die Rumsahne
250 g flüssige Sahne
35 g Kristallzucker
30 g brauner Rum
2 ½ Blatt weiße Gelatine

Für die Schokoladen-Karamell-Mousse
50 g flüssige Sahne
25 g Kristallzucker
20 g Eigelb
75 g Zartbitterkuvertüre (Kakaogehalt 66 %)
150 g geschlagene Sahne

Anrichten
150 g Sacherboden (siehe Grundrezept Seite 321)
Glasur (siehe »MOZART-TÖRTCHEN« Seite 246)
4 Himbeeren
Schokodekor
Minzeblättchen

ZUBEREITUNG

Himbeeren in Rum
Die Himbeeren in eine Schüssel geben und mit dem Rum übergießen. Die Schüssel bedecken und in den Kühlschrank stellen. Die Himbeeren darin 24 Stunden ziehen lassen.

Rumsahne
Die Sahne mit dem Zucker in einen hohen Rührbecher geben und steif schlagen, dann den Rum hinzufügen. Die Gelatine 5 Minuten in kaltem Wasser einweichen, dann ausdrücken und unter Rühren in der Rumsahne auflösen. Die Rumsahne so in eine Kuppelform (ca. 8 cm Durchmesser) streichen, dass ein kleiner Hohlraum entsteht, in den die Rumhimbeeren gefüllt werden. Im Kühlschrank kühlen.

Schokoladen-Karamell-Mousse
Die flüssige Sahne in einem kleinen Topf vorsichtig erhitzen.
Den Zucker in einem kleinen Topf karamellisieren. Den Karamell mit der heißen Sahne ablöschen. Die Eigelbe in die heiße Karamellsahne rühren, dann den Topf auf ein Eiswürfelbad stellen und die Creme kalt schlagen.
Die Kuvertüre in Stücke hacken und vorsichtig schmelzen. Die flüssige Kuvertüre und die geschlagene Sahne abwechselnd unter die Karamellcreme ziehen.

Fertigstellen der Schoko-Rum-Kuppeln
Die Karamellcreme auf die Rumsahne und Himbeeren streichen und das Törtchen mit einem rund ausgestochenen Sacherboden abschließen.
Das Törtchen gut kühlen und zum Schluss vollständig mit der Glasur überziehen. Bis zum Servieren gut kühlen.

Anrichten
Das Schokotörtchen mit einer Himbeere, einigen Schokoplättchen und etwas Minze servieren. (Das Törtchen ist im Bild vorne zu sehen.)

Mein Tipp:
Frische Früchte verwenden.
Unbedingt Thai-Mangos verwenden, da sie im Geschmack wesentlich besser und reifer sind.

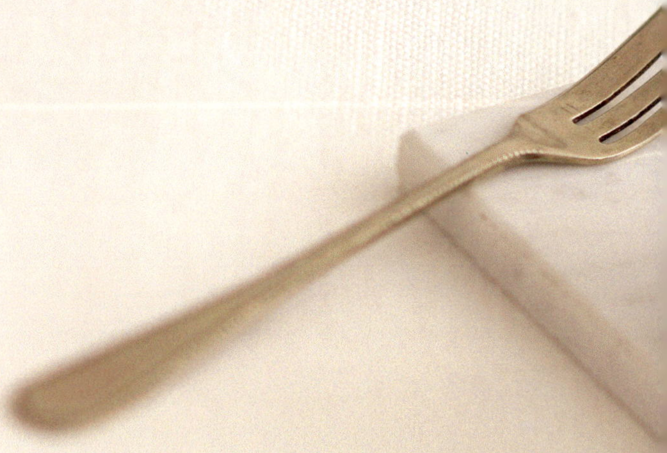

REHRÜCKEN »CARPE DIEM« MOZARTTÖRTCHEN

ZUTATEN FÜR 4 REHRÜCKEN

Für den Rehrücken
105 g weiche Marzipanrohmasse
125 g Puderzucker
150 g Vollei
110 g Vollmilch
135 g Weizenmehl, Type 405
25 g Kakaopulver
3 g Backpulver
30 g gehackte Kuvertüre (Kakaogehalt 60 %)
25 g blanchierte Mandelkerne, gemahlen
20 g Pistazienkerne, gemahlen
125 g flüssige Butter

Für die Garnitur
Schokoladenglasur (siehe »MOZARTKUGEL« Seite 201)
50 g Mandelstifte

ZUBEREITUNG

Rehrücken
Die weiche Marzipanmasse mit dem Puderzucker in der Küchenmaschine zu einer gebundenen Masse rühren. Dann das Ei unter stetigem Rühren esslöffelweise dazugeben, bis ein gebundener Teig entstanden ist. Anschließend die Milch in den Teig rühren.
Das Mehl mit dem Kakaopulver und dem Backpulver versieben und esslöffelweise in den Teig rühren. Danach die Kuvertüre, die Mandeln und die Pistazien unter den Teig ziehen. Zum Schluss die flüssige Butter in den Teig mengen.
Den Teig in eine schmale Rehrückenform gießen und bei 180 °C im vorgeheizten Backofen (Ober- / Unterhitze) ca. 25 Minuten backen.
Den Kuchen aus der Form lösen und mit der Schokoladenglasur überziehen. Die Mandelstifte in den Rücken stecken. (Der Rehrücken ist im Bild hinten zu sehen.)

ZUTATEN FÜR 4 MOZART-TÖRTCHEN

Für die Haselnusssahne
30 g Eigelb
50 g Vollei
40 g Kristallzucker
1 Vanilleschote
Salz
8 g weiße Pulvergelatine
35 g Wasser
40 g Haselnussnougat
50 g Haselnusskrokant
300 g geschlagene Sahne

Für die Pistazienschicht
150 g Vollmilch
50 g Eigelb
30 g Kristallzucker
6 g weiße Pulvergelatine
Salz
50 g Pistazienpaste (erhältlich im Lebensmittelfachhandel)
50 g Marzipanrohmasse
30 g Maraschino
200 g geschlagene Sahne

Für die Glasur
100 g Kuvertüre (Kakaogehalt 60 %)
100 ml flüssige Sahne

Anrichten
8 runde Sacherböden (Durchmesser 5 cm, siehe Grundrezept Seite 321)
Dekorbiskuit (siehe Grundrezept Seite 323)
steif geschlagene Sahne
Schokoladendekor
Haselnusskrokant

ZUBEREITUNG

Haselnusssahne
Die Eigelbe mit dem Vollei, dem Zucker, dem ausgekratzten Vanillemark und etwas Salz in eine Metallschüssel geben und über einem heißen Wasserbad unter Rühren schaumig schlagen.
Die Gelatine in dem Wasser auflösen und unter Rühren in die Eigelbmischung geben.
Den Haselnussnougat in kleine Stücke brechen und unter Rühren in der Creme auflösen.
Den Haselnusskrokant hinzufügen und das Gemisch über einem Eiswürfelbad kalt schlagen. Zum Schluss die geschlagene Sahne unterziehen.

Pistazienschicht
Die Milch mit den Eigelben, dem Zucker, der Gelatine und etwas Salz in eine Metallschüssel geben und über einem warmen Wasserbad unter Rühren auf 85 °C erhitzen.
Die Pistazienpaste, die Marzipanrohmasse und den Maraschino hinzufügen und das Gemisch über einem Eiswürfelbad kalt schlagen. Zum Schluss die geschlagene Sahne unterziehen.

Glasur
Die Kuvertüre sehr fein hacken. Die Sahne aufkochen und über die Kuvertüre gießen. So lange umrühren, bis die Kuvertüre aufgelöst ist und die Ganache schön glänzt.

Anrichten
4 Anrichteringe mit Sacherböden und Dekorbiskuit auskleiden. Etwas Haselnusssahne einfüllen und in jeden Anrichtering 1 weiteren Sacherboden legen. Mittig mit einem Teelöffel etwas Pistaziencreme auf den Kuchenboden setzen und mit der Haselnusssahne umhüllen. Die Törtchen kühlen. Eine Schicht Glasur auf die Törtchen streichen und wieder kühl stellen.
Die Mozarttörtchen mit geschlagener Sahne, Schokoladendekor und Haselnusskrokant garnieren. (Das Törtchen ist im Bild vorne zu sehen.)

Mein Tipp:

Die Glasur erhält einen besonderen Glanz, wenn man Gelatine und Pektin dazugibt.

VANILLETRÜFFELN

ZUTATEN
FÜR CA. 30 TRÜFFELN

200 g flüssige Sahne
27 g Trimoline (Invertzucker)
1 Vanilleschote
1 Prise Fleur de Sel
375 g weiße Kuvertüre (»Ivoire«, 35 % Kakaobutter)
27 g Vanillelikör (am besten »Galliano«, italienischer Vanillelikör)
Vanillezucker zum Wälzen
30 Hohlkugeln

ZUBEREITUNG

Die Sahne mit der Trimoline, dem ausgekratzten Vanillemark, der leeren Vanilleschote sowie dem Fleur de Sel in einen Topf geben und aufkochen, dann durch ein Sieb in eine Metallschüssel gießen.
Einen Teil der heißen Sahnemischung über die gehackte Schokolade geben und diese über einem Wasserbad auflösen. Anschließend die restliche Sahnemischung unterrühren.
Den Vanillelikör in die heiße Ganache rühren.
Die Ganache bis auf 26–29 °C abkühlen und in Formen abfüllen. Die Formen anschließend über Nacht kühlen und dann verschließen und in Vanillezucker wälzen.

HIMBEERTRÜFFELN

ZUTATEN FÜR CA. 35 TRÜFFELN

150 g Himbeeren (TK-Produkt)
150 g Puderzucker
250 g Himbeergeist
76,2 g Himbeerpaste (z. B. Dreidoppel)
20 g flüssige Sahne
18 g Himbeersirup
81 g Vollmilchkuvertüre (40 % Kakaogehalt)
22 g Himbeergeist (erhältlich im Lebensmittelfachhandel)

ZUBEREITUNG

Die Himbeeren auftauen lassen und mit dem Puderzucker, dem Himbeergeist und 75 g Himbeerpaste vorsichtig vermengen. Die Himbeeren gut durchziehen lassen.
Die Sahne mit dem Sirup in einen Topf geben und aufkochen.
Die Kuvertüre in Stücke hacken und behutsam in der Sahnemischung auflösen.
Den Himbeergeist sowie die restliche Himbeerpaste in die heiße Ganache rühren.
Die Ganache bis auf 26–29 °C abkühlen, in Formen abfüllen und erkalten lassen. Anschließend mit den eingelegten Himbeeren füllen und verschließen.

KAFFEETRÜFFELN

ZUTATEN
FÜR CA. 25 TRÜFFELN

125 g flüssige Sahne
25 g Glukose (Traubenzucker)
1 EL Instant-Kaffeepulver
75 g Mandelnougatmasse
225 g Vollmilchkuvertüre (40 % Kakaogehalt)
31 g Whiskey-Sahne-Likör (am besten »Baileys«)
31 g Kaffeelikör (am besten »Kahlua«)
Kakaopulver zum Wälzen

ZUBEREITUNG

Die Sahne mit der Glukose und dem Instant-Kaffeepulver in einen Topf geben und aufkochen. Dann den Topf vom Herd nehmen.
Die Nougatmasse in Stücke schneiden und unter Rühren in der Kaffeesahne auflösen.
Die Kuvertüre in Stücke hacken und zusammen mit einem Teil der Sahnemischung über einem Wasserbad auflösen. Die restliche Sahnemischung unterrühren.
Anschließend die beiden Liköre in die heiße Ganache rühren.
Die Ganache auf einem Eiswürfelbad kalt rühren.
Die Ganache bis auf 26–29 °C abkühlen und in Formen abfüllen. Die Formen anschließend über Nacht kühlen, die Trüffel aus der Form lösen, verschließen und in Kakaopulver wälzen.

SALZKARAMELLTRÜFFELN

ZUTATEN
FÜR 25 TRÜFFELN

90 g Kristallzucker
60 g Glukose (Traubenzucker)
1 Vanilleschote
275 g flüssige Sahne
20 g Vollmilchkuvertüre (40 % Kakaogehalt)
37 g gesalzene Butter
1 g Zimtpulver
Vollmilchpralinenhohlkörper (erhältlich beim Konditorbedarf)

ZUBEREITUNG

Den Zucker und die Glukose mit etwas Wasser sowie dem ausgekratzten Vanillemark in einen kleinen Topf geben und leicht karamellisieren.
Die Sahne in einem kleinen Topf erhitzen und den Karamell damit ablöschen. Die Karamellsahne über einem Eiswürfelbad abkühlen lassen.
Die Kuvertüre in Stücke hacken und behutsam in der Sahnemischung auflösen.
Die Butter stückchenweise mit dem Zimt in die auf 38–40 °C temperierte Karamellsahne rühren.
Die Ganache in einen Spritzbeutel füllen und in die Pralinenhohlkörper füllen. Die Pralinen über Nacht ruhen lassen, dann mit etwas flüssiger Kuvertüre verschließen.

NOUGATTRÜFFELN

ZUTATEN
FÜR CA. 10 TRÜFFELN

10 Pralinenhohlkörper
10 karamellisierte Haselnüsse
200 g helle Nougatmasse

ZUBEREITUNG

In die Hohlkörper je eine karamellisierte Haselnuss legen. Anschließend die auf eine Temperatur von 32–34 °C erwärmte Nougatmasse abfüllen. Die Pralinen über Nacht kühlen und dann verschließen.

SCHICHTNOUGAT

ZUTATEN
FÜR 20 PRALINEN

200 g helle Nussnougatmasse
200 g dunkle Nussnougatmasse

ZUBEREITUNG

Die Nougatmassen vor dem Abfüllen jeweils auf eine Temperatur von 32–34 °C erwärmen.
Als erste Schicht die helle Nougatmasse abfüllen. Nachdem diese ausgekühlt und fest ist, mit der dunklen Masse genauso verfahren. Diesen Vorgang abwechselnd so lange wiederholen, bis die Nougatmassen aufgebraucht sind.
Die letzte Schicht kann mit Hilfe eines Zahnspachtels wellenförmig geformt werden.

Hinweis
Alle Pralinen nach Belieben ausdekorieren.

WARMER TOPFENKUCHEN | BLUTORANGEN | AKAZIENHONIGEIS

ZUTATEN
FÜR 4 PERSONEN

Für das Akazienhonigeis
300 g Vollmilch
250 g flüssiger Akazienhonig
13 g Eiweiß
6 g feine Speisestärke
25 g Milchpulver
500 g Naturjoghurt (3,5 % Fettgehalt)

Für den Topfenkuchen
25 g weiche Butter
30 g Puderzucker
1 Vanilleschote
Abrieb und Saft von 1 unbehandelten Zitrone
1 Prise Salz
frisch geriebene Muskatnuss
4 Eigelb
350 g Topfen (Quark, 20 % Fettgehalt)
25 g Weizenstärke
13 g Milchpulver
48 g Vollmilch
4 Eiweiß
63 g Kristallzucker

Für die Mohn-Pfeffer-Hippe
175 g Fondant (weiche Zuckerpaste)
125 g Glukose (Traubenzucker)
1 EL Wasser
15 g Butter
2 EL gemahlene Mohnsamen
1 EL geschrotete schwarze Pfefferkörner

Für das Blutorangenragout
50 g Kristallzucker
1 EL Wasser
½ Vanilleschote
75 g trockener Weißwein
50 g frisch gepresster Orangensaft
1 Zimtstange
1 EL Grenadinensirup
½ TL feine Speisestärke
250 g Blutorangenfilets

Für die Reiswaffel
100 g Zartbitterkuvertüre (60 % Kakaogehalt)
25 g Puffreis

Für die Vanilleluft
350 g Wasser
150 g flüssiger Honig
1 Vanilleschote
6 g Lecite (pflanzlicher Emulgator aus Sojalecithin)

Anrichten
flüssige weiße Schokolade
essbare Blüten
goldfarbene Zuckerperlen

ZUBEREITUNG

Akazienhonigeis
Die Milch mit dem Honig in einen Topf geben und aufkochen. Den Honig unter Rühren auflösen.
Die Eiweiße mit der Speisestärke zu steifem Schnee schlagen. Den Eischnee in die heiße Milchmischung geben. Dann das Milchpulver zugeben und hineinrühren.
Zum Schluss den Joghurt hinzufügen und alles glatt rühren. Die Akazienhonigcreme in eine Schüssel füllen, mit Frischhaltefolie bedecken und über Nacht im Kühlschrank ziehen lassen.
Die Akazienhonigcreme dann in einen Pacojet-Becher füllen und im Tiefkühlfach gefrieren. Kurz vor dem Anrichten die gefrorene Akazienhonigcreme im Pacojet zu cremigem Eis pacossieren. (Alternativ die Eismasse in einen verschließbaren Behälter umfüllen und tiefgefrieren, dabei in den ersten Stunden mehrmals umrühren. Das Akazienhonigeis einige Zeit vor dem Servieren aus dem Tiefkühlfach nehmen.)

Topfenkuchen
Die weiche Butter mit dem Puderzucker, dem ausgekratzten Vanillemark, dem Zitronenabrieb, dem Zitronensaft, dem Salz und etwas Muskat in eine Schüssel geben und mit dem Handrührgerät schaumig schlagen.
Die Eigelbe einzeln hinzufügen und gründlich hineinrühren (jedes Eigelb ca. 30 Sekunden).
Anschließend den Topfen hinzufügen und alles zu einem gebundenen Teig verrühren.
Die Weizenstärke in einer Schüssel mit dem Milchpulver vermischen. Das Gemisch in den Topfenteig rühren. Danach die Milch hineinrühren.
Die Eiweiße mit dem Kristallzucker in einen Rührbecher geben und zu cremigem Schnee schlagen. Den Eischnee unter den Topfenteig ziehen.
Den Topfenteig in eine gefettete runde Tortenform (26 cm Durchmesser) füllen, die Oberfläche glatt streichen und den Teig im auf 180 °C vorgeheizten Backofen (Ober- / Unterhitze) ca. 50 Minuten backen. Nach der Hälfte der Backzeit den Kuchen aus dem Ofen nehmen und eventuell über den Rand der Backform gequollene Teiganteile leicht einritzen, damit es später keine Risse in der Oberfläche gibt.
Vor dem Servieren mit einem Anrichtering Zylinder aus dem Kuchen stechen.

Mohn-Pfeffer-Hippe
Den Fondant mit der Glukose und dem Wasser in einen Topf geben und auf 148 °C erhitzen. Die Butter, die Mohnsamen und den Pfeffer in den heißen Sirup rühren.
Die Masse auf ein mit einer Silikonbackmatte bedecktes Backblech streichen und im auf 180 °C vorgeheizten Backofen (Ober- / Unterhitze) 5 Minuten backen.
Den gebackenen Hippenteig in kleine Stücke brechen.

Blutorangenragout
Den Zucker mit dem Wasser und dem ausgekratzten Vanillemark in einen Topf geben und aufkochen. Den Zucker unter Rühren behutsam auflösen.
Den Weißwein und den Orangensaft getrennt erwärmen.
Den Karamell erst mit dem Wein, dann mit dem Orangensaft ablöschen.
Die Zimtstange in den Karamellfond geben und den Fond 30 Minuten ziehen lassen. Den Fond dann durch ein Sieb gießen und den Grenadinensirup und die Speisestärke hineinrühren.
Die Blutorangenfilets in eine Schüssel geben und den Fond darübergießen. Das Blutorangenragout gut durchziehen lassen.

Reiswaffel

Die Kuvertüre schmelzen und den Puffreis unterrühren. Die Masse anschließend auf einem Blech etwa 0,5 cm dick ausstreichen und abkühlen lassen. Vor dem Servieren mit einem Anrichtering runde Reiswaffeln ausstechen.

Vanilleluft

Kurz vor dem Anrichten das Wasser mit dem Honig, dem ausgekratzten Vanillemark und dem Lecite in einen Rührbecher geben und mit dem Stabmixer schaumig aufmixen.

Anrichten

Mit der weißen Schokolade 1 Strich auf die Teller streichen. Auf diesen einige Blüten und Zuckerperlen legen.
Den Topfenkuchen auf die Reiswaffel stellen. Auf den Kuchen eine Nocke Akazienhonigeis legen. Etwas Blutoragenragout verteilen. Die Vanilleluft auf den Teller löffeln und mit der Mohn-Pfeffer-Hippe garnieren.

OLIVENÖLBROWNIE | CASSIS | AVOCADO | THYMIAN

OLIVENÖLBROWNIE | CASSIS | AVOCADO | THYMIAN

ZUTATEN
FÜR 4 PERSONEN

Für das Buttermilch-Thymian-Eis
20 g Milchpulver
100 g Kristallzucker
50 g Glukose (Traubenzucker)
fein geriebene Schale und frisch gepresster Saft von 1 unbehandelten Limette
1 Vanilleschote
500 g Buttermilch
1 Zweig Thymian
1 Blatt weiße Gelatine

Für die Zimtmousse
10 g Eigelb
6 g Vollei
1 Msp. gemahlener Zimt
45 g weiße Kuvertüre
100 g geschlagene Sahne
1 ½ Blatt weiße Gelatine

Für die Cassismousse
52 g Naturjoghurt (3,5 % Fettgehalt)
80 g Cassispüree (z. B. Boiron)
25 g Kristallzucker
etwas frisch gepresster Zitronensaft
1 Blatt weiße Gelatine
65 g flüssige Sahne

Für das Cassisgelee
180 g Cassispüree (z. B. Boiron)
28 g Kristallzucker
25 g flüssige Sahne
2 ½ Blatt weiße Gelatine

Für die Olivenölbrownies
1 Ei
120 g brauner Zucker
63 g dunkle Kuvertüre (61 % Kakaogehalt)
58 g Olivenöl
63 g Weizenmehl, Type 405
25 g Pinienkerne
38 g Cashewkerne
50 g dunkle Knusperschokolade

Für die Cassishippe
25 g Weizenmehl, Type 405
25 g Puderzucker
25 g Eiweiß
25 g flüssige Butter
2 TL Cassispüree (z. B. Boiron)

Für die Avocadoespuma
1 reife Avocado
Saft von ½ Zitrone
ca. 1 TL Läuterzucker
2 Blatt weiße Gelatine
200 g flüssige Sahne

Anrichten
Thymianspitzen
Schokocrumble (siehe »KIWI | KOKOS | MANGO« Seite 222)

ZUBEREITUNG

Buttermilch-Thymian-Eis
Das Milchpulver mit dem Kristallzucker und der Glukose sowie dem Limettenabrieb und -saft und dem ausgekratzten Vanillemark in eine Schüssel geben und vermengen. Etwas Buttermilch hinzufügen und glatt rühren. Das Gemisch in einen Topf geben und erwärmen. Den Thymian hinzufügen und darin ziehen lassen. Die Gelatine 5 Minuten in kaltem Wasser einweichen, dann ausdrücken und unter Rühren in dem warmen Thymiansirup auflösen. Anschließend die restliche Buttermilch hinzufügen und alles glatt rühren. Diese Buttermilch-Thymian-Creme über Nacht im Kühlschrank ziehen lassen. Den Thymianzweig anschließend entfernen.
Die Buttermilch-Thymian-Creme in einen Pacojet-Becher füllen und im Tiefkühlfach gefrieren lassen. Die Buttermilch-Thymian-Creme vor dem Anrichten portionsweise pacossieren. (Alternativ die Eisgrundmasse in einen verschließbaren Behälter umfüllen und einfrieren, dabei in den ersten Stunden mehrmals umrühren. Einige Zeit vor dem Servieren das Eis aus dem Gefrierfach nehmen und portionieren.)

Zimtmousse
Die Eigelbe mit dem Vollei und dem Zimt in eine Metallschüssel geben und über einem warmen Wasserbad schaumig schlagen. Die Schüssel dann auf ein Eiswürfelbad stellen und die schaumigen Eier kalt schlagen.
Die Kuvertüre in Stücke hacken, in einen kleinen Topf geben und unter Rühren schmelzen.
Die schaumigen Eier mit etwas geschlagener Sahne verrühren. Diese Mischung dann mit der flüssigen Kuvertüre verrühren.
Die Gelatine 5 Minuten in kaltem Wasser einweichen, dann ausdrücken und unter Rühren in der Kuvertüremischung auflösen. Zum Schluss die restliche geschlagene Sahne unter die Schokoladencreme heben.
Die Mousse in eine lange, schmale Zylinderform mit zentralem Hohlraum abfüllen und kühlen.

Cassismousse

Den Joghurt mit dem Cassispüree, dem Zucker und dem Zitronensaft in eine Schüssel geben und glatt rühren.

Die Gelatine 5 Minuten in kaltem Wasser einweichen, dann ausdrücken, über einem Wasserbad auflösen und unter die Cassiscreme rühren.

Die Sahne in einen Rührbecher geben und steif schlagen.

Die geschlagene Sahne unter die Cassiscreme ziehen.

Die Cassismousse in einen Spritzbeutel füllen, in den zentralen Hohlraum der Zimtmousse spritzen und nochmals kühlen.

Vor dem Servieren 4 ca. 6 cm lange Stäbe daraus schneiden.

Cassisgelee

Das Cassispüree mit dem Zucker und der Sahne in einen kleinen Topf geben und unter Rühren aufkochen.

Die Gelatine 5 Minuten in kaltem Wasser einweichen, dann ausdrücken und unter Rühren in dem heißen Cassissirup auflösen.

Den Cassissirup in eine rechteckige Form füllen und im Tiefkühlfach gefrieren.

Das Cassisgelee kurz vor dem Anrichten in Rechtecke (6 × 3 cm) schneiden.

Olivenölbrownies

Das Ei mit dem braunen Zucker in eine Schüssel geben und schaumig schlagen.

Die Kuvertüre in kleine Stücke hacken, mit dem Olivenöl in einen kleinen Topf geben und unter Rühren schmelzen. Die flüssige Schokoladenmischung ganz vorsichtig in das Ei-Zucker-Gemisch rühren.

Das Mehl versieben und in den Teig rühren.

Die Pinien- und Cashewkerne in einer Pfanne ohne Fettzugabe anrösten, bis sie duften, dann klein hacken und locker unter den Teig ziehen. Den Teig auf ein mit einer Silikonbackmatte bedecktes Backblech streichen und im auf 170 °C vorgeheizten Backofen (Ober-/Unterhitze) 20–30 Minuten backen. Den gebackenen Schokoboden aus dem Ofen nehmen und abkühlen lassen, dann in Brownies (3 × 6 cm) schneiden.

Vor dem Servieren die Knusperschokolade schmelzen und als Boden unter die Brownies streichen.

Cassishippe

Das Mehl mit dem Puderzucker, den Eiweißen, der flüssigen Butter und dem Cassispüree in eine Schüssel geben und verrühren.

Den Teig dünn auf ein mit einer Silikonbackmatte bedecktes Backblech streichen und im auf 180 °C vorgeheizten Backofen (Ober-/Unterhitze) 5 Minuten backen. Den noch warmen Teig in auf einer Seite abgeschrägte Rechtecke schneiden und diese Rechtecke zu Zylindern aufrollen.

Avocadoespuma

Die Avocado halbieren, entkernen und das Fruchtfleisch aus der Schale lösen. Das Avocadofleisch mit dem Zitronensaft in einen Rührbecher geben und mit dem Stabmixer pürieren. Das Avocadopüree mit etwas Läuterzucker abschmecken.

Die Gelatine 5 Minuten in kaltem Wasser einweichen, dann ausdrücken, über einem Wasserbad auflösen und unter das Avocadopüree rühren.

Zum Schluss die geschlagene Sahne unter das Avocadopüree heben.

Das Avocadopüree in eine Espumaflasche füllen, diese mit 2 Kapseln bestücken und bis zum Anrichten im Kühlschrank aufbewahren. Direkt vor dem Servieren die Avocadoespuma in die Cassiszylinder spritzen.

Anrichten

Die Brownies auf die Teller verteilen und je 1 Cassisgeleerechteck und 1 Zimt-Cassis-Zylinder darauflegen. 1 gefüllte Cassishippe aufrecht auf die Teller stellen. Dazwischen je 1 Nocke Buttermilch-Thymian-Eis anrichten. Zum Schluss mit den Thymianspitzen und den Schokocrumbles garnieren.

EXOTIC-CARPE-DIEM | ASHANTI-SCHOKOLADENCREME

ZUTATEN
FÜR 4 PERSONEN

Für das Kokos-Blue-Curaçao-Sorbet
70 g Läuterzucker (1 : 1)
10 g Glukose (Traubenzucker)
140 g ungesüßte Kokosmilch
10 g Blue Curaçao
10 g Bananenlikör oder Kokoslikör
1 TL Limettensaft
½ Kaffir-Limettenblatt
50 g Crème fraîche

Für die Hippe
100 g Weizenmehl, Type 405
100 g Puderzucker
100 g Eiweiß
100 g flüssige Butter
50 g dunkle Kuvertüre (60 % Kakaogehalt)
3 EL gefriergetrocknete Passionsfrucht (z. B. Sosa)

Für die Bananenmousse
50 g brauner Zucker
250 g Püree aus Babybananen (z. B. Boiron)
25 g frisch gepresster Limettensaft
10 g Bananenlikör
10 g brauner Rum
4 g weiße Gelatine
175 g geschlagene Sahne

Für die Kokoskugeln
300 g weiße Kuvertüre, etwas mehr zum Dekorieren
120 g ungesüßte Kokosmilch
12 ml Kokoslikör
6 ml brauner Rum
60 g Butter
100 g ganze geröstete Haselnusskerne
100 g Kokosraspeln

Für die Macadamiacrumbles
50 g Kristallzucker
50 g brauner Zucker
100 g kalte Butter
100 g Weizenmehl, Type 405
100 g geriebene Macadamianusskerne
2 g Salz

Für das Passionsfruchtgelee
350 g Passionsfruchtpüree (Fruchtfleisch von 2 Passionsfrüchten)
50 g Kristallzucker
4 ½ Blatt weiße Gelatine

Für die Ashanti-Schokoladencreme
225 g Vollmilch, etwas mehr zum Anrühren des Puddingpulvers
150 g flüssige Sahne
165 g Kristallzucker
½ Vanilleschote
50 g dunkle Kuvertüre (67 % Kakaogehalt, am besten »Ashanti« von Valrhona)
25 g Vanillepuddingpulver
40 g Butter

Anrichten
frische Kokosnussspalten
Bananenstücke
2 Passionsfrüchte
2 Physalis
essbare gelbe Blüten

ZUBEREITUNG

Kokos-Blue-Curaçao-Sorbet

Den Läuterzucker in einem Topf aufkochen, dann die Glukose hineinrühren.

Die Kokosmilch, den Blue Curaçao, den Bananenlikör, den Limettensaft und das Kaffir-Limettenblatt in den heißen Sirup geben und den Sirup 30 Minuten ziehen lassen. Den Sirup anschließend durch ein Sieb in eine Schüssel gießen und lauwarm werden lassen. Die Crème fraîche in den lauwarmen Sirup rühren. Die Mischung mit Frischhaltefolie bedecken und über Nacht im Kühlschrank ziehen lassen.

Das Gemisch in einen Pacojet-Becher füllen und gefrieren. (Alternativ die Eisgrundmasse in einen verschließbaren Behälter umfüllen und einfrieren, dabei in den ersten Stunden mehrmals umrühren. Einige Zeit vor dem Servieren das Eis aus dem Gefrierfach nehmen und portionieren.) Kurz vor dem Anrichten die gefrorene Blue-Curaçao-Creme im Pacojet zu cremigem Sorbet pacossieren.

Hippe

Das Mehl mit dem Puderzucker in eine Schüssel sieben. Die Eiweiße und die flüssige Butter hinzufügen und alles mit dem Handrührgerät zu einem klumpenfreien Teig verrühren. Die Schüssel mit Frischhaltefolie bedecken und den Teig über Nacht im Kühlschrank ruhen lassen.

Mit Hilfe einer Schablone (Durchmesser ca. 8 cm) dünne Teigkreise auf ein mit einer Silikonbackmatte bedecktes Backblech streichen und im auf 180 °C vorgeheizten Backofen (Ober-/Unterhitze) 4 Minuten backen. Die gebackenen Teigkreise vom Blech nehmen und noch warm zu geschlossenen Röllchen biegen. Die Kuvertüre in Stücke hacken, in einen Topf geben und schmelzen. Die abgekühlten Hippen in die flüssige Kuvertüre tauchen und mit gefriergetrockneter Passionsfrucht bestreuen.

Bananenmousse

Den Zucker in einem kleinen Topf karamellisieren. Das Babybananenpüree hinzufügen und alles mit dem Stabmixer pürieren. Den Limettensaft mit dem Bananenlikör und dem Rum vermischen und in den Bananenkaramell rühren.

Die Gelatine 5 Minuten in kaltem Wasser einweichen, dann ausdrücken und unter Rühren vorsichtig in der heißen Bananencreme auflösen.

Zum Schluss die geschlagene Sahne unter die Bananenmousse ziehen. Die Mousse in einen Spritzbeutel füllen und in die Hippenröllchen spritzen.

Kokoskugeln

Die Kuvertüre in kleine Stücke hacken, in einen Topf geben und behutsam schmelzen.

Die Kokosmilch hinzufügen und alles mit dem Stabmixer zu einer Emulsion mixen. Dann den Kokoslikör und den Rum in die Emulsion rühren.

Die weiße Schokoladencreme auf 40 °C temperieren, dann die Butter stückchenweise hineinrühren. Die weiße Schokoladencreme abkühlen lassen und kalt stellen.

Von der weißen Schokoladenmasse kleine Menge abstechen und diese zwischen den Handflächen zu Kreisen drücken. In die Mitte je 1 Haselnusskern geben und kleine weiße Schokoladenkugeln formen. Die Kugeln im Kühlschrank erstarren lassen, anschließend in etwas flüssiger weißer Kuvertüre und den Kokosraspeln wälzen.

Macadamiacrumbles

Die beiden Zuckersorten mit der kalten, gewürfelten Butter in eine Rührschüssel geben und mit einem Handrührgerät zu Streuseln verkneten.

Das Mehl in eine Schüssel sieben. Die geriebenen Macadamianüsse und das Salz hinzufügen und vermengen. Das Mehlgemisch unter die Streusel kneten.

Die Streusel auf ein mit einer Silikonbackmatte bedecktes Backblech streuen und im auf 200 °C vorgeheizten Backofen (Ober-/Unterhitze) ca. 15 Minuten goldbraun backen.

Die Macadamiacrumbles aus dem Backofen nehmen und abkühlen lassen.

Passionsfruchtgelee

Das Passionsfruchtpüree mit dem Zucker in einen Topf geben und aufkochen.

Die Gelatine 5 Minuten in kaltem Wasser einweichen, dann ausdrücken und in dem heißen Passionsfruchtsirup auflösen.

Den Passionsfruchtsirup in eine Silikonform für Gelee (Halbsphäre) gießen und im Kühlschrank gelieren lassen.

Ashanti-Schokoladencreme

Die Milch mit der Sahne, 75 g Zucker und dem ausgekratzten Vanillemark in einen Topf geben und aufkochen. Dabei den Zucker unter Rühren auflösen.

Die Kuvertürechips (»Ashanti« wird meist in Chips angeboten) in einen kleinen Topf geben und unter Rühren schmelzen.

Die Milch-Zucker-Mischung auf ein warmes Wasserbad stellen und vorsichtig die flüssige Kuvertüre hineinrühren.

Den restlichen Zucker (90 g) mit dem Vanillepuddingpulver und etwas Milch verrühren. Das Gemisch in die heiße Schokoladencreme rühren.

Die Schokoladencreme auf einem Eiswürfelbad auf 35–40 °C temperieren, dann mit dem Stabmixer stückchenweise die Butter hineinmixen.

Die Ashanti-Schokoladencreme abkühlen lassen und in einen Spritzbeutel umfüllen.

Anrichten

1 Strang Ashanti-Schokoladencreme in die Mitte der Teller spritzen. Etwas Macadamiacrumbles auf dem Teller platzieren. Darauf 1 Kokoskugel, 1 Nocke des Sorbets und 1 gefüllte Hippe legen. Auf der anderen Seite der Creme 1 Halbkugel des Passionsfruchtgelees platzieren. Die Kokosnussspalten, Bananenstücke, Passionsfruchtviertel, Physalishälften und essbaren gelben Blüten dazwischenstecken.

FOURME D'AMBERT | RHABARBER | MÜSLIRIEGEL

ZUTATEN
FÜR 4 PERSONEN

Für die Rhabarbersphäre
2 Blatt weiße Gelatine
550 g Rhabarbersaft
18 g Gelificante

Für das Cranberrygelee
250 g Cranberrysaft
3 g Agar-Agar
2 Blatt weiße Gelatine

Für den eingelegten Rhabarber
4 Streifen Rhabarber (ca. 10 cm lang)
50 ml Caipirinha

Für den Müsliriegel
250 g Butter
180 g Kristallzucker
1 Ei
3 EL Mandelgrieß
150 g Müsliflocken-mischung
80 g Knusperflakes
70 g getrocknete Cranberrys, gehackt
70 g Maulbeeren
5–6 EL flüssige Sahne

Anrichten
400 g Fourme d'Ambert (französischer Edelschimmelkäse aus der Auvergne)
2 EL Cranberrys

ZUBEREITUNG

Für die Rhabarbersphäre
Die Gelatine in kaltem Wasser einweichen, ausdrücken und über einem Wasserbad auflösen. 250 ml Rhabarbersaft in die Gelatine rühren, das Gel auf eine Silikonmatte für Halbsphären gießen und in den Gefrierschrank stellen.
Den restlichen Rhabarbersaft mit dem Gelificante verrühren und aufkochen. Die gefrorenen Halbsphären vorsichtig aus der Form lösen und mit einer Pralinengabel in den Rhabarbersaft tauchen. Gut abtropfen lassen und auf einem Kuchengitter trocknen lassen.

Cranberrygelee
Den Cranberrysaft in einem Topf erhitzen. Dann den Topf vom Herd ziehen und das Agar-Agar und die eingeweichte und ausgedrückte Gelatine unterrühren.

Eingelegter Rhabarber
Die Rhabarberstreifen in einer flachen Schale mit dem Caipirinha übergießen und ca. 1 Stunde durchziehen lassen.

Müsliriegel
Die Butter mit dem Zucker schaumig aufschlagen. Das Ei und den Mandelgrieß unterrühren. Die restlichen Zutaten bis auf die Sahne unter den Teig mischen.
Den Müsliteig etwa fingerdick auf ein mit Backpapier belegtes Backblech streichen und für ca. 15 Minuten in den auf 150 °C vorgeheizten Backofen (Ober-/Unterhitze) schieben. Den noch warmen Teig in Riegel (ca. 1,5 × 7 cm) schneiden. Die fertigen Riegel mit Sahne bestreichen.

Anrichten
Den Käse leicht zerbrechen und als Strang auf die Teller verteilen. 1 Müsliriegel mit 1 Streifen eingelegtem Rhabarber danebenlegen. Einige Tupfen Cranberrygelee und 1 Rhabarbersphäre anrichten. Die Cranberrys auf dem Gericht verteilen.

MACADAMIAKUCHEN | KARAMELL | VEILCHEN | WALDMEISTER

ZUTATEN FÜR 4 PERSONEN

Für das Waldmeisterparfait
120 g Eigelb
90 g Wasser
130 g Kristallzucker
375 g geschlagene Sahne
25 ml Waldmeistersirup
¾ Blatt weiße Gelatine

Für das Veilchenparfait
120 g Eigelb
90 g Wasser
130 g Kristallzucker
etwas Veilchensirup
375 g geschlagene Sahne

Für den Macadamiakuchen
250 g weiche Butter
65 g Puderzucker
60 g Muscovadozucker
⅙ Vanilleschote
etwas fein abgeriebene unbehandelte Limettenschale
4 Eigelb
4 Eiweiß
125 g Kristallzucker
100 g Weizenmehl, Type 405
155 g geriebene Macadamianusskerne
90 g geriebene Mandelkerne
40 g gehackte Mandelkerne

Für die Karamellmousse
250 g Vollmilch
250 g flüssige Sahne
100 g Eigelb
50 g Kristallzucker
750 g Karamellkuvertüre (am besten »Caramelia« von Valrhona)
6 Blatt weiße Gelatine
800 g geschlagene Sahne

Für die Sesamhippe
100 g Orangensaft
200 g Kristallzucker
80 g Weizenmehl, Type 405
60 g Sesam und etwas mehr zum Bestreuen
120 g flüssige Butter
60 g gehackte Mandeln

Anrichten
Schokoladendekor
essbares Blattgold
essbare Blüten

ZUBEREITUNG

Waldmeisterparfait

Die Eigelbe in eine Metallschüssel geben und mit dem Handrührgerät schaumig schlagen.
Das Wasser mit dem Zucker in einen Topf geben und auf 116 °C zum starken Faden kochen. Den Zuckersirup langsam in die Eigelbe fließen lassen und verrühren. Die Schüssel auf ein Eiswürfelbad stellen und das Gemisch kalt schlagen. Dann die geschlagene Sahne, den Waldmeistersirup und die eingeweichte, ausgedrückte und aufgelöste Gelatine unterheben.
Die Waldmeistercreme in 4 Parfaitförmchen füllen und im Tiefkühlfach gefrieren.

Veilchenparfait

Die Eigelbe in eine Metallschüssel geben und mit dem Handrührgerät schaumig schlagen.
Das Wasser mit dem Zucker in einen Topf geben und auf 116 °C zum starken Faden kochen. Den Zuckersirup langsam in die Eigelbe fließen lassen und verrühren.
Die Schüssel auf ein Eiswürfelbad stellen und das Gemisch kalt schlagen. Die Masse mit dem Veilchensirup aromatisieren, dann die geschlagene Sahne unterheben. Das Parfait in schmale Zylinder abfüllen und gefrieren. Vor dem Servieren die Eiszylinder behutsam aus den Formen lösen und jeden Eiszylinder, auf einen Spieß gesteckt, in ein Glas stellen.

Macadamiakuchen

Die weiche Butter mit dem Puderzucker, dem Muscovadozucker, dem ausgekratzten Vanillemark und dem Limettenabrieb in eine Schüssel geben und mit dem Handrührgerät zu einem gebundenen Teig verrühren. Die Eigelbe einzeln hinzufügen und gründlich hineinrühren (jedes Eigelb ca. 30 Sekunden).
Die Eiweiße mit dem Kristallzucker in einen Rührbecher geben und zu cremigem Schnee schlagen.
Das Mehl in eine Schüssel sieben. Die geriebenen Macadamianuss- und Mandelkerne sowie die gehackten Mandeln hinzufügen und alles vermischen. Das Mehl-Nuss-Gemisch locker unter den Teig heben.
Den Teig auf ein mit Backpapier bedecktes Backblech streichen und im auf 175 °C vorgeheizten Backofen (Ober- / Unterhitze) ca. 15 Minuten backen. Den fertig gebackenen Kuchen abkühlen lassen, dann kurz anfrieren und in Quadrate mit einer Kantenlänge von ca. 4 cm schneiden. (So lässt er sich leichter schneiden.)

Karamellmousse

Die Milch mit der Sahne, den Eigelben und dem Zucker in eine Metallschüssel geben und über einem warmen Wasserbad auf 82 °C schlagen. Die Schüssel auf ein Eiswürfelbad stellen und die Crème anglaise abkühlen lassen.
Die Kuvertüre in Stücke hacken, in einen Topf geben und schmelzen. Die flüssige Kuvertüre in die Crème anglaise fließen lassen und mit dem Stabmixer hineinmixen. Anschließend die eingeweichte und ausgedrückte Gelatine unterrühren. Dann die geschlagene Sahne unterheben.
Die Karamellmousse etwas 0,5 cm hoch in eine rechteckige Form füllen und im Kühlschrank erkalten lassen. Vor dem Anrichten in quadratische Platten (Kantenlänge ca. 3 cm) schneiden.

Sesamhippe

Den Orangensaft, den Zucker, das Mehl und den Sesam glatt rühren. Die Butter untermischen und zum Schluss die Mandeln unterrühren. Den Teig kalt stellen. Anschließend den Hippenteig als dünne Stränge auf ein mit einer Silikonmatte ausgekleidetes Backblech streichen und mit Sesamkörnern bestreuen. Die Hippen im auf 180 °C vorgeheizten Backofen (Ober- / Unterhitze) 5 Minuten backen.

Anrichten

1 Stück Macadamiakuchen und darauf 1 Stück der Karamellmousse auf die Teller legen. 1 Schokodekorkreis aufrecht auf die Mousse stellen und mit 1 Nocke des Waldmeisterparfaits beschweren. Mit der Sesamhippe, dem Blattgold und den Blüten garnieren. Das Veilchenparfait danebenstellen.

Mein Tipp:

Bei Nusskuchen die Nüsse immer kurz rösten, dadurch verstärkt sich der Geschmack.

BUTTERMILCH-MARZIPAN-TÖRTCHEN | MELONE | BASILIKUM

ZUTATEN
FÜR 4 PERSONEN

Für das Melonen-Basilikum-Sorbet
200 g Wasser
80 g Kristallzucker, etwas mehr zum Vermengen mit dem Pektin
20 g Glukose (Traubenzucker)
1 Vanilleschote
1 g Pektin (pflanzliches Binde- und Geliermittel)
frisch gepresster Saft von 2 Limetten
½ Blatt weiße Gelatine
200 g Cantaloupe-Melone, püriert
2 Stengel Basilikum

Für den Marzipanboden
80 g weiche Butter
20 g zimmerwarme Marzipanrohmasse
10 g Amaretto
4 Eigelb
4 Eiweiß
80 g Kristallzucker
40 g feine Speisestärke
50 g Weizenmehl, Type 405
1 g Backpulver

Für die Buttermilchmousse
190 g Buttermilch
150 g Topfen (Quark, 20 % Fettgehalt)
50 g Kristallzucker
30 g Milchpulver
1 Vanilleschote
fein abgeriebene Schale von 1 unbehandelten Limette
fein abgeriebene Schale von 1 unbehandelten Orangen
½ frisches Lorbeerblatt
frisch geriebene Muskatnuss
4 Blatt weiße Gelatine
150 g geschlagene Sahne

Für das Melonengelee
80 g Läuterzucker
100 g Melonenpüree (z. B. Boiron)
2 Blatt weiße Gelatine
10 g frisch gepresster Limettensaft
etwas fein abgeriebene unbehandelte Limettenschale

Für die Basilikumespuma
135 g Naturjoghurt (3,5 % Fettgehalt)
60 g Apfelsaft
30 g Kristallzucker
5 Zweige Basilikum
1 Blatt weiße Gelatine

Für das Melonensüppchen
100 g Wasser
40 g Kristallzucker
1 Vanilleschote
60 g Melonenpüree (z. B. Boiron)
20 g frisch gepresster Limettensaft
20 g Melonensirup
12 g Kokossirup
200 g Prosecco
1 g Xanthan (pflanzliches Gelier- und Verdickungsmittel)
1 kleine Cantaloupe-Melone

Anrichten
kleine Melonenwürfel, -spalten und -kugeln
weißes und dunkles Schokoladendekor
kleine Basilikumblättchen

ZUBEREITUNG

Melonen-Basilikum-Sorbet

Das Wasser mit dem Zucker, der Glukose und dem ausgekratzten Vanillemark in einen Topf geben und aufkochen. Den Zucker unter Rühren auflösen.

Etwas übrigen Zucker mit dem Pektin vermengen. Das Gemisch in den Sirup rühren und diesen erneut aufkochen. Dann den Limettensaft in den Sirup rühren. (Das Pektin geliert bei Zugabe von Säure besser.)

Die Gelatine 5 Minuten in kaltem Wasser einweichen, dann ausdrücken und unter Rühren im heißen Sirup auflösen.

Dann das Melonenpüree in den Sirup rühren. Die abgezupften Basilikumblättchen zugeben. Das Gemisch mit dem Stabmixer durchmixen.

Durch ein Sieb passieren.

Die Melonencreme in einen Pacojet-Becher füllen und im Tiefkühlfach gefrieren.

Kurz vor dem Anrichten die gefrorene Melonencreme im Pacojet zu cremigem Sorbet pacossieren. (Alternativ die Sorbetgrundmasse in einem verschließbaren Gefrierbehälter einfrieren, dabei in den ersten Stunden mehrmals umrühren. Den Behälter einige Zeit vor dem Servieren aus dem Eisfach nehmen und das Sorbet dann portionieren.)

Marzipanboden

Die weiche Butter in eine Schüssel geben und mit dem Handrührgerät schaumig schlagen.

Die Marzipanrohmasse mit dem Amaretto in eine weitere Schüssel geben und glatt kneten. Das Marzipangemisch zu der Butter geben und alles gründlich vermengen.

Die Eigelbe einzeln hinzufügen und gründlich hineinrühren (jedes Eigelb ca. 30 Sekunden).

Die Eiweiße mit dem Zucker und der Stärke in einen Rührbecher geben und zu cremigem Schnee schlagen.

Das Mehl mit dem Backpulver versieben und abwechselnd mit dem Eischnee esslöffelweise unter den Marzipanteig ziehen.

Den Teig auf ein mit einer Silikonbackmatte bedecktes Backblech streichen und im auf 200 °C vorgeheizten Backofen (Ober-/ Unterhitze) 15 Minuten backen.

Den Marzipanboden in Rechtecke von ca. 2 × 7 cm schneiden.

Buttermilchmousse

Die Buttermilch mit dem Topfen, dem Zucker, dem Milchpulver, dem ausgekratzten Vanillemark, dem Limetten- und dem Orangenabrieb, dem Lorbeerblatt und etwas Muskat in eine Schüssel geben und glatt rühren. Die Masse etwas durchziehen lassen und dann die Lorbeerblatt entfernen.

Die Gelatine 5 Minuten in kaltem Wasser einweichen, dann ausdrücken und über einem Wasserbad auflösen. Die Gelatine dann in der Buttermilchcreme rühren.

Zum Schluss die geschlagene Sahne unter die Buttermilchcreme heben. Die Mousse in Formen, die der Marzipanbodenform entsprechen, abfüllen und tiefkühlen.

Melonengelee

Den Läuterzucker mit dem Melonenpüree in einen Topf geben und aufkochen.

Die Gelatine 5 Minuten in kaltem Wasser einweichen, dann ausdrücken und unter Rühren behutsam in dem heißen Melonensirup auflösen. Anschließend den Limettensaft und die Limettenschale unterrühren.

Den Topf auf ein Eiswürfelbad setzen und den Melonensirup unter Rühren abkühlen. Das so entstandene Melonengelee auf die gefrorene Buttermilchmousse streichen.

Basilikumespuma

Den Joghurt mit dem Apfelsaft und dem Zucker glatt rühren. Die Basilikumblättchen von den Zweigen zupfen. 2 EL von der Joghurtcreme abnehmen und mit den Basilikumblättchen vermengen. (Die restliche Joghurtcreme kalt stellen.) Die Joghurt-Basilikum-Creme in einen Pacojet-Becher füllen im Tiefkühlfach gefrieren. Die gefrorene Joghurt-Basilikum-Creme im Pacojet 2-mal pacossieren. (So behält das Basilikum seine Farbe; alternativ die Joghurt-Basilikum-Creme einfrieren und anschließend mit einem Stabmixer gut pürieren.) Die pürierte Joghurt-Basilikum-Creme mit der kalt gestellten Joghurtcreme verrühren und alles durch ein Sieb streichen.

Die Gelatine 5 Minuten in kaltem Wasser einweichen, dann ausdrücken und über einem Wasserbad auflösen. Dann unter die Joghurt-Basilikum-Mischung rühren. Die Joghurt-Basilikum-Mischung mit Frischhaltefolie bedecken und über Nacht kalt stellen, dann in eine Espumaflasche füllen und diese mit 2 Kapseln bestücken. Die Espumaflasche bis zum Anrichten in den Kühlschrank stellen.

Melonensüppchen
Das Wasser mit dem Zucker und dem ausgekratzten Vanillemark in einen kleinen Topf geben und aufkochen. Den Zucker unter Rühren auflösen.
Das Melonenpüree und den Limettensaft in den heißen Sirup rühren. Dann den Melonensirup, den Kokossirup und den Prosecco hinzufügen und das Süppchen mit dem Xanthan binden. Das Süppchen abkühlen lassen.
Die Melone halbieren und entkernen. Aus dem Fruchtfleisch mit einem Parisienne-Ausstecher kleine Kugeln stechen und in das Süppchen legen.

Anrichten
In der Mitte der Teller einige Melonenwürfel und -spalten anrichten. Seitlich davon beide Hälften eines halbierten Buttermilch-Marzipan-Törtchens setzen. Einige Melonenkugeln darauflegen. Auf der anderen Seite 1 Nocke Melonen-Basilikum-Sorbet anrichten. Das Melonensüppchen in hohe Gläser füllen und jeweils etwas von der Basilikumespuma aufspritzen. Die Gläser neben das Melonen-Basilikum-Sorbet stellen. Abschließend etwas vom weißen und dunklen Schokoladendekor und von den Basilikumblättchen dazwischenstecken.

MARILLE | STAUDENSELLERIE | BAUMKUCHEN

ZUTATEN
FÜR 4 PERSONEN

Für das Marillenparfait
3 Eiweiß
30 g Puderzucker
100 g Kristallzucker
1½ Blatt weiße Gelatine
1 Vanilleschote
300 g Marillenpüree (z. B. Boiron)
400 g geschlagene Sahne
Lebensmittelfarbe Orange

Für das Marillensorbet
250 g Wasser
125 g Kristallzucker, etwas mehr zum Vermengen mit dem Pektin
37 g Glukose (Traubenzucker)
1½ Vanilleschoten
1,5 g Pektin (pflanzliches Binde- und Geliermittel)
Saft von 1 Limette
250 g Marillenpüree (z. B. Boiron)

Für das Schokoeis
250 g Wasser
250 g flüssige Sahne
100 g Kristallzucker
1 Vanilleschote
450 g Zartbitterkuvertüre (60 % Kakaogehalt)
90 g Eigelb
150 g Eiweiß

Für den Baumkuchen
95 g weiche Butter
60 g zimmerwarme Marzipanrohmasse
200 g Puderzucker
¼ Vanilleschote
etwas fein geriebene unbehandelte Zitronenschale
1 Msp. Zimt
85 g Eigelb
140 g Eiweiß
60 g Kristallzucker
Salz
45 g Weizenmehl, Type 405
150 g flüssige Zartbitterkuvertüre (60 % Kakaogehalt)
etwas essbarer Goldpuder

Für den Marillen-Staudensellerie-Salat
75 g flüssiger Honig
2 Stangen Staudensellerie, geputzt und in feine Scheiben geschnitten
7 reife Marillen (Aprikosen, entsteint und geachtelt)
½ Vanilleschote
10 ml Marillenlikör
Saft von 1 Limette

Anrichten
8 Selleriechips (siehe »ENTE | SCHWARZWURZELCREME | CRANBERRY« Seite 157: die Selleriechips analog zu den Schwarzwurzelchips zubereiten)
einige dreieckige Schokodekorplatten
Zuckerdekor (siehe Grundrezept Seite 324)

ZUBEREITUNG

Marillenparfait

Die Eiweiße mit dem Puderzucker in eine Metallschüssel geben und cremig aufschlagen.
Den Kristallzucker mit 100 ml Wasser auf 116 °C erhitzen.
Diesen Zuckersirup esslöffelweise in den Eischnee rühren.
Die Gelatine 5 Minuten in kaltem Wasser einweichen, dann ausdrücken und unter Rühren in dem heißen Eiweiß-Zucker-Gemisch auflösen.
Die Schüssel auf ein Eiswürfelbad stellen und die Creme kalt schlagen. Dabei das ausgekratzte Vanillemark hineinrühren.
Das Marillenpüree unter die Creme ziehen und zum Schluss die geschlagene Sahne unterheben.
Die Marillenparfaitcreme in 4 zylindrische Formen füllen und im Tiefkühlfach gefrieren.
Die Marillenparfaitzylinder kurz vor dem Anrichten in heißes Wasser tauchen, aus den Formen lösen und mit der Lebensmittelfarbe besprühen.

Marillensorbet

Das Wasser mit dem Zucker, der Glukose und dem ausgekratzten Vanillemark in einen Topf geben und aufkochen.
Etwas Zucker mit dem Pektin vermengen und das Gemisch in den kochenden Sirup rühren. Dann den Limettensaft hineinrühren. (Das Pektin geliert bei Zugabe von Säure besser.)
Das Marillenpüree in den heißen Sirup rühren und mit dem Stabmixer hineinmixen.
Die Marillencreme in einen Pacojet-Becher füllen und im Tiefkühlfach gefrieren.
Kurz vor dem Anrichten die gefrorene Marillencreme im Pacojet zu cremigem Sorbet pacossieren. (Alternativ die Sorbetmasse in einen verschließbaren Behälter umfüllen und tiefgefrieren, dabei in den ersten Stunden mehrmals umrühren. Einige Zeit vor dem Servieren aus dem Tiefkühler nehmen.)

Schokoeis

Das Wasser mit der Sahne, dem Zucker und dem ausgekratzten Vanillemark in einen Topf geben und aufkochen.
Die Kuvertüre in kleine Stücke hacken und in einem kleinen Topf schmelzen.
Die Kuvertüre vorsichtig in den warmen Zuckersirup rühren und mit dem Stabmixer hineinmixen.
Die Eigelbe und die Eiweiße in die Schokoladencreme rühren, den Topf auf ein heißes Wasserbad stellen und die Creme bei 82–83 °C unter Rühren zur Rose abziehen.
Die Schokoladencreme in einen Pacojet-Becher füllen und im Tiefkühlfach gefrieren.
Kurz vor dem Anrichten die gefrorene Schokoladencreme im Pacojet zu cremigem Eis pacossieren. (Alternativ die Eismasse in einen verschließbaren Behälter umfüllen und tiefgefrieren, dabei in den ersten Stunden mehrmals umrühren. Einige Zeit vor dem Servieren aus dem Tiefkühler nehmen.)

Baumkuchen

Die weiche Butter mit der Marzipanrohmasse, 125 g Puderzucker, dem ausgekratzten Vanillemark, etwas Zitronenabrieb und dem Zimt in eine Schüssel geben und mit dem Handrührgerät zu einer gebundenen Mischung schlagen.
Die Eigelbe einzeln hinzufügen und hineinschlagen (jedes Eigelb ca. 30 Sekunden).
Die Eiweiße mit dem restlichen Puderzucker (75 g) und dem Kristallzucker zu steifem Schnee schlagen. Den Eischnee unter den Teig ziehen.
Das Mehl versieben und in den Teig rühren.
Auf einem mit Backpapier belegtem Backblech eine rechteckige Anrichteform platzieren. Eine kleine Menge Teig darin verteilen und im vorgeheizten Backofen (Grillstufe) 3 Minuten grillen, bis der Teig fest und goldbraun ist. Das Blech herausnehmen und

die nächste Teigschicht vorsichtig auf der bereits gebackenen Teigschicht verstreichen. Diese Teigschicht ebenso backen. Auf diese Weise weiterverfahren, bis der Teig aufgebraucht ist. Anschließend den Baumkuchen vorsichtig aus der Form lösen.
Den Baumkuchen vor dem Anrichten mit der flüssigen Kuvertüre überziehen und trocknen lassen, dann mit dem Goldpuder bestäuben. Zum Anrichten den Baumkuchen in Quader schneiden.

Marillen-Staudensellerie-Salat
Den Honig in einem kleinen Topf auf 40 °C erwärmen. Die Staudenselleriescheiben hineingeben und einige Zeit köcheln lassen. Anschließend die Marillenachtel und das ausgekratzte Vanillemark hinzufügen und vorsichtig vermengen.
Den Honigfond mit dem Marillenlikör ablöschen, dann den Limettensaft hineinrühren.
Den Marillen-Staudensellerie-Salat bis zum Anrichten in den Kühlschrank stellen.

Anrichten
Die Marillenparfaitzylinder aufrecht auf die Teller stellen und die Schokodekordreiecke daran anlehnen. Daneben 1 Nocke Schokoeis legen. Den Baumkuchenquader danebenstellen und 1 Nocke Marillensorbet daraufsetzen. Den Marillen-Staudensellerie-Salat dazwischen platzieren. Die Selleriechips in den Eiszylinder stecken und mit Zuckerdekor garnieren.

WALDERDBEER-ZITRONENGRAS-SCHNITTE | HOLUNDER | ZITRONE

ZUTATEN
FÜR 4 PERSONEN

Für das Holunderblütensorbet
325 g Wasser
125 g Kristallzucker, etwas mehr zum Vermengen mit dem Pektin
37 g Glukose (Traubenzucker)
¼ Vanilleschote
einige unbehandelte Limettenzesten
1,5 g Pektin (pflanzliches Binde- und Geliermittel)
etwas frisch gepresster Limettensaft
100 g Limettenpüree (z. B. Boiron)
75 g Holunderblütensirup

Für die Walderdbeer-Zitronengras-Schnitte
1) Tortenboden Sacher Art
1 Rezept Tortenboden (siehe Grundrezept Seite 321)

2) Weiße Schokomousse
125 g weiße Kuvertüre (»Ivoire«, 35 % Kakaobutter)
35 g Eigelb
1 ½ Blatt weiße Gelatine
250 g geschlagene Sahne

3) Walderdbeergelee
125 g Walderdbeerpüree (z. B. Boiron)
Saft von ½ Limette
18 g Kristallzucker
2 ½ Blatt weiße Gelatine

4) Joghurt-Zitronengras-Mousse
187 g Naturjoghurt (3,5 % Fettgehalt)
50 g Crème fraîche
25 g frisch gepresster Zitronensaft
1 Stengel Zitronengras, aufgeklopft
½ Vanilleschote
2 Blatt weiße Gelatine
125 g geschlagene Sahne
10 g Kaltsaftbinder (»Quelli«)

5) Fertigstellen der Walderdbeer-Zitronengras-Schnitte
20 g Kaltgeleepulver oder farbloser Tortenguss

Für die Tapiokamilch
50 g Tapiokaperlen
150 g Vollmilch
1 Stengel Zitronengras, aufgeklopft
1 Kaffir-Limettenblatt (erhältlich im Asialaden)
120 g Kokosnusspüree oder Kokosmilch
80 g flüssige Sahne
25 g Kristallzucker

Für die Zitronenespuma
175 g Naturjoghurt (3,5 % Fettgehalt)
50 g Zitronenlimonade
25 g frisch gepresster Zitronensaft
37 g Kristallzucker
fein abgerissene Zesten von 1 unbehandelten Zitrone
1 Blatt weiße Gelatine

Für das Baiser
20 g Eiweiß
20 g Kristallzucker
20 g Puderzucker
12 g Kokosraspeln

Anrichten
4 frische Holunderblüten
100 g frische Walderdbeeren

ZUBEREITUNG

Holunderblütensorbet

Das Wasser mit dem Zucker, der Glukose und dem ausgekratzten Vanillemark sowie den Limettenzesten in einen Topf geben und die Flüssigkeit aufkochen.

Etwas übrigen Kristallzucker mit dem Pektin vermengen. Das Gemisch in den Sirup rühren und diesen erneut aufkochen.

Dann den Limettensaft in den Sirup rühren. (Das Pektin geliert bei Zugabe von Säure besser.)

Das Limettenpüree und den Holunderblütensirup in das Gemisch geben und mit dem Stabmixer hineinmixen.

Das Gemisch in einen Pacojet-Becher füllen und im Tiefkühlfach gefrieren.

Kurz vor dem Anrichten die gefrorene Holunderblütencreme im Pacojet zu cremigem Sorbet pacossieren. (Alternativ die Sorbetmasse in einen verschließbaren Behälter umfüllen und tiefgefrieren, dabei in den ersten Stunden mehrmals umrühren. Einige Zeit vor dem Servieren aus dem Tiefkühler nehmen.)

Walderdbeer-Zitronengras-Schnitte

1) Tortenboden Sacher Art

Den Kuchenboden zubereiten, dann 2 Anrichteringe (ca. 10 cm Durchmesser) damit auslegen.

2) Weiße Schokomousse

Die Kuvertüre in Stücke hacken und über einem warmen Wasserbad schmelzen.

Die Eigelbe in eine Metallschüssel geben und über einem warmen Wasserbad schaumig schlagen (Sabayone).

Die Gelatine 5 Minuten in kaltem Wasser einweichen, dann ausdrücken und in die Sabayone rühren.

Etwas geschlagene Sahne unter die Sabayone ziehen, dann schnell die flüssige Kuvertüre hineinrühren. Anschließend die restliche geschlagene Sahne unterziehen.

Die Mousse auf den Kuchenboden streichen und im Tiefkühlfach gefrieren.

3) Walderdbeergelee

Das Walderdbeerpüree mit dem Limettensaft und dem Zucker in einen Topf geben und erhitzen.

Die Gelatine 5 Minuten in kaltem Wasser einweichen, dann ausdrücken und unter Rühren in dem heißen Walderdbeergemisch auflösen. Den Topf auf ein Eiswürfelbad stellen und das Gemisch kalt rühren, bis es zu stocken beginnt.

Zwei Drittel des Walderdbeergelees auf die gefrorene weiße Schokomousse streichen und dann gefrieren.

4) Joghurt-Zitronengras-Mousse

Den Joghurt mit der Crème fraîche in eine Schüssel geben und glatt rühren.

Den Zitronensaft mit dem Zitronengras und dem ausgekratzten Vanillemark in einen Topf geben und aufkochen. Den Topf vom Herd nehmen und den Sud ziehen lassen, dann durch ein Sieb in eine Schüssel gießen. Den Zitronensud anschließend in die Joghurtcreme rühren.

Die Gelatine 5 Minuten in kaltem Wasser einweichen, dann ausdrücken und unter Rühren behutsam in der Joghurt-Zitronen-Creme auflösen.

Abschließend die geschlagene Sahne unter die Joghurt-Zitronen-Creme ziehen. Diese Joghurt-Zitronen-Mousse mit dem Kaltsaftbinder binden.

Die Joghurt-Zitronen-Mousse dann auf die gefrorene Schicht Walderdbeergelee streichen. Die Schnitte dann erneut im Tiefkühlfach anfrieren. Anschließend das restliche Walderdbeergelee auf die gefrorene Schicht Joghurt-Zitronen-Mousse streichen und kühl stellen.

5) Fertigstellen der Walderdbeer-Zitronengras-Schnitte

Die gefrorene Schnitte antauen lassen und in formschöne Stücke schneiden. Bei Bedarf mit etwas angerührtem Kaltgeleepulver oder Tortenguss abglänzen. Vor dem Servieren die Walderdbeer-Zitronengras-Schnitten halbieren und aus jeder Hälfte zentral einen kleinen Halbkreis ausstechen.

Tapiokamilch

Die Tapiokaperlen in reichlich Wasser kochen, bis sie glasig sind. Die Tapiokaperlen dann durch ein Sieb gießen und unter fließendem kaltem Wasser waschen, bis das ablaufende Wasser klar ist. Die Tapiokaperlen beiseitestellen.
Die Milch mit dem Zitronengras und dem Limettenblatt in einen Topf geben und aufkochen. Die Milch 30 Minuten ziehen lassen, dann durch ein Sieb in einen weiteren Topf gießen.
Das Kokosnusspüree, die Sahne und den Zucker in die heiße Zitronenmilch rühren. Das Gemisch aufkochen, dann die Tapiokaperlen hineinrühren und erneut aufkochen. Die Tapiokamilch abkühlen lassen und kalt stellen.

Zitronenespuma

Den Joghurt mit der Zitronenlimonade, dem Zitronensaft und dem Zucker in eine Schüssel geben und verrühren.
Die Zitronenzesten darin einlegen und 30 Minuten ziehen lassen. Das Gemisch dann durch ein Sieb gießen und mit der Joghurtmischung verrühren.
Die Gelatine 5 Minuten in kaltem Wasser einweichen, dann ausdrücken und unter Rühren in der Joghurt-Zitronen-Mischung auflösen. Die Joghurt-Zitronen-Mischung mit Frischhaltefolie bedecken und über Nacht kalt stellen.
Die Joghurt-Zitronen-Mischung dann in eine Espumaflasche füllen, diese mit 2 Kapseln bestücken und bis zum Anrichten kalt stellen.

Baiser

Die Eiweiße mit dem Zucker in einen Rührbecher geben und zu steifem Schnee schlagen. Dann den Puderzucker hinzufügen und kurz mitschlagen. Anschließend die Kokosraspeln unter den Eischnee ziehen.
Den Eischnee auf ein mit Backpapier bedecktes Backblech streichen und im auf 100 °C vorgeheizten Backofen (Umluft) 2 Stunden trocknen lassen. Dabei darauf achten, dass das Baiser nicht bräunt.

Anrichten

Die Walderdbeer-Zitronengras-Schnitten mit 1 Nocke Holunderblütensorbet auf die Teller stellen und mit 1 Baiserstreifen und 1 Holunderblüte garnieren. In ein separates Glas etwas Walderdbeergelee, darauf Tapiokamilch und einige Walderdbeeren und abschließend die Zitronenespuma füllen. Mit einigen Walderdbeeren das Dessert vollenden.

NEKTARINE | ROSMARIN | KARDAMOM | SESAM

ZUTATEN
FÜR 4 PERSONEN

Für die Sesamhippe
100 g Orangensaft
200 g Kristallzucker
80 g Weizenmehl, Type 405
60 g Sesam und etwas mehr zum Bestreuen
120 g flüssige Butter
60 g gehackte Mandeln

Für das Sesam-Kardamom-Eis
125 g Wasser
125 g flüssige Sahne
100 g Kristallzucker
1 Vanilleschote
100 g Sesampaste (Tahina, erhältlich im türkischen Lebensmittelladen)
Kardamom gemahlen
90 g Eigelb
75 g Eiweiß

Für den Biskuit
8 Eigelb
130 g Puderzucker
8 Eiweiß
60 g Kristallzucker
150 g Weizenmehl, Type 405
40 g Weizenstärke

Für die Rosmarin-Vanille-Füllung
50 g Crème Pâtissière (siehe Grundrezept Seite 324)
70 g Kristallzucker
75 g Vanillelikör
5 Blatt weiße Gelatine
600 g geschlagene Sahne
1 TL Rosmarin

Für die Nektarinentarte
1) Mürbeteig und Belag
100 g weiche Butter
100 g Puderzucker
2 g Salz
10 g Eigelb
110 g Weizenmehl, Type 405, etwas mehr für die Arbeitsfläche
50 g Mandelgrieß
250 g Nektarinen, entkernt und in feine Spalten geschnitten
20 g Zimt-Vanille-Zucker (aus gleichen Teilen Zimtpulver und Vanillezucker)

2) Streusel
100 g kalte Butterwürfel
50 g Kristallzucker
50 g brauner Zucker
100 g Weizenmehl, Type 405
75 g geriebene blanchierte Mandelkerne
25 g weiße Sesamsaat
2 g Salz

Für das Nektarinenragout
500 g Nektarinen
125 g Wasser
125 g Kristallzucker
1 Vanilleschote
fein geriebene Schale von 1 unbehandelten Limette
fein geriebene Schale von 1 unbehandelten Orange
1 Zimtstange
1 Zweig Rosmarin
75 g Himbeeren (TK-Produkt)

Für die Marshmallows
25 g Wasser
75 g Kristallzucker
25 g Trimoline (Invertzucker)
50 g Glukose (Traubenzucker)
3 Blatt weiße Gelatine
50 g Eiweiß
4 g Trockeneiweiß

Anrichten
Schokoladendekor
Rosmarinnadeln

ZUBEREITUNG

Sesamhippe

Den Orangensaft, den Zucker, das Mehl und den Sesam glatt rühren. Die Butter untermischen und zum Schluss die Mandeln unterrühren. Den Teig kalt stellen. Anschließend den Hippenteig als dünne Stränge auf ein mit einer Silikonmatte ausgekleidetes Backblech streichen und mit Sesamkörnern bestreuen. Die Hippen im auf 180 °C vorgeheizten Backofen (Ober-/Unterhitze) 5 Minuten backen.

Sesam-Kardamom-Eis

Das Wasser mit der Sahne, dem Zucker, dem ausgekratzten Vanillemark, der Sesampaste und dem Kardamom in einen Topf geben und aufkochen.

Den Topf auf ein warmes Wasserbad stellen. Die Eigelbe und die Eiweiße hinzufügen und die Creme bei 82–83 °C unter Rühren zur Rose abziehen.

Die Sesam-Kardamom-Creme in eine Schüssel füllen, mit Frischhaltefolie bedecken und über Nacht im Kühlschrank ziehen lassen.

Die Sesam-Kardamom-Creme in einen Pacojet-Becher füllen im Tiefkühlfach gefrieren.

Kurz vor dem Anrichten die gefrorene Sesam-Kardamom-Creme im Pacojet zu cremigem Eis pacossieren. (Alternativ die Eismasse in einen verschließbaren Behälter umfüllen und tiefgefrieren, dabei in den ersten Stunden mehrmals umrühren. Einige Zeit vor dem Servieren aus dem Tiefkühler nehmen.)

Biskuit

Die Eigelbe mit dem Puderzucker in eine Schüssel geben und mit dem Handrührgerät schaumig schlagen.

Die Eiweiße mit dem Kristallzucker zu steifem Schnee schlagen und den Eischnee unter die schaumige Eigelb-Puderzucker-Mischung ziehen.

Das Mehl mit der Weizenstärke versieben und unter den Teig heben.

Den Teig sehr dünn auf ein mit Backpapier bedecktes Backblech streichen und im auf 180 °C vorgeheizten Backofen (Ober-/Unterhitze) 5 Minuten backen. Den fertigen Biskuit aus dem Ofen nehmen und abkühlen lassen, dann auf ein mit einem leicht angefeuchteten Küchentuch bedecktes Brett stürzen und das Backpapier abziehen.

Rosmarin-Vanille-Füllung

Die Crème Pâtissière mit dem Zucker und dem Vanillelikör in eine Schüssel geben und glatt rühren.

Die Gelatine 5 Minuten in kaltem Wasser einweichen, dann ausdrücken und unter Rühren in der Crème Pâtissière auflösen.

Zum Schluss die geschlagene Sahne un dden Rosmarin behutsam unter die Crème Pâtissière heben.

Die Creme gleichmäßig auf den Biskuit streichen. Den Biskuit mit Hilfe des Küchentuchs einrollen. Die gefüllte Biskuitrolle im Tiefkühlfach anfrieren und kurz vor dem Anrichten in kurze Stücke schneiden.

Nektarinentarte

1) Mürbeteig und Belag

Die weiche Butter mit dem Puderzucker und dem Salz in eine Schüssel geben und mit dem Handrührgerät schaumig schlagen.
Die Eigelbe einzeln hinzufügen und hineinrühren (jedes Eigelb ca. 30 Sekunden).
Das Mehl mit dem Mandelgrieß versieben und das Mandel-Mehl-Gemisch rasch in den Teig rühren.
Den Teig auf einer bemehlten Arbeitsfläche ausrollen, dann in 1 mit Backpapier ausgelegte Tarteletteformen (8 cm Durchmesser) legen.
Die Tarteböden spiralförmig mit den Nektarinenspalten belegen, dann mit dem Zimt-Vanille-Zucker bestreuen.

2) Streusel

Die kalten Butterwürfel mit den beiden Zuckersorten in eine Schüssel geben und mit einem Handrührgerät mit Knethaken zu feinen Streuseln verkneten.
Das Mehl in eine Schüssel sieben. Die geriebenen Mandeln und die Sesamsaat hinzufügen und vermengen. Das Mehlgemisch locker in die Butterstreusel kneten.
Die Streusel über die mit Nektarinen belegten Tartes streuen.
Die Tartes im auf 180–200 °C vorgeheizten Backofen (Ober-/ Unterhitze) 30 Minuten backen. Die gebackenen Tartes aus dem Ofen nehmen und abkühlen lassen.

Nektarinenragout

Die Nektarinen waschen, trocknen, halbieren und entsteinen.
Die Nektarinen in ein tiefes Backblech legen.
Das Wasser mit dem Zucker, dem ausgekratzten Vanillemark, dem Limetten- und Orangenabrieb, dem Zimt, dem Rosmarinzweig und den Himbeeren in einen Topf geben und aufkochen. Den Rosmarinzweig wieder entfernen.
Den Sirup über die Nektarinen geben. Das Blech fest mit Alufolie verschließen. Die Nektarinen im Kombidämpfer bei 100 % Dampf und 100 °C in 5–15 Minuten weich dämpfen. Die exakte Garzeit hängt vom Reifegrad der Nektarinen ab. Alternativ die Nektarinen im auf 100 °C vorgeheizten Backofen (Ober- / Unterhitze) 5–15 Minuten schmoren.
Die geschmorten Nektarinen abkühlen lassen und zusammen mit dem Sud in ein verschließbares Gefäß abfüllen. Vor dem Servieren etwas vom Sud mit etwas Stärkemehl eindicken.

Marshmallows

Das Wasser mit dem Kristallzucker, der Trimoline und der Glukose in einen Topf geben und auf 140 °C erhitzen.
Die Gelatine 5 Minuten in kaltem Wasser einweichen, dann ausdrücken und unter Rühren in dem heißen Zuckersirup auflösen.
Die Eiweiße mit dem Trockeneiweiß in einen Rührbecher geben und mit dem Handrührgerät leicht schaumig aufschlagen. Unter stetigem Schlagen den heißen Zuckersirup in den Eischnee fließen lassen. Die Zuckercreme unter Rühren lauwarm abkühlen lassen.
Die Zuckercreme in eine rechteckige Form streichen und erkalten lassen, dann zu Marshmallow-Rauten schneiden.

Anrichten

In der Mitte der Teller 1 Marshmallow-Raute mit etwas Nektarinenragout anrichten.
Seitlich davon 1 Stück Biskuitroulade sowie 1 Nektarinentarte mit 1 Nocke Sesam-Kardamom-Eis und der Sesamhippe setzen. Abschließend mit Schokoladendekor und Rosmarinnadeln garnieren.

TOPFENSOUFFLÉ | RIBISEL | NUSSTARTE

ZUTATEN
FÜR 4 PERSONEN

Für das Ribisel-Salbei-Eis
300 g Ribiselpüree (Johannisbeerpüree, Boiron)
5 Salbeiblättchen
120 g Eigelb
87 g Kristallzucker
87 g Butter

Für die Nusstarte
1) Mürbeteig
100 g weiche Butter
100 g Puderzucker
2 g Salz
10 g Eigelb
110 g Weizenmehl, Type 405, etwas mehr für die Arbeitsfläche
50 g Mandelgrieß
10 g Kakaopulver
100 g getrocknete Erbsenkerne zum Blindbacken

2) Tartebelag
150 g Walnusskerne
50 g Sonnenblumenkerne
50 g Pinienkerne
50 g Kristallzucker
125 g Butter
125 g flüssige Sahne

Für die Ribiselmousse
188 g Ribiselpüree (Johannisbeerpüree, Boiron)
4 g Eigelb
56 g Kristallzucker
15 g Vanillepuddingpulver
45 g Butter
2 Blatt weiße Gelatine
190 g geschlagene Sahne

Für die Topfenmousse
250 g Naturjoghurt (3,5 % Fettgehalt)
200 g Topfen (Quark, 10 % Fettgehalt)
50 g frisch gepresster Zitronensaft
1 Vanilleschote
frisch geriebene Muskatnuss
4 Blatt weiße Gelatine
250 g geschlagene Sahne

Für das Topfensoufflé
100 g Quark (10 % Fettgehalt)
50 g Maisstärke
1 Vanilleschote
2 Eigelb
2 Eiweiß
50 g Kristallzucker
Salz
etwas fein geriebene unbehandelte Zitronenschale

Anrichten
Johannisbeeren
4 Zuckerspiralen (siehe Grundrezept Seite 324)
8 bronzefarbene Knusperschokoladenhalbkugeln
4 Zuckerblätter oder -stäbchen (siehe Grundrezept Seite 324)
12 Hippendreiecke

ZUBEREITUNG

Ribisel-Salbei-Eis

Das Johannisbeerpüree mit den Salbeiblättchen in einen kleinen Topf geben und aufkochen. Den Topf vom Herd nehmen und das Püree gut durchziehen lassen, dann durch ein Sieb gießen. Die Eigelbe mit dem Zucker in eine Metallschüssel geben und schaumig schlagen. Das warme Johannisbeer-Salbei-Püree hineinrühren. Die Schüssel auf ein warmes Wasserbad stellen und die Creme bei 82–83 °C unter Rühren zur Rose abziehen. Die Schüssel dann auf ein Eiswürfelbad stellen und die Johannisbeer-Salbei-Creme auf 35–40 °C temperieren. Die zimmerwarme Butter in Stückchen in die Creme rühren.

Die Johannisbeer-Salbei-Creme in einen Pacojet-Becher füllen und im Tiefkühlfach gefrieren lassen. Das Ribisel-Salbei-Eis vor dem Anrichten portionsweise pacossieren. (Alternativ die Eisgrundmasse in einen verschließbaren Behälter umfüllen und einfrieren, dabei in den ersten Stunden mehrmals umrühren. Einige Zeit vor dem Servieren das Eis aus dem Gefrierfach nehmen und portionieren.).

Nusstarte

1) Mürbeteig

Die weiche Butter mit dem Puderzucker und dem Salz in eine Schüssel geben und mit dem Handrührgerät schaumig schlagen. Die Eigelbe einzeln hinzufügen und hineinrühren (jedes Eigelb ca. 30 Sekunden).

Das Mehl mit dem Mandelgrieß und dem Kakaopulver versieben und rasch in den Teig rühren.

Den Teig auf einer bemehlten Arbeitsfläche ausrollen, dann in eine mit Backpapier ausgelegte Tarteform (20 cm Durchmesser) legen und mit Backpapier bedecken. Die getrockneten Erbsenkerne auf das Backpapier streuen und den Tarteboden im auf 180 °C vorgeheizten Backofen (Ober- / Unterhitze) 20 Minuten blind backen. Den gebackenen Tarteboden aus dem Ofen nehmen und abkühlen lassen. Das Backpapier und die Erbsenkerne entfernen.

2) Tartebelag

Die Walnuss-, Sonnenblumen- und Pinienkerne in einer Pfanne ohne Fettzugabe rösten, bis sie duften. Die Kerne dann etwas abkühlen lassen.

Den Zucker in einem kleinen Topf karamellisieren. Die zimmerwarme Butter unter Rühren in dem Karamell auflösen. Den Karamell auf 105–106 °C zum starken Faden kochen, dann mit der leicht erwärmten Sahne aufgießen.

Die gerösteten Kerne in den Karamell geben und vermengen.

Diesen Nusskaramell auf den gebackenen Tarteboden streichen und die Nusstarte im auf 180 °C vorgeheizten Backofen (Ober- / Unterhitze) 20 Minuten fertig backen. Die Nusstarte aus dem Ofen nehmen und abkühlen lassen.

Kurz vor dem Servieren blattförmige kleine Stücke aus der Nusstarte stechen.

Ribiselmousse

Das Johannisbeerpüree in einem kleinen Topf aufkochen.

Die Eigelbe mit dem Zucker und dem Vanillepuddingpulver vermengen. Etwas heißes Johannisbeerpüree hinzufügen und glatt rühren. Das Gemisch in das restliche Johannisbeerpüree rühren. Alles in eine Metallschüssel geben, diese auf ein warmes Wasserbad stellen und die Johannisbeercreme zur Rose abziehen. Die Schüssel dann auf ein Eiswürfelbad stellen und die Johannisbeercreme auf 35–40 °C temperieren. Die zimmerwarme Butter in Stückchen in die Creme rühren.

Die Gelatine 5 Minuten in kaltem Wasser einweichen, dann ausdrücken und unter Rühren in der heißen Johannisbeercreme auflösen. Die Johannisbeercreme abkühlen lassen und dann die geschlagene Sahne unterziehen.

Topfenmousse

Den Joghurt mit dem Topfen in eine kleine Schüssel geben und glatt rühren.

Den Zitronensaft mit dem ausgekratzten Vanillemark und etwas Muskat in einen Topf geben und aufkochen. Das Gemisch gut durchziehen lassen, dann durch ein Sieb gießen und mit dem Topfen- Joghurt-Gemisch verrühren.

Die Gelatine 5 Minuten in kaltem Wasser einweichen, dann ausdrücken und unter Rühren behutsam in der Topfen-Zitronen-Creme auflösen.

Zum Schluss die geschlagene Sahne unterheben und die Topfenmousse bis zum Anrichten kalt stellen.

Topfensoufflé

Den Quark mit der Maisstärke, dem Vanillemark, dem Salz und dem Zitronenabrieb in eine Schüssel geben und glatt rühren.

Die Eigelbe in die Topfencreme rühren.

Die Eiweiße mit dem Zucker zu steifem Schnee schlagen. Den Eischnee unter die Topfencreme ziehen. Die Topfenmasse in Souffléförmchen abfüllen und diese im heißen Wasserbad im auf 180 °C vorgeheizten Backofen (Ober- / Unterhitze) 20–25 Minuten backen.

Anrichten

Die Nusstartestücke mit je 1 Nocke Ribisel-Salbei-Eis und einem Zuckerblatt auf die Teller legen. Das Topfensoufflé in die Mitte stellen. Die Topfenmousse als untere Schicht zwischen 2 dreieckigen Hippen und die Ribiselmousse als Tupfen unter der oberen Hippe anrichten. Die fertige Hippe mit Moussetupfen, Johannisbeeren und 1 Zuckerspirale dekorieren. Je 2 Schokoladenhalbkugeln übereinandergelegt neben die Nusstarte stellen.

GENUSSVOLLER REGENBOGEN

AROMEN UND FARBEN, DIE ÜBERRASCHEN.

Ein Cocktail ist immer mehr als nur ein Getränk. Er ist ein kleines Kunstwerk im Glas, eine Geschmacksüberraschung und -explosion, mit Schichten aus Farben, von flüssig bis eisig- oder sahnig-fest, dekoriert mit korrespondierenden Früchten oder nach Lust und Laune. Wir pflegen bei uns die Bar-Kultur mit und ohne Alkohol, nicht nur für die späten Stunden, sondern auch als anregende Erfrischung beim Shoppingbummel oder als sommerlicher Aperitif auf der Terrasse. Seien auch Sie flexibel beim Servieren von Cocktails: als fruchtige Alternative zum Nachmittagskaffee, als entspannender Start in den Abend, als trinkbares Dessert. Unsere liebsten Rezepte verraten wir Ihnen auf den nächsten Seiten. Frei nach Oscar Wilde ist es mit dem guten Geschmack auch bei Cocktails ganz einfach: »Man nehme von allem nur das Beste.«

AMOR AMOR

ZUTATEN

2 cl Wodka
2 cl Havana Bianco
2 cl Litschi Morino
1 Schuss Limettensaft
5 Himbeeren

ZUBEREITUNG

Alle Zutaten bis auf die Himbeeren im Blender mixen und in ein Cocktailglas geben. Die Himbeeren separat mixen und vorsichtig darübergießen. Mit Himbeeren garnieren.

CLUB JON

ZUTATEN

4 cl Wodka
8 cl Grapefruitsaft
2 cl Mangosirup
2 cl Blue Curaçao
Saft von ½ Limette

ZUBEREITUNG

Alle Zutaten mit kleinen Eiswürfeln shaken, mit einer Grapefruitscheibe oder Sternfrucht garnieren und genießen.

DESIRE SKY

ZUTATEN

4 cl Whisky
2 cl Baileys
8 cl flüssige Sahne
1 cl Crème de Menthe

ZUBEREITUNG

Alle Zutaten shaken und im Martiniglas, mit einem Minzeblatt garniert, servieren.

SECO SPEZIAL

ZUTATEN

4 cl Wodka
2 cl Maracujasirup
10 cl Prosecco

ZUBEREITUNG

Den Wodka und den Maracujasirup auf Eis shaken und mit Prosecco auffüllen.

EL CLASSICO

ZUTATEN

4 cl Gin
2 cl Cointreau
2 cl Limejuice
12 cl Carpe Diem Kombucha Classic

ZUBEREITUNG

Alle Zutaten bis auf den Carpe Diem Kombucha shaken, in ein Longdrinkglas mit Eis geben und mit Carpe Diem Kombucha auffüllen.

DESPERADO

ZUTATEN

3 cl Wodka
2 cl Brandy
4 cl Orangensaft
6 cl Ananassaft
4 cl Cranberryjuice
1 Schuss Grenadinensirup
3 cl Maracujasirup

ZUBEREITUNG

Alle Zutaten shaken und auf Eis servieren.
Mit Früchten nach Belieben garnieren.

GRUNDREZEPTE

GEFLÜGELFOND

ZUTATEN
ERGIBT CA. 1,5 L

2 kg Geflügelkarkassen
300 g Zwiebel, grob gewürfelt
1 Stange Lauch, grob gewürfelt
1 Stange Staudensellerie, grob gewürfelt
3 Karotten, grob gewürfelt
3 l kaltes Wasser
Salz
1 Knoblauchzehe
2 frische Lorbeerblätter
5 frische Wacholderbeeren
1 TL weiße Pfefferkörner

ZUBEREITUNG

Die Geflügelkarkassen zusammen mit den Gewürzen und dem Gemüse im kalten Wasser aufsetzen. Den Fond mit Salz abschmecken und die leicht angedrückte Knoblauchzehe, die Lorbeerblätter, die Wacholderbeeren und die Pfefferkörner zufügen. Den Fond 2 Stunden köcheln lassen, dabei aufsteigenden Schaum abschöpfen. Dann den Fond durch ein mit einem Passiertuch ausgelegtes Sieb gießen.
Gegebenenfalls den Fond bis zur gewünschten Intensität reduzieren.

GEMÜSEFOND

ZUTATEN
ERGIBT CA. 1,5 L

100 g Schalotten,
grob gewürfelt
400 g Karotten,
grob gewürfelt
400 g Knollensellerie,
grob gewürfelt
1 Stange Lauch,
grob gewürfelt
2 Petersilienwurzeln,
grob gewürfelt
Salz
2 Tomaten, geviertelt
2 frische Lorbeerblätter
1 TL weiße Pfefferkörner
1 Bund glatte Petersilie

ZUBEREITUNG

Das Gemüse in 3 Liter kaltem Wasser aufsetzen und langsam zum Kochen bringen. Anschließend mit Salz abschmecken und die Tomaten und Gewürze zufügen. Den Fond 3 Stunden leicht köcheln lassen. Anschließend den Fond durch ein mit einem Passiertuch ausgelegtes Sieb gießen.
Gegebenenfalls den Fond bis zur gewünschten Intensität reduzieren.

RINDERSUPPE

ZUTATEN
ERGIBT CA. 2 L

1 kg Rinderknochen
1 kg Rindfleisch zum Kochen (z. B. Brustspitz, Spann- und Querrippe, hohe Rippe, Bauch, Schwanz oder Beinscheiben)
2 Karotten, grob gewürfelt
1 Stange Staudensellerie, grob gewürfelt
3 Zwiebeln
1 Stange Lauch, grob gewürfelt
1 Knoblauchknolle
1 Zweig Petersilie
2 Zweige Liebstöckel
1 TL weiße Pfefferkörner
2 frische Lorbeerblätter
2 Streifen Muskatblüte
4 frische Wacholderbeeren
Salz

ZUBEREITUNG

Die Rinderknochen kurz in kochendem Wasser blanchieren, dann unter fließendem kaltem Wasser abwaschen.
Die Rinderknochen mit 5 l kaltem Wasser in einem großen Topf aufsetzen. Das Wasser langsam zum Kochen bringen.
Den Fond 2–3 Stunden kochen lassen, dann das Rindfleisch hineingeben und 1 weitere Stunde kochen lassen. Anschließend die Karotten, den Staudensellerie, die halbierten, ungeschälten Zwiebeln, den Lauch und die halbierte Knoblauchknolle sowie die Petersilie, den Liebstöckel und die Gewürze hinzufügen. Die Suppe salzen und 1 weitere Stunde kochen lassen.
Während der Kochzeit aufsteigenden Schaum abschöpfen.
Die Rindersuppe durch ein mit einem Passiertuch ausgelegtes Sieb gießen und nochmals mit Salz abschmecken.

SPARGELFOND

ZUTATEN
ERGIBT CA. 1,5 L

100 g Kristallzucker
40 g Salz
50 g Butter
1 Zitrone
2 kg Abschnitte von weißem und grünem Spargel

ZUBEREITUNG

Alle Zutaten mit 2 l Wasser in einen Topf geben. Das Wasser aufkochen, dann den Fond 1 Stunde bei milder Temperatur ziehen lassen. Den Spargelfond dann durch ein mit einem Passiertuch ausgelegtes Sieb gießen.

FISCHFOND

ZUTATEN
ERGIBT CA. 1 L

2 kg Fischkarkassen
3 EL Olivenöl
100 g Fenchel, grob gewürfelt
80 g Karotten, grob gewürfelt
80 g gelbe Rüben, grob gewürfelt
80 g Staudensellerie, grob gewürfelt
150 g Schalotten, grob gewürfelt
500 ml trockener Weißwein
500 ml Noilly Prat
100 ml Pernod
1 l Wasser
200 g Kirschtomaten
3 Knoblauchzehen
2 Zweige Thymian
5 Zweige Koriandergrün
1 frisches Lorbeerblatt
1 TL weiße Pfefferkörner
Meersalz

ZUBEREITUNG

Die Karkassen wässern und in einem Sieb abtropfen lassen. Das Öl in einem großen Topf erhitzen und das Gemüse und die Schalotten darin anschwitzen. Mit dem Wein, dem Noilly Prat und dem Wermut ablöschen und reduzieren. Die Karkassen zufügen und mit Wasser auffüllen, so dass die Karkassen bedeckt sind. Die Tomaten, die leicht angedrückten Knoblauchzehen, die Gewürze und Salz zufügen. Den Fond ca. 30 Minuten leicht köcheln lassen, dabei aufsteigenden Schaum abschöpfen.
Anschließend den Fond durch ein mit einem Passiertuch ausgelegtes Sieb gießen. Gegebenenfalls den Fond bis zur gewünschten Intensität reduzieren.

KALBSJUS

ZUTATEN
ERGIBT CA. 300 ML

2 kg Kalbsknochen
12 ml Olivenöl
60 g Schalotten, grob gewürfelt
40 g Karotten, grob gewürfelt
30 g Knollensellerie, grob gewürfelt
30 g Staudensellerie, grob gewürfelt
2 Knoblauchzehen, geschält und halbiert
1 TL Tomatenmark
65 ml Aceto balsamico
400 ml trockener Rotwein
100 ml roter Portwein
100 ml Madeira
1 l Gemüsefond (siehe Grundrezept Seite 299)
Salz
frisch gemahlener weißer Pfeffer
1 Zweig Thymian
1 Zweig Rosmarin

ZUBEREITUNG

Die Kalbsknochen auf einem Backblech verteilen und im auf 180 °C vorgeheizten Backofen (Ober- / Unterhitze) 1 ½ Stunden rösten.
Das Olivenöl in einem großen Topf erhitzen. Das Gemüse (Schalotten, Karotten, Knollensellerie, Staudensellerie, Knoblauch) darin goldbraun anbraten. Das Tomatenmark hineinrühren und kurz mitbraten.
Anschließend mit dem Balsamico ablöschen und diesen reduzieren. Diesen Vorgang erst mit dem Rotwein, dann mit dem Portwein und zuletzt mit dem Madeira wiederholen.
Die gerösteten Knochen hinzufügen und alles mit dem Gemüsefond auffüllen. Den Fond mit Salz und Pfeffer abschmecken, die Kräuter hinzufügen und dann 5–7 Stunden köcheln lassen, dabei aufsteigenden Schaum abschöpfen. Dann den Fond durch ein mit einem Passiertuch ausgelegtes Sieb gießen. Gegebenenfalls den Fond bis zur gewünschten Intensität reduzieren. Für eine Sauce die gewünschte Menge abnehmen und mit etwas in kaltem Wasser angerührter Maisstärke binden.

SCHWEINEJUS

ZUTATEN
ERGIBT CA. 300 ML

2 kg Schweineknochen
12 ml Olivenöl
60 g Schalotten, grob gewürfelt
40 g Karotten, grob gewürfelt
30 g Knollensellerie, grob gewürfelt
30 g Staudensellerie, grob gewürfelt
2 Knoblauchzehen, geschält und halbiert
1 TL Tomatenmark
65 ml Aceto balsamico
400 ml Malzbier
1 l Gemüsefond (siehe Grundrezept Seite 299)
Salz
frisch gemahlener weißer Pfeffer
1 Zweig Thymian
1 Zweig Rosmarin
½ TL Kümmelsamen
2 frische Lorbeerblätter

ZUBEREITUNG

Die Schweineknochen auf einem Backblech verteilen und im auf 180 °C vorgeheizten Backofen (Ober-/Unterhitze) 1 ½ Stunden rösten.
Das Olivenöl in einem großen Topf erhitzen. Das Gemüse (Schalotten, Karotten, Knollensellerie, Staudensellerie, Knoblauch) darin goldbraun anbraten. Das Tomatenmark hineinrühren und kurz mitbraten.
Anschließend mit dem Balsamico ablöschen und diesen reduzieren. Diesen Vorgang mit dem Malzbier wiederholen. Die gerösteten Knochen hinzufügen und alles mit dem Gemüsefond auffüllen. Den Fond mit Salz und Pfeffer abschmecken, die Kräuter, Kümmelsamen und Lorbeerblätter hinzufügen und dann 5–7 Stunden köcheln lassen, dabei aufsteigenden Schaum abschöpfen. Dann den Fond durch ein mit einem Passiertuch ausgelegtes Sieb gießen. Gegebenenfalls den Fond bis zur gewünschten Intensität reduzieren.
Für eine Sauce die gewünschte Menge abnehmen und mit etwas in kaltem Wasser angerührter Maisstärke binden.

ENTENJUS

ZUTATEN
ERGIBT CA. 300 ML

2 kg Entenknochen, klein gehackt
2 EL Butterschmalz
400 g Schalotten, gewürfelt
200 g Staudensellerie, grob gewürfelt
1 Knoblauchzehe, geschält und halbiert
100 g Karotten, grob gewürfelt
1 EL Tomatenmark
125 ml frisch gepresster Orangensaft
500 ml trockener Rotwein
500 ml roter Portwein
1 l Geflügelfond (siehe Grundrezept Seite 298)
Salz
2 Zweige Rosmarin
2 Zweige Thymian
1 frisches Lorbeerblatt
1 TL weiße Pfefferkörner

ZUBEREITUNG

Die Entenknochen auf einem Backblech verteilen und im auf 180 °C vorgeheizten Backofen (Ober- / Unterhitze) 1 ½ Stunden rösten.
Das Butterschmalz erhitzen, die Schalotten, den Sellerie, den Knoblauch und die Karotten zufügen und anbraten. Das Tomatenmark unterrühren und anbraten. Mit dem Orangensaft ablöschen und reduzieren. Diesen Vorgang mit dem Rotwein und dem Portwein wiederholen. Anschließend die gerösteten Entenknochen zufügen und mit dem Geflügelfond aufgießen. Mit Salz abschmecken und die Kräuter, das Lorbeerblatt und die Pfefferkörner zufügen. Die Entenjus 5 Sunden leicht köcheln lassen. Die Entenjus durch ein mit einem Passiertuch ausgelegtes Sieb passieren und anschließend auf die gewünschte Stärke reduzieren.
Nach Bedarf kann mit etwas in kaltem Wasser angerührter Maisstärke gebunden werden.

TAUBENJUS

ZUTATEN
ERGIBT CA. 500 ML

1 kg Taubenkarkassen
65 ml Olivenöl
600 g Mirepoix (gemischtes gewürfeltes Wurzelgemüse aus Knollensellerie, Karotte, Petersilienwurzel und Lauch)
1 Knoblauchzehe, geschält und halbiert
½ EL Tomatenmark
65 ml Aceto balsamico
500 ml trockener Rotwein
500 ml roter Portwein
2 l Gemüsefond (siehe Grundrezept Seite 299)
Salz
frisch gemahlener weißer Pfeffer
2 frische Lorbeerblätter
5 frische Wacholderbeeren
2 Zweige Rosmarin

ZUBEREITUNG

Die Taubenkarkassen auf einem Backblech verteilen und im auf 180 °C vorgeheizten Backofen (Ober-/Unterhitze) 1 ½ Stunden rösten.
Das Olivenöl in einem großen Topf erhitzen. Das Mirepoix und den Knoblauch darin goldbraun anbraten. Das Tomatenmark hineinrühren und kurz mitbraten.
Anschließend mit dem Balsamico ablöschen und diesen reduzieren. Diesen Vorgang erst mit dem Rotwein, dann mit dem Portwein wiederholen.
Die gerösteten Knochen hinzufügen und alles mit dem Gemüsefond auffüllen. Den Fond mit Salz und Pfeffer abschmecken und die Lorbeerblätter, die Wacholderbeeren und den Rosmarin zufügen. Den Fond 5–7 Stunden köcheln lassen, dann durch ein mit einem Passiertuch ausgelegtes Sieb gießen und die gewünschte Menge abnehmen. Mit etwas in kaltem Wasser angerührter Maisstärke binden.

Tipp
Statt mit Taubenkarkassen kann man diese Jus auch mit Rebhuhnkarkassen, Wachtelkarkassen oder Kaninchenkarkassen zubereiten und erhält dann eine Rebhuhnjus (siehe »REBHUHN | KARTOFFELN | ROTKRAUT« Seite 175) eine Wachteljus bzw. eine Kaninchenjus (siehe »KANINCHEN | SPARGEL | MISPELN« Seite 146).

LAMMJUS

ZUTATEN
ERGIBT CA. 300 ML

2 kg Lammknochen und -parüren
65 ml Olivenöl
60 g Schalotten, grob gewürfelt
40 g Karotten, grob gewürfelt
30 g Knollensellerie, grob gewürfelt
30 g Staudensellerie, grob gewürfelt
2 Knoblauchzehen, geschält und halbiert
1 TL Tomatenmark
65 ml Aceto balsamico
400 ml trockener Rotwein
100 ml roter Portwein
100 ml Madeira
1 l Gemüsefond (siehe Grundrezept Seite 299)
Salz
frisch gemahlener weißer Pfeffer
1 Zweig Thymian
1 Zweig Rosmarin

ZUBEREITUNG

Die Lammknochen und Parüren auf einem Backblech verteilen und im auf 180 °C vorgeheizten Backofen (Ober- / Unterhitze) 1 ½ Stunden rösten.
Das Olivenöl in einem großen Topf erhitzen. Das Gemüse (Schalotten, Karotten, Knollensellerie, Staudensellerie, Knoblauch) darin goldbraun anbraten. Das Tomatenmark hineinrühren und kurz mitbraten.
Anschließend mit dem Balsamico ablöschen und diesen reduzieren. Diesen Vorgang erst mit dem Rotwein, dann mit dem Portwein und zuletzt mit dem Madeira wiederholen.
Die gerösteten Knochen und Parüren hinzufügen und alles mit dem Gemüsefond auffüllen. Den Fond mit Salz und Pfeffer abschmecken, die Kräuter hinzufügen und dann 5–7 Stunden köcheln lassen, dabei aufsteigenden Schaum abschöpfen. Dann den Fond durch ein mit einem Passiertuch ausgelegtes Sieb gießen. Gegebenenfalls den Fond bis zur gewünschten Intensität reduzieren.
Für eine Sauce die gewünschte Menge abnehmen und mit etwas in kaltem Wasser angerührter Maisstärke binden.

REHJUS

ZUTATEN
ERGIBT CA. 500 ML

2 kg Rehknochen, gehackt
125 ml Olivenöl
500 g Mirepoix (in feine Würfel geschnittenes Röstgemüse aus Knollensellerie, Karotte, Petersilienwurzel, Lauch etc.)
1 Knoblauchknolle, geschält und halbiert
1 EL Tomatenmark
125 ml Aceto balsamico
1 l trockener Rotwein
1 l roter Portwein
500 ml Madeira
3 l Gemüsefond (siehe Grundrezept Seite 299)
100 g frische Blaubeeren (zum Färben)
Salz
frisch gemahlener weißer Pfeffer
3 frische Lorbeerblätter
5 frische Wacholderbeeren
5 Pimentkörner
2 Zweige Rosmarin
2 Zweige Thymian
2 TL eingemachte Preiselbeeren

ZUBEREITUNG

Die Rehknochen auf einem Backblech verteilen und im auf 180 °C vorgeheizten Backofen (Ober- / Unterhitze) 1 Stunde rösten.
Das Olivenöl in einem großen Topf erhitzen. Das Mirepoix und den Knoblauch darin goldbraun anbraten. Das Tomatenmark hineinrühren und kurz mitbraten.
Anschließend mit dem Balsamico ablöschen und diesen reduzieren. Diesen Vorgang erst mit dem Rotwein, dann mit dem Portwein und zuletzt mit dem Madeira wiederholen.
Die gerösteten Knochen hinzufügen und alles mit dem Gemüsefond auffüllen und die Blaubeeren, Gewürze und Kräuter sowie die Preiselbeeren zufügen.
Den Fond 5–7 Stunden köcheln lassen, dann durch ein mit einem Passiertuch ausgelegtes Sieb gießen und die gewünschte Menge abnehmen. Mit etwas in kaltem Wasser angerührter Maisstärke binden.

Tipp
Für eine Hirschsauce werden die Rehknochen durch Hirschknochen ersetzt.

HUMMERSAUCE

ZUTATEN
ERGIBT CA. 500 ML

Karkassen von 4 Hummern
3 EL Olivenöl
3 große Zwiebeln, grob gewürfelt
1 Knollensellerie, grob gewürfelt
1 Knolle Fenchel, grob gewürfelt
2 Karotten, grob gewürfelt
1 Stange Staudensellerie, grob gewürfelt
1 Knolle Knoblauch, grob gewürfelt
2 EL Tomatenmark
200 ml Cognac
250 ml trockener Weißwein
200 ml Noilly Prat
1 l Gemüsefond (siehe Grundrezept Seite 299)
500 ml flüssige Sahne
8 vollreife Tomaten, geviertelt
2 Zweige Estragon
2 Zweige Thymian
2 Zweige Rosmarin
2 Zweige Basilikum
2 Zweige Dill
1 TL weiße Pfefferkörner
½ TL Koriandersamen
½ TL Fenchelsamen
3 getrocknete Schoten »Bird's Eye Chili«
2 frische Lorbeerblätter
250 g Butter
frisch gepresster Zitronensaft
Salz

ZUBEREITUNG

Die Hummerkarkassen waschen, auf einem Backblech verteilen und im auf 200 °C vorgeheizten Backofen (Ober- / Unterhitze) 45 Minuten rösten.
Das Olivenöl in einem großen Topf erhitzen. Das Gemüse (Zwiebeln, Knollensellerie, Fenchel, Karotten, Staudensellerie, Knoblauch) darin goldbraun anbraten. Die gerösteten Hummerkarkassen hinzufügen. Das Tomatenmark hineinrühren und kurz mitbraten. Alles mit dem Cognac übergießen und flambieren. Dann mit dem Weißwein und dem Noilly Prat ablöschen und die Flüssigkeit um die Hälfte reduzieren. Anschließend mit dem Gemüsefond und der Sahne auffüllen und die Tomatenviertel hinzufügen. Die Kräuter (Estragon, Thymian, Rosmarin, Basilikum, Dill) und die Gewürze (Pfefferkörner, Koriander, Fenchel, Chili, Lorbeerblätter) in den Fond geben und alles 1 ½ Stunden köcheln lassen, dabei aufsteigenden Schaum abschöpfen. Mit einem großen Stabmixer mit Butter und Zitronensaft mixen. Die Hummersauce dann durch ein mit einem Passiertuch ausgelegtes Sieb gießen und mit Salz abschmecken. Gegebenenfalls die Sauce bis zur gewünschten Intensität reduzieren.

Tipp
Die Hummerkarkassen können durch Flusskrebskarkassen ersetzt werden.

MORCHELSAUCE

ZUTATEN
ERGIBT CA. 200 ML

1 EL Butter
50 g Schalotten, gewürfelt
100 g getrocknete Morcheln, in warmem Wasser eingeweicht
125 ml trockener Rotwein
125 ml Kalbsjus (siehe Grundrezept Seite 303)
125 ml Gemüse- oder Geflügelfond (siehe Grundrezepte Seiten 298, 299)
125 ml flüssige Sahne
1 Zweig Thymian
Salz
frisch gemahlener weißer Pfeffer
etwas frisch gepresster Zitronensaft
50 g kalte Butterwürfel

ZUBEREITUNG

Die Butter erhitzen und die Schalottenwürfel darin anschwitzen. Die ausgedrückten Morcheln zugeben und ebenfalls anschwitzen. Mit dem Rotwein ablöschen und die Flüssigkeit reduzieren. Dann mit der Kalbsjus und dem Geflügel- bzw. Gemüsefond auffüllen. Die Sahne und den Thymian hinzufügen. Den Morchelfond mit Salz, Pfeffer und Zitronensaft abschmecken und 10–15 Minuten köcheln lassen. Anschließend den Fond durch ein mit einem Passiertuch ausgelegtes Sieb passieren und gegebenenfalls auf die gewünschte Stärke reduzieren.
Für die Morchelsauce die kalten Butterwürfel mit einem Stabmixer in den Fond montieren, bis die Sauce schön sämig ist.

NUSSBUTTERSCHAUM

ZUTATEN
ERGIBT CA. 250 ML

200 g Butter
25 ml Chardonnayessig
200 ml Gemüsefond (siehe Grundrezept Seite 299)
1 Msp. Knoblauch, geschält
½ frisches Lorbeerblatt
1 Zweig Rosmarin
1 Zweig Thymian
½ TL Dijonsenf
Salz
frisch gemahlener weißer Pfeffer
ca. 3 g Lecite (pflanzlicher Emulgator aus Sojalecithin)

ZUBEREITUNG

Die Butter in einem Topf langsam und vorsichtig zerlassen und leicht bräunen. Die braune Butter mit dem Chardonnayessig ablöschen, anschließend mit dem Gemüsefond auffüllen. Den Knoblauch, das Lorbeerblatt, den Rosmarin und den Thymian hinzufügen und den Fond 10 Minuten köcheln lassen.
Den Senf in den Fond rühren und den Fond mit Salz und Pfeffer abschmecken. Den Fond durch ein mit einem Passiertuch ausgelegtes Sieb passieren.
Kurz vor dem Gebrauch 1 g Lecite je 100 ml Flüssigkeit hinzufügen und den Fond mit dem Stabmixer aufschäumen.

MALZBIERHONIG

ZUTATEN
ERGIBT CA. 700 ML

500 g Malzbier
160 g Kirschsaft
80 g Sherryessig
160 g flüssiger Honig
80 g Tomatenmark
1 Zweig Rosmarin
1 Zweig Thymian
1 Knoblauchzehe, geschält
Salz
frisch gemahlener weißer Pfeffer

ZUBEREITUNG

Das Malzbier mit dem Kirschsaft, dem Sherryessig und dem Honig in einen Topf geben und unter Rühren aufkochen. Das Tomatenmark und die Kräuterzweige sowie den leicht angequetschten Knoblauch hinzufügen und die Flüssigkeit, leicht köchelnd, um die Hälfte reduzieren. Den Malzbierhonig mit Salz und Pfeffer abschmecken.

SCHWARZBIERHONIG

ZUTATEN
ERGIBT CA. 1 L

750 ml Schwarzbier
200 g Marillenmarmelade
100 g Sherryessig
200 g flüssiger Honig
100 g Tomatenmark
1 Zweig Rosmarin
1 Zweig Thymian
½ Knoblauchzehe, geschält
Salz
frisch gemahlener weißer Pfeffer

ZUBEREITUNG

Das Schwarzbier mit der Marillenmarmelade, dem Sherryessig und dem Honig in einen Topf geben und unter Rühren aufkochen. Das Tomatenmark und die Kräuterzweige sowie den leicht angequetschten Knoblauch hinzufügen und die Flüssigkeit, leicht köchelnd, um die Hälfte reduzieren. Den Schwarzbierhonig mit Salz und Pfeffer abschmecken.

SALATDRESSING

ZUTATEN
ERGIBT CA. 150 ML

37 ml Aceto balsamico
6 ml weißer Aceto balsamico
25 ml Maiskeimöl
6 ml Walnussöl
12 ml Olivenöl extra vergine
2 ml Sesamöl
1 TL Salz
2 TL Kristallzucker
½ Eigelb
1 Msp. Knoblauch, geschält und gehackt
½ TL mittelscharfer Senf

ZUBEREITUNG

Alle Zutaten mit 100 ml Wasser im Thermomix oder mit dem Stabmixer zu einem gebundenen Dressing mixen.

LIMETTENVINAIGRETTE

ZUTATEN
ERGIBT CA. 100 ML

20 g weißer Aceto balsamico
Saft von 2 Limetten
70 g Olivenöl extra vergine
½ Knoblauchzehe, geschält
20 g brauner Zucker
6 g Meersalz

ZUBEREITUNG

Alle Zutaten gut zu einer gebundenen Vinaigrette verrühren.

STRUDELTEIG

ZUTATEN
ERGIBT CA. 2–3 STRUDEL

200 g Weizenmehl, Type 405
125 ml Wasser
1 EL neutrales Pflanzenöl

ZUBEREITUNG

Alle Zutaten vermischen und so lange zu einem elastischen Teig verkneten, bis die Oberfläche glatt ist. Den Teig mit Öl bestreichen und in eine Frischhaltefolie gewickelt im Kühlschrank ruhen lassen.

NUDELTEIG

ZUTATEN
FÜR 4 PORTIONEN

250 g Semola di grano duro (fein gemahlener Hartweizengrieß)
13 g Olivenöl
Salz
175 g Eigelb

ZUBEREITUNG

Das Mehl in eine Schüssel sieben. Das Olivenöl und das Salz hinzufügen und alles vermengen. Die Eigelbe hinzufügen und alles zu einem glatten, gebundenen Teig verkneten. Den Teig in Frischhaltefolie wickeln und 2 Stunden im Kühlschrank ruhen lassen.

CAVATELLI

ZUTATEN FÜR 4 PORTIONEN

150 g Ricotta
1 Eigelb
Salz
200 g Semola di grano duro (fein gemahlener Hartweizengrieß)

ZUBEREITUNG

Den Ricotta und das Eigelb mit etwas Salz in eine Schüssel geben und glatt rühren.
Den Hartweizengrieß hinzufügen und alles zu einem glatten, gebundenen Teig verkneten. Den Teig zu einer Kugel formen, in Klarsichtfolie einwickeln und mindestens 30 Minuten ruhen lassen. Anschließend einen Teil des Teigs abschneiden und einen etwa 6–8 mm dicken Strang daraus rollen. Davon mit einem scharfen Messer 2–3 cm lange Stücke abschneiden. Diese über ein Gnocchiholz rollen und dabei mit den Spitzen von Zeige-und Mittelfinger eine Rille in den Teig drücken, so dass ein Hohlraum entsteht. Die fertigen Cavatelli auf einem mit Hartweizengrieß bestreuten Tuch bis zur Verwendung lagern.
Die Cavatelli in reichlich kochendem Salzwasser 3–5 Minuten al dente garen, dann abgießen und abtropfen lassen.

KARTOFFELPÜREE

ZUTATEN
FÜR 4 PORTIONEN

3 mehligkochende Kartoffeln
(ca. 200 g)
Salz
50 ml flüssige Sahne
50 g Butter
frisch geriebene Muskatnuss

ZUBEREITUNG

Die Kartoffeln schälen und in reichlich Salzwasser weich kochen, dann abgießen.
Die Sahne mit der Butter in einen kleinen Topf geben, mit Muskat würzen und erhitzen.
Die heißen Kartoffeln durch eine Kartoffelpresse in die heiße Muskatsahne drücken und mit einem Holzkochlöffel unterrühren. Das Püree bis zum Anrichten warm halten.

KETCHUP

ZUTATEN
ERGIBT CA. 400 ML

1 Zwiebel
1 Spitzpaprika
8 g Knoblauch
1 kg reife Tomaten
80 g geschälte Tomaten (Konserve)
9 g Koriandersamen
10 g schwarze Pfefferkörner
5 g Pimentkörner
45 g Salz
45 g brauner Zucker
45 g Kristallzucker
22 g Dijonsenf
15 g Weißweinessig
1 Gewürznelke
1 TL frische rote Chilischote, fein gewürfelt
1 Stange Zimt
1 ½ frische Lorbeerblätter

ZUBEREITUNG

Die Zwiebel schälen und grob schneiden. Die Paprika halbieren, von den Kernen und Scheidewänden befreien und ebenfalls grob schneiden. Den Knoblauch schälen und grob hacken. Die Zwiebeln, die Paprika und den Knoblauch auf einem Backblech verteilen und im auf 180 °C vorgeheizten Backofen (Ober- / Unterhitze) 15 Minuten schmoren. Das geschmorte Gemüse in einen Topf geben.
Die reifen Tomaten von den Stielansätzen befreien und in grobe Stücke schneiden, dann mit den geschälten Tomaten zu dem geschmorten Gemüse geben. Den gesamten Topfinhalt mit dem Stabmixer pürieren, dann durch ein Sieb streichen.
Die Koriandersamen, die Pfeffer- und die Pimentkörner in einer trockenen Pfanne anrösten.
Das Püree wieder in einen Topf füllen. Alle restlichen Zutaten zum Püree geben und unter Rühren erhitzen. Das Ketchup bis zur gewünschten Konsistenz reduzieren und anschließend nochmals durch ein Sieb passieren.

SENFEIS

ZUTATEN
ERGIBT CA. 400 ML

250 ml Vollmilch
50 ml flüssige Sahne
1 EL Moutarde de Meaux
1 TL Ahornsirup
50 g Kristallzucker
25 g Vollei
40 g Eigelb
1 Prise Salz

ZUBEREITUNG

Die Milch mit der Sahne, dem Senf, dem Ahornsirup und 25 g Zucker aufkochen.
Das Vollei, das Eigelb und den restlichen Zucker (25 g) über einem Wasserbad cremig aufschlagen. Anschließend über einem Eisbad unter Rühren abkühlen.
Die Senfmilch unterrühren und alles zusammen über einem Wasserbad zur Rose abziehen. Die Senfeismasse in Pacojet-Becher abfüllen und im Tiefkühlfach gefrieren.
Kurz vor dem Anrichten die gefrorene Senfeismasse im Pacojet zu cremigem Eis pacossieren. (Alternativ die Eismasse in einen verschließbaren Behälter umfüllen und tiefgefrieren, dabei in den ersten Stunden mehrmals umrühren. Einige Zeit vor dem Servieren aus dem Tiefkühler nehmen.)

KALBSFARCE

ZUTATEN
ERGIBT CA. 350 G

200 g kaltes Kalbfleisch
(z. B. aus der Keule),
in Würfel geschnitten
100 ml eiskalte flüssige Sahne
1 kaltes Ei
Salz
Cayennepfeffer

ZUBEREITUNG

Die Kalbfleischwürfel mit der eiskalten Sahne und dem gekühlten Ei in der Küchenmaschine zu einer feinen Farce mixen. Die Farce durch ein Sieb streichen und mit Salz und Cayennepfeffer würzen.

TORTENBODEN SACHER ART

ZUTATEN FÜR 1 SPRINGFORM ODER 1 MITTELGROSSES BACKBLECH

225 g weiche Butter
225 g Puderzucker
1 Vanilleschote
etwas fein geriebene unbehandelte Zitronenschale
180 g Eigelb
225 g dunkle Kuvertüre (60 % Kakaogehalt)
270 g Eiweiß
225 g Kristallzucker
1 Prise Salz
215 g Weizenmehl, Type 405

ZUBEREITUNG

Die weiche Butter mit dem Puderzucker, dem ausgekratzten Vanillemark und etwas Zitronenabrieb in eine Schüssel geben und mit dem Handrührgerät schaumig schlagen.
Die Eigelbe einzeln hinzufügen und gründlich hineinrühren (jedes Eigelb ca. 30 Sekunden).
Die Kuvertüre in kleine Stücke hacken, in einen Topf geben und über einem Wasserbad langsam schmelzen. Die flüssige Kuvertüre in den Teig rühren.
Die Eiweiße mit dem Kristallzucker und dem Salz zu steifem Schnee schlagen. Den Eischnee unter den Schokoladenteig ziehen. Zum Schluss das gesiebte Mehl unterheben.
Den Teig in eine mit Backpapier ausgekleidete Springform oder auf ein mit Backpapier belegtes Backblech streichen. Den Sacherboden auf der unteren Schiene ca. 45 Minuten im auf 180 °C vorgeheizten Backofen (Ober- / Unterhitze) backen.

WEISSER BISKUIT

ZUTATEN FÜR 1 MITTELGROSSES BACKBLECH

5 Eier
210 g Kristallzucker
5 Eiweiß
100 g Weizenmehl, Type 405
150 g Mandelgrieß
40 g flüssige Butter

ZUBEREITUNG

Die Eier mit 180 g Zucker in eine Schüssel geben und mit dem Handrührgerät schaumig schlagen.
Die Eiweiße mit dem restlichen Zucker (30 g) zu steifem Schnee schlagen. Den Eischnee unter die Ei-Zucker-Mischung ziehen.
Das Mehl mit dem Mandelgrieß versieben und unter den Teig heben.
Zum Schluss die flüssige Butter in den Teig rühren.
Den Teig auf ein mit Backpapier bedecktes Backblech streichen und im auf 180 °C vorgeheizten Backofen 15 Minuten fertig backen.
Den fertigen Biskuit abkühlen lassen, stürzen und das Backpapier abziehen.

DEKORBISKUIT

ZUTATEN FÜR 1 MITTELGROSSES BACKBLECH

Für den Hippenteig
100 g Butter
100 g Puderzucker
60 g Eiweiß
60 g Weizenmehl, Type 405
40 g Kakaopulver

Für den Biskuit Joconde
300 g Marzipanrohmasse
200 g Vollei
40 g Weizenmehl, Type 405
12 g Invertzucker
(z. B. Trimoline)
30 g flüssige Butter
130 g Eiweiß
24 g Kristallzucker

ZUBEREITUNG

Hippenteig
Die Butter bei Zimmertemperatur mit dem Puderzucker verrühren.
Das Eiweiß nach und nach unterrühren. Das Mehl mit dem Kakao versieben und unter die Mischung heben. Den Hippenteig dünn im gewünschten Muster auf ein mit Backpapier belegtes Backblech streichen. Das Backblech in den Tiefkühler stellen.

Biskuit Joconde
Die Marzipanrohmasse mit 30 g Vollei gut verrühren und anschließend durch ein Sieb passieren. Die Marzipanmasse dann mit dem Mehl, 70 g Vollei und dem Invertzucker ebenfalls gut verrühren und 15 Minuten in einer Küchenmaschine aufschlagen.
Danach das restliche Vollei (100 g) langsam (10 Minuten) unter Rühren in den Teig laufen lassen. Zum Schluss die flüssige Butter und das mit dem Zucker aufgeschlagene Eiweiß unterziehen.

Fertigstellen
Den Biskuit Joconde auf die gefrorene Hippenmasse streichen. Den Dekorbiskuit im auf 220 °C vorgeheizten Backofen (Ober- / Unterhitze) ca. 15 Minuten backen.

CRÈME PÂTISSIÈRE

ZUTATEN
ERGIBT CA. 500 G

90 g Eigelb
25 g Vanillepuddingpulver
225 g kalte Vollmilch
150 g flüssige Sahne
75 g Kristallzucker
1 Vanilleschote
40 g Butter

ZUBEREITUNG

Die Eigelbe mit dem Vanillepuddingpulver und etwas kalter Milch in eine Schüssel geben und glatt rühren.
Die restliche Milch mit der Sahne, dem Zucker und dem ausgekratzten Vanillemark in einen Topf geben und unter stetigem Rühren aufkochen.
Die Eigelbmischung in die heiße Vanillemilch rühren und unter Rühren nochmals aufkochen. Die Creme auf 35–40 °C temperieren, dann die Butter in Stückchen schneiden und hineinrühren.

ZUCKERDEKOR

ZUTATEN

100 g Isomalt

ZUBEREITUNG

Das Isomalt erhitzen und auflösen.
Für Blätterdekor das flüssige Isomalt auf Silpatmatten in Blattform spritzen und auskühlen lassen.
Für Zuckerspiralen das Isomalt zu einem Faden ziehen und spiralförmig um eine Form wickeln. Das abgekühlte Isomalt vorsichtig ablösen.

CRU-DE-CACAO-CRACKER

ZUTATEN
ERGIBT 20–30 CRACKER

125 g Butter
125 g Kristallzucker
50 g Glukose (Traubenzucker)
50 g Wasser
175 g Cru de Cacao (Confiserie Coppeneur et Compagnon, Kakaogehalt mind. 60 %)
2,5 g Pektin (pflanzliches Bindemittel)

ZUBEREITUNG

Die weiche Butter mit dem Zucker, der Glukose, dem Wasser, dem Kakao und dem Pektin in eine Schüssel geben und mit dem Handrührgerät zu einem gebundenen Teig verrühren. Den Teig ca. 1 Stunde im Kühlschrank ruhen lassen.
Vom kalten Teig mit einem Teelöffel kleine Portionen abstechen und diese zu kleinen Kugeln rollen. Die Teigkugeln im Abstand von 5 cm auf ein mit einer Backmatte bedecktes Backblech setzen und im auf 180 °C vorgeheizten Backofen (Ober-/Unterhitze) 5 Minuten backen. (Beim Backen schmelzen die Kugeln.) Das Blech aus dem Ofen nehmen und die Cracker erkalten lassen, dann von der Matte lösen.

CARPE DIEM
KOMBUCHA
Franz Fuiko

APPLAUS

ODER WARUM JEDEN ABEND VORSTELLUNG IST.

Frei nach dem Motto »Viele Köche verderben nicht den Brei, sondern machen die Gerichte erst perfekt« bedanke ich mich beim gesamten Küchenteam für die Unterstützung in diesem Projekt und in der täglichen Arbeit, den Galavorstellungen im Minutentakt. Vielen Dank auch an das gesamte Service-Team, insbesondere Roland Neulinger, das durch Freundlichkeit, Perfektion und stimmige Getränkeempfehlungen das Genusserlebnis komplett macht. Es macht Spaß, vor und hinter den Kulissen mit solch motivierten und engagierten Kollegen zu arbeiten. Carpe Diem!

Ihr

Die positive Stimmung in der Küche überträgt sich aufs Essen.

Thomas Höfler ist Sous-Chef und seit vielen Jahren die rechte Hand von Franz Fuiko.

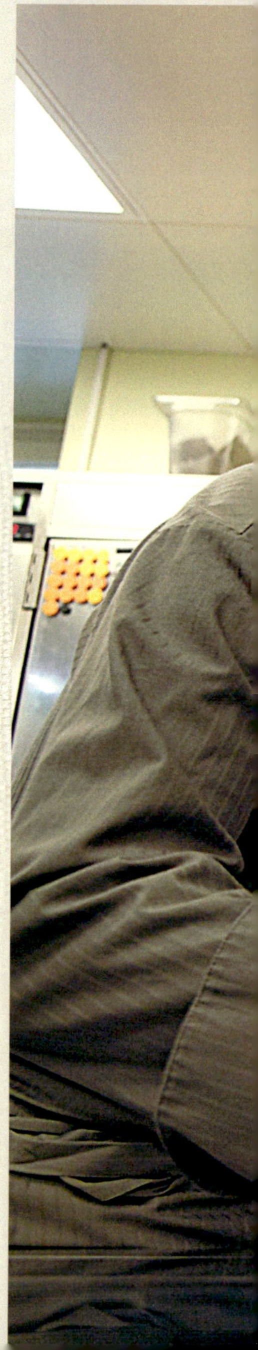

Feinstes Fingerfood braucht feinste Fingerfertigkeit und Kreativität.

Ausprobieren, inszenieren und verkosten – die besonderen Kreationen müssen alle Sinne überzeugen.

GLOSSAR

AGAR-AGAR	aus Rotalgen gewonnenes pflanzliches Geliermittel; erhältlich im Lebensmittelfachhandel
BLANCHIEREN	Gemüse in kochendem Wasser auf den Punkt garen; das Gargut wird nach dem Blanchieren meist sofort in Eiswasser abgeschreckt, damit es nicht nachgart.
BRUNOISE	Schnittform; in feinste Würfel geschnittenes Gemüse oder anderes Kochgut
DRESSIEREN	pastöse Speisen in Form bringen, zum Beispiel mit Hilfe eines Spritzbeutels
FONDANT	weiche Zuckerpaste, die vor allem in der Patisserie zum Einsatz kommt
GANACHE	Kuvertüre-Sahne-Creme zum Füllen, → Dressieren und Überziehen von Pralinen oder Gebäck
GELIFICANT VEGETAL	pflanzliche Gelatine aus Carrageen und Harz; erhältlich im Lebensmittelfachhandel
GELLAN	durch bakterielle Gärung gewonnenes Geliermittel; erhältlich im Lebensmittelfachhandel
INVERTZUCKER	aus mit dem Enzym Invertase versetzter Saccharose entstandener Zuckersirup aus gleichen Teilen Traubenzucker und Fruchtzucker; oft vertrieben als → Trimoline
JAMÓN DE TREVÉLEZ	spanischer luftgetrockneter Schinken aus dem andalusischen Bergdorf Trevélez
KONFIEREN	in Fett garen
LÄUTERZUCKER	Zuckersirup, der aus gleichen Teilen Zucker und Wasser hergestellt wird
LECITE	pflanzlicher Emulgator aus Sojalecithin; erhältlich im Lebensmittelfachhandel
MALTOSEC	aus Tapioka gewonnenes Maltodextrin, das als Verdickungsmittel dient; erhältlich im Lebensmittelfachhandel
MIE DE PAIN	fein geriebene Brösel aus krustenfreiem Weißbrot
MIREPOIX	gemischtes gewürfeltes Wurzelgemüse zum Rösten, meist bestehend aus Knollensellerie, Karotte, Petersilienwurzel und Lauch

MONTIEREN	eine Sauce oder Suppe durch das Einarbeiten kalter Butterwürfelchen sämig machen. Dabei werden die Butterstückchen durch stetiges Schlagen mit einem Schneebesen in die Flüssigkeit gerührt und es entsteht eine Emulsion.
PANKO	Paniermehl aus der Brotkrume; aus der japanischen Küche; erhältlich im Asialaden und Lebensmittelfachhandel
PARIEREN	Fleisch, Fisch und Geflügel von allen Häutchen, Sehnen, Fett, Flachsen und sonstigen nicht essbaren Teilen befreien
PARISIENNE-AUSSTECHER	Formlöffel zum Ausstechen von Kugeln
PEKTIN	pflanzliches Binde- und Geliermittel; erhältlich im Lebensmittelfachhandel
PISTOU	provenzalische Basilikumsauce
SOJALECITHIN	pflanzlicher Emulgator; erhältlich im Lebensmittelfachhandel
TRIMOLINE	Invertzucker, der besonders zur Herstellung von Eiscreme verwendet wird
VELOUTÉ	»Samtsauce«, Fond, der mit einer Roux (Mehlschwitze) gebunden wird; die häufigsten Arten sind Geflügel-, Kalbs- und Fischvelouté
XANTHAN	pflanzliches Gelier- und Verdickungsmittel; erhältlich im Lebensmittelfachhandel
YOPOL	Joghurtpulver von Texturas Albert & Ferran Adrià; erhältlich im Lebensmittelfachhandel
ZUCKER ZUM STARKEN FADEN KOCHEN	Erhitzt man Zucker auf eine Temperatur von 107–108 °C (Küchenthermometer!) und nimmt einen Tropfen zwischen Daumen und Zeigefinger (Vorsicht: Verbrennungsgefahr!), entsteht beim Öffnen der Finger ein Faden. Dann hat der Sirup die richtige Konsistenz.
ZUR ROSE ABZIEHEN	Eine Creme oder Sauce unter Rühren über einem warmen Wasserbad so lange erhitzen, bis beim vorsichtigen Pusten auf der Oberfläche ein wellenförmiges, an eine Rose erinnerndes Muster entsteht.

REGISTER DER REZEPTE

HAUPTSPEISEN: WILD

DESSERTS

PRALINEN

COCKTAILS

GRUNDREZEPTE

IMPRESSUM

www.collection-rolf-heyne.de

1. Auflage 2014

Hinweise: Die in den Rezepten angegebenen Gar- und Backzeiten sind Richtwerte, die je nach Gargut, Backofeneigenschaft und Vorliebe des Kochenden variieren können. Generell gilt: Geflügel und Schweinefleisch müssen immer vollständig durchgegart sein. Die Zubereitungstemperaturen und -zeiten beziehen sich auf konventionelle Backöfen. Wenn Sie einen Heißluftofen besitzen, stellen Sie die Ofentemperatur um 20 °C niedriger ein.

Konzept und Gestaltung: Red Bull Creative, Salzburg
Umschlaggestaltung: Marion Bruckmeier, Red Bull Creative, Salzburg
Handschrift: Johannes Fehenberger, Red Bull Creative, Salzburg
Illustrationen: Blagovesta Bakardjieva / Caroline Seidler, Wien
Texte: Stefan Golling, Salzburg
Adaption, Erarbeitung und Redaktion der Rezepte:
Dr. Regina Roßkopf, München
Foodfotografie: Stefan Mayer & Ingo Eisenhut
von Eisenhut & Mayer, Wien
Marketing und Projektmanagement:
Helga Neuhofer, Carpe Diem, Salzburg Marketing
Lithographie: Lorenz & Zeller, Inning am Ammersee
Druck & Bindung: Printer Trento, Trento

Printed in Italy

ISBN 978-3-89910-592-6

Ein Genuss für alle Sinne. Was Mozart für die Ohren ist, ist das »Carpe Diem Finest Fingerfood« für den Gaumen. Die kulinarische Oase in der Salzburger Getreidegasse ist eine der außergewöhnlichsten deutschsprachigen Gourmetadressen und etablierte sich mit ihrem einzigartigen Genusskonzept in den vergangenen Jahren bei in- und ausländischen Gästen. Franz Fuiko präsentiert einen abwechslungsreichen, innovativen Hochgenuss – raffiniert gefüllte Cones, exklusives Fingerfood und klassische Tellergerichte sowie köstliche Cocktailrezepte. Im Carpe Diem Finest Fingerfood hat er sich 2 Gault-Millau-Hauben und 1 Michelin-Stern erkocht.

Danksagung: Franz Fuiko bedankt sich beim gesamten Küchenteam des Carpe Diem Finest Fingerfood, insbesondere bei Thomas Höfler, Michael Rehfeld, Fabian Fuiko und Eik Landfermann. Ebenso bei Angela Palme für ihre Ideen zu den Desserts und deren Umsetzungen. Ein Dankeschön auch an alle Kollegen des Services unter der Leitung von Roland Neulinger.
Ein besonderer Dank gilt den Fotografen Stefan Mayer, Ingo Eisenhut und deren Team. Ebenfalls ein Dankeschön an die Red Bull Creative, insbesondere Carina Baumgartner für die Projektkoordination, Marion Bruckmeier und Simon Schwaighofer für die grafische Konzeption und Gestaltung.
Für das Schreiben der Texte bedankt sich Franz Fuiko bei Stefan Golling, für die Adaptionen der Rezepte bei Dr. Regina Roßkopf.
Ein besonderes Dankeschön gilt Helga Neuhofer für das gesamte Projektmanagement.